数字信号处理及 VLSI 设计

王　巍　赵汝法　张正平　著

科 学 出 版 社

北　京

内 容 简 介

本书介绍有关数字信号处理算法的 VLSI 硬件架构设计方法，包括傅里叶变换算法、FIR 数字滤波器和 IIR 数字滤波器的算法表示。本书从数字电路系统设计的角度，讨论有关系统设计需要考虑的基本理论及方法，如迭代周期、关键路径、重定时、流水线等。数字信号处理算法在硬件实现时，要充分地利用其运算并发性，采用流水线技术和并行处理技术来提高其运行速度，采用展开或折叠技术来调整芯片的面积，采用低功耗设计技术来有效降低系统的功耗。

本书适合数字集成电路设计领域的科研工作者和研究生阅读，也可作为电子信息相关领域的中、高级技术人员的参考书。

图书在版编目(CIP)数据

数字信号处理及 VLSI 设计 / 王巍，赵汝法，张正平著. —北京：科学出版社，2019.11

ISBN 978-7-03-063141-1

Ⅰ. ①数… Ⅱ. ①王… ②赵… ③张… Ⅲ. ①VLSI 芯片－数字信号处理 Ⅳ. ①TN47

中国版本图书馆 CIP 数据核字(2019)第 244809 号

责任编辑：潘斯斯 任 俊 霍明亮 张雪丽/ 责任校对：杨聪敏
责任印制：赵 博 / 封面设计：迷底书装

科学出版社 出版
北京东黄城根北街 16 号
邮政编码：100717
http://www sciencep com
固安县铭成印刷有限公司印刷
科学出版社发行 各地新华书店经销
*
2019 年 11 月第 一 版 开本：787×1092 1/16
2024 年 7 月第四次印刷 印张：10 1/4
字数：224 000

定价：68.00 元

前　言

随着集成电路技术的发展，数字芯片在运算速度、运算强度等方面都有了极大的提高，数字信号处理技术已经广泛应用到电子信息技术的各个领域。数字信号处理算法也已经由早期的软件实现转移到采用芯片技术的硬件实现。人工智能技术的发展，对数字信号处理算法的硬件设计提出了更高的要求。

本书主要研究数字信号处理算法的硬件设计技术。采用现场可编程逻辑器件进行设计实现，对器件内部的资源(如 I/O 端口、互联资源、RAM 等)进行充分的利用。当采用全定制的硬件设计时，需要考虑系统的整体架构设计，以便系统的速度达到最快，或芯片面积最小或芯片的功耗最低。因此，要对算法的硬件设计进行深入研究，以便找出其中的规律。

本书共 8 章，其中前 4 章由重庆邮电大学王巍教授撰写；第 5、6 章由模拟集成电路国家级重点实验室张正平高工撰写；第 7、8 章由重庆邮电大学赵汝法博士撰写。全书由王巍教授统稿。第 1 章主要介绍算法的表示方法，以及几种典型的 DSP 算法。第 2 章介绍 DSP 系统中二进制数的几种主要表示方法，讨论二进制数的几种最为基本的运算，如加法、乘法及除法运算。考虑到除法运算的复杂性，对除法运算的收敛性进行分析讨论，并对浮点数的算法进行分析。第 3 章讨论 FIR 数字滤波器和 IIR 数字滤波器的设计方法。在讨论 FIR 数字滤波器设计时，主要对线性相位滤波器的设计及窗函数的设计进行深入讨论，对有限字长效应进行分析。第 4 章主要讨论离散傅里叶变换(DFT)算法和快速傅里叶变换(FFT)算法，简要介绍离散余弦变换(DCT)算法。第 5 章分析讨论两种基本的系统速度优化设计技术：流水线和并行处理技术，介绍迭代边界和迭代周期的概念，深入分析两种基本的迭代周期算法——最小环均值算法和最长路径矩阵算法。第 6 章讨论数字电路系统的低功耗设计。首先，对电路中主要的功耗来源进行分析；其次，对降低功耗的技术手段，如降低电源电压、减小开关电容、减小开关频率、流水线和并行处理等进行深入的分析。第 7 章讨论重定时设计技术。从电路重定时的概念，到重定时的性质，再到重定时技术在系统设计中的应用均做深入的分析。第 8 章讨论芯片面积优化设计的两种主要设计技术——展开和折叠。展开部分主要讨论展开算法、展开的应用。展开可以使系统的速度得到有效的提升，而折叠则与此相反。系统采用折叠架构可有效地减小芯片的面积，用较小的硬件资源来实现系统的功能。

受作者水平所限，书中难免存在不足之处，恳请读者批评指正，并提出宝贵意见。

作　者

2019 年 8 月

目　录

第 1 章　数字信号处理的基本内容

1.1　概　　述

数字信号处理(digital signal processing，DSP)技术的发展影响着人们生活的方方面面。如果没有 DSP，就不可能有数字/互联网音频和视频、数字记录、CD、DVD、MP3，也不可能有包括 iPhone 和 iPad 在内的移动终端、数字照相机、数字卫星、电视、有线及无线通信网络。如果没有数字式 ECG 分析仪、数字 X 射线和医疗成像系统，那么，医疗设备将无法有效或精确地为诊断提供有用的信息。如果没有语音识别系统、语音综合系统和图像及视频编辑系统，那么，生活将失去很多便利的手段。没有 DSP，无论科学家、工程师，还是技术人员都将没有强有力的工具去分析数据，对数据进行可视化。

一般来说，模拟信号处理完全依靠电学的或电子的器件，如电阻、电容、晶体管、运算放大器和集成电路。与模拟信号处理方式不同的是，DSP 技术是数字方式。DSP 技术一般采用各种数字信号处理算法和软件设计的方式来实现，硬件实现则采用数字电路。因而与模拟信号处理相比，DSP 技术具有很多技术上的优势。例如，数字信号对于半导体工艺、工作温度及电源电压的漂移不敏感，稳定性好，具有很好的系统鲁棒性。采用数字表示的信号精度可以通过改变信号字长进行更好的控制。采用 DSP 技术，不仅可以对有用的信号实现放大，同时可采用滤波的方式实现噪声信号和非正常干扰信号的有效滤除。而在模拟信号处理过程中，信号和噪声很容易被同时放大。从本质上说，数字信号可以无误差地进行存储与恢复、发送与接收以及处理与操作。当然，也不是说在任何场所都可以用数字系统来取代模拟系统，如各种传感器的接口电路、无线及有线通信中的射频收发系统等，模拟信号处理是无法被替代的。总体而言，对于复杂电路系统，大多采用数字信号处理的方式，因而整个系统具有高精确度、高信噪比、高鲁棒性等特点。

DSP 系统的硬件设计，既可以用超大规模集成(very-large-scale-integrated，VLSI)电路技术进行全定制电路设计来实现，也可以采用可编程逻辑器件(如 CPLD 或现场可编程门阵列(FPGA)器件)进行半定制设计来实现。数字系统设计的目标是，在尽可能提高性能的同时尽量降低整个系统的设计及制造成本，提高系统的性价比。在一般的数字设计领域，整体性能指标可用下面的指标进行衡量：一是系统运行的速度，这取决于数据的吞吐率和时钟速率；二是系统所需的硬件电路和资源(占用的硅片面积)；三是系统功耗，就是完成某个给定运算任务需要消耗的总电路能量，在便携式系统中，这一指标非常关键。

DSP 区别于其他通用处理器(CPU)有两个重要特性：数据实时吞吐率和数据驱动。数据实时吞吐率的严格约束条件在设计时是要优先考虑的。新的输入信号样点从信号源接收进来时就需要及时处理，这与首先将输入的数据在寄存器中存储起来然后再批处理的方式完全不同。如果系统的数据实时吞吐率低于需要的采样率，新的输入数据就得停顿(或缓存)下来，从而需要无限大的缓存器。然而，一旦硬件满足了采样率要求，则再加快计算速度也并无优势了。第二个重要特性是数据驱动。一旦所有的输入数据都准备好，任何一个 DSP 系统中的子任务或计算皆可执行。从这种意义上说，系统是由数据驱动而非系统时钟驱动的，也就是说系统与数据驱动同步。

1.2 数字系统的硬件实现

从广义上来说，数字系统包括数字信号处理器(DSP)、通用处理器(GPP)、专用集成电路(ASIC)及现场可编程门阵列。数字系统的最新发展衍生出了片上系统(SoC)、片上网络(NoC)等。

考虑一个中等复杂度的数字信号处理系统，通常这样一类系统包含一些异构的物理设备，如 GPP 或微控制器、多个 DSP、一些 ASIC 和 FPGA。在这样的系统上实现的应用需要完成一系列计算工作量各不相同的目标任务。这些任务可以映射到不同的物理器件上。把特定的任务放在特定的器件上实现主要是要考虑任务的计算复杂性、代码密度及其与其他任务的通信等因素。

根据应用任务计算强度的不同，可以采用不同的数字系统。ASIC 可以在特定应用环境下实现某种具体的功能且无须编程。基于不同的实现技术，ASIC 可以分为不同的类型，如全定制的、基于标准单元的、基于门阵列的。这些 ASIC 经过集成电路工艺的优化设计，具有低成本和低功耗等特点，但不足也很明显，即设计过程较长，设计制造成本高。

需要指出的是，一些计算强度大且不采用标准算法的应用对于系统设计者而言，FPGA 是其唯一有效的实现方式。这些计算强度大的任务可分为结构化的计算和非结构化的计算。结构化的计算通常是由包含闭环的代码或闭环代码加上一些重复的指令构成的，这样的结构化的计算任务可以有效地映射到 FPGA 上。而非结构化的计算任务或算法，则可采取单个 DSP 或多个 DSP 来实现。

FPGA 包含一个由多个可配置逻辑块(CLB)构成的矩阵，该矩阵嵌入一个用金属线连接的网络中。目前市场上主要的 FPGA 生产厂家有 Xilinx、Altera、Atmel、Lattice Semiconductor、Actel 及 QuickLogic，其中 Xilinx 占有 50%的市场份额。FPGA 具有设计复用的特性，其性能优于 DSP 或 GPP。然而，与 ASIC 的解决方案相比，采用 FPGA 实现的成本较高、性能较差且功耗较高。DSP 是一个微处理器，其系统架构支持一些计算量较大的信号处理应用。通常 DSP 可执行许多的加法和乘法运算，支持特殊的寻址方式以便有效地实现快速傅里叶变换(FFT)和卷积算法。GPP 和微处理器是通用计算器，它包含两种计算：复杂指令集计算(CISC)和简化指令集计算(RISC)。嵌入式信号处理系统如图 1.1 所示。其中，FPGA 提供胶水逻辑和接口，也可能包含双端 RAM，为多个 DSP 提供可共享存储空间。

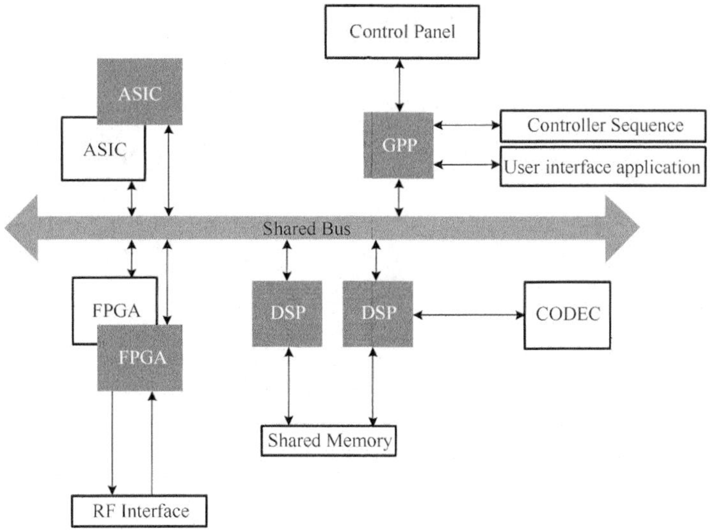

图 1.1　嵌入式信号处理系统

上述提到数字信号处理的器件，无论 DSP 还是 FPGA，都是建立在集成电路的基础之上的。近几十年，VLSI 技术的飞速发展极大地推动着数字信号处理技术的进步。Intel 公司的创始人之一摩尔早在 1965 年就预言，每隔 18～24 个月，半导体芯片上晶体管的数量就会翻番。图 1.2(a) 给出了摩尔在论文中提出的预测曲线，即摩尔定律。这一定律激发了半导体行业 50 多年的创新发展。图 1.2(b) 为 Intel、AMD 等公司微处理器的演进图。

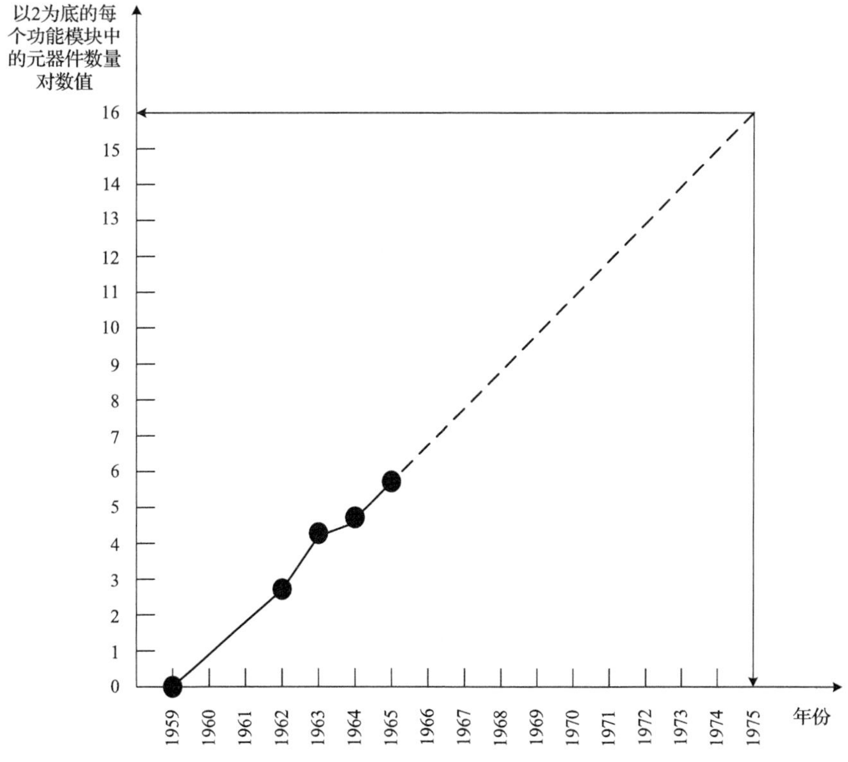

(a)摩尔提出的预测曲线

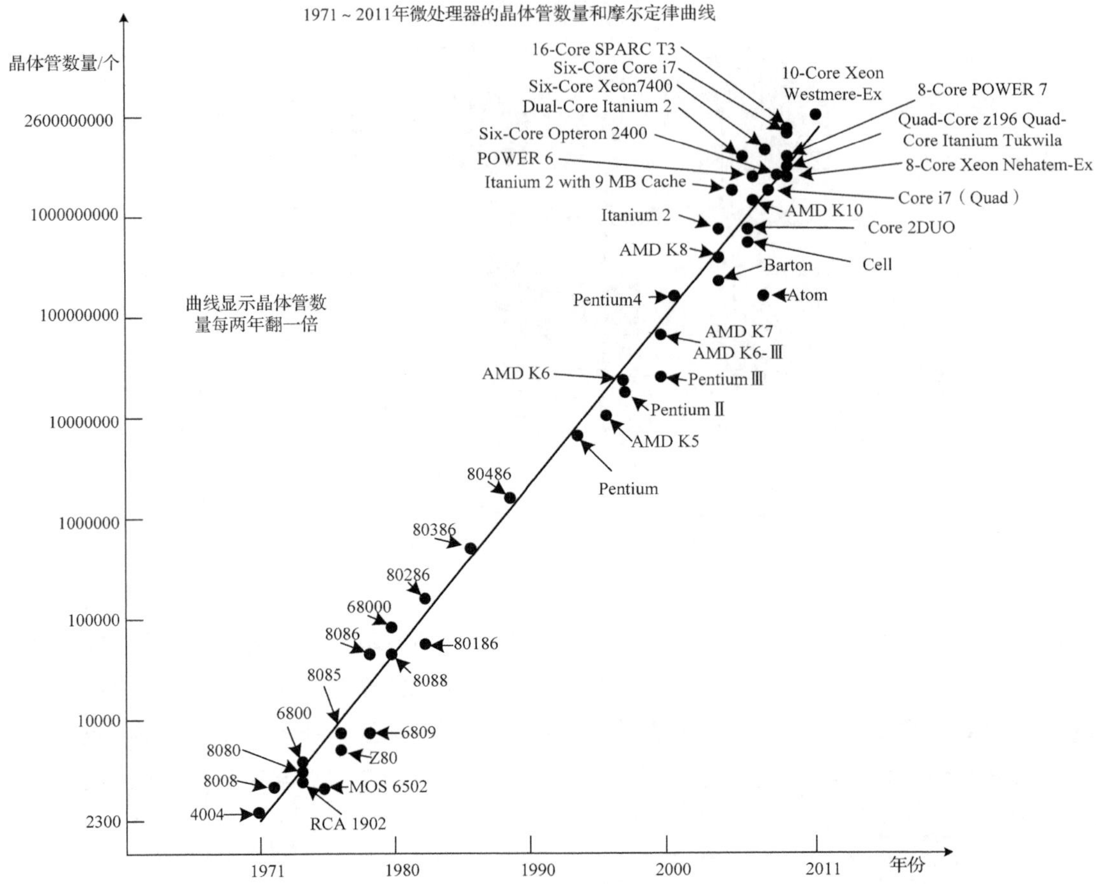

(b) Intel、AMD等公司微处理器的演进图

图 1.2　摩尔定律

1.3　算法的表示

DSP 算法是实现某种数字电路功能的代码，可以用无限循环的程序代码来描述。算法中所有的代码完整运行一次称为一次迭代(iteration)。迭代周期(iteration period)是指算法中进行一次迭代运算所需的运算时间。迭代率(iteration rate)是迭代周期的倒数。每次迭代期间，三阶 FIR 滤波器对一个输入信号进行处理，完成三次乘法和两次加法操作(串行或者并行)，然后产生一个输出样值。DSP 系统也可以用采样率(吞吐率)来表征，它是指每秒处理的样点数目。组合逻辑的关键路径(critical path)定义为输入与输出之间的最长路径，在这里路径的长度正比于它的运算或计算时间。DSP 系统通常采用时序电路来实现，此处关键路径定义为任何两个存储单元(或者延时单元)之间的最长路径。关键路径的运算时间确定了 DSP 系统最小可运算时间，这一时间定义为时钟周期(clock period)。迟滞(latency)定义为输出产生的时间与系统接收对应输入

的时间之差。对于仅有组合逻辑的系统，迟滞通常按绝对时间单位或者门延时数来表示；对于时序逻辑系统，迟滞通常用时钟周期数量表示。在一般情况下，DSP 系统的采样率与时钟速率并不相等。

在描述系统的功能比描述内部操作的顺序和结构更为重要的场合，DSP 算法可以用更为抽象的数学公式表达来描述。对于架构设计，数学公式表达需要转换为行为级描述语言或者用图形表示。

DSP 系统可以用行为级描述语言进行描述。行为级描述语言包括应用性语言、说明性语言以及叙述性语言。应用性语言在 DSP 系统的描述中是很普遍的，其主要表示满足算法中变量之间关系的一组方程，而不是一系列的动作(要执行的任务，即任务描述的顺序并不重要)。说明性语言明确地指定任务描述的顺序。这类语言的例子包括高层次编程语言，如 Pascal、C 等。近来，很多应用采用了叙述性语言，它描述了 DSP 系统的结构，如常见的硬件描述语言 Verilog 和 VHDL，其他的硬件描述语言，如 SystemC 和 SystemVerilog 等。

图形表示法可以有效地研究和分析 DSP 算法的数据流性质，并揭示不同子任务内在的并行性。更为重要的是，图形表示法能将 DSP 算法映射到硬件实现上。因此，这种表示方法可以把算法描述与结构实现连接起来。如果不知道实现系统所需的支持工艺，那么就无法对 DSP 系统的性能指标——面积、速度、功耗以及舍入噪声(roundoff noise)等进行计算及衡量。但是，图形表示法展示了系统的所有并行性和数据驱动性能，同时还能使我们了解系统在空间和时间上的折中。通过图形表示法，可以看出架构设计的空间，并且可以设计出与工艺无关的合适的架构。

DSP 算法的图形表示法有四种，包括框图、信号流图(signal-flow graph，SFG)、数据流图(data-flow graph，DFG)和依赖图(dependence graph，DG)。上述这些算法都是直接用图形表示的。它们在不同的抽象层次上对算法进行描述。通常情况下，DG 将算法中的内在并行性和数据流约束尽可能地展现出来，而不去考虑结构。DG 中的并行性可以通过将其映射到 SFG 或者 DFG 上的方式展示出来。实际上，DG 用于脉动阵列的设计；SFG 和 DFG 用于分析结构性能，并通过高层次的变换来探索架构上的各种选择。

1.3.1　框图

框图是一种对 DSP 系统进行图形化描述的图示。框图通常由两个部分构成：功能模块以及将其连接起来的带有方向的边。边代表数据从输入模块到输出模块的流动。这些边可以包含延时单元，也可以不包含延时单元。所有的系统，都可以在不同的抽象层次上构建框图。

三阶有限冲激响应(finite impulse response，FIR)滤波器的表达式为

$$y(n)=ax(n)+bx(n-1)+cx(n-2) \tag{1.1}$$

三阶 FIR 滤波器可以用图 1.3 中的框图描述。图 1.3 中包含两种功能模块：加法器和乘法器。单位延迟单元也可以处理为一种功能模块，因为它们在实际中是用寄存器实现的。在图 1.3 中，单位延迟单元表示为 $\boxed{Z^{-1}}$（或 $\boxed{D}$）。

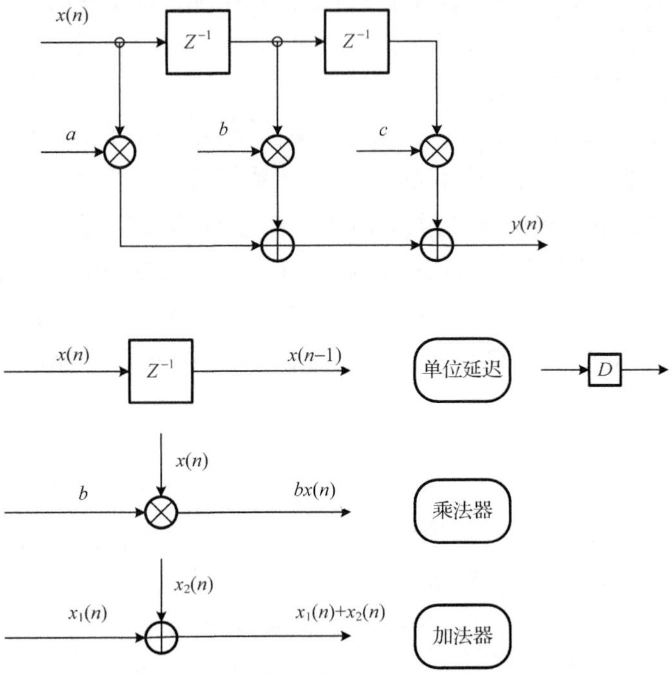

图 1.3　三阶 FIR 滤波器的框图

一个系统可以用不同的框图表示，每种表示意味着相同功能的不同实现方法。如式(1.1)中的三阶 FIR 滤波器也可以用图 1.4 中的框图表示，这种结构称为数据广播(data-broadcast)结构。

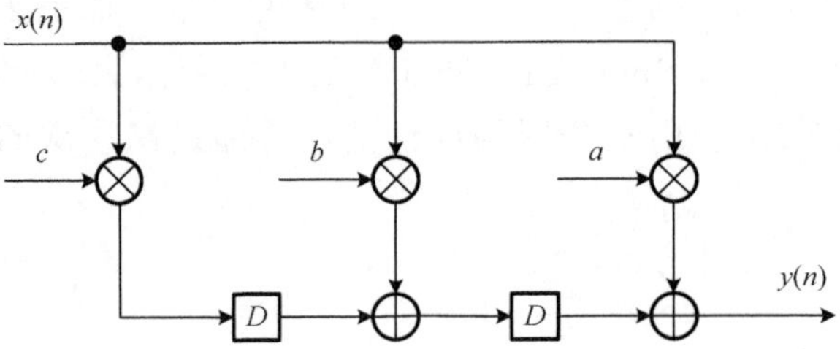

图 1.4　三阶数据广播 FIR 滤波器的框图

框图是一种可以准确描述系统功能的形象化的模型，能清楚地表达出每个信号和功能单元。同一个系统可以具有不同的框图，它们具有不同的排列，从而有不同的实现方法。

1.3.2　信号流图

信号流图已经广泛地用来表示、分析以及评价线性数字电路网络，尤其是数字滤波器结构。SFG 在数学上的定义为节点和有向边的集合。节点表示任务或者运算。有向边 (j, k) 表示从节点 j 出发到节点 k 结束的支路。对于节点 j 处的输入信号以及节点 k 处的输出信号，有向边 (j, k) 表示节点 j 处的信号到节点 k 处信号的线性变换。在数字电路网络中，边通常限制在常数增益乘法器(边的输出是输入信号的常数倍)或者延时单元(边的输出是输入信号延时之后的形式)。加法器和乘法器用带有多个输入边与单个输出边的节点表示。在 SFG 中有两种特殊节点：源节点(source node)和汇节点(sink node)。源节点指没有输入边的节点，用来表示外部输入信号向信号流图的注入信号。汇节点指只有输入边的节点，用来表示从信号流图提取输出。一个三阶 FIR 滤波器(与图 1.3 中的框图对应)的直接形式的 SFG 如图 1.5(a)所示，其中没有标注的边表示单位增益操作(恒等变换)。注意这个 SFG 中的源节点和汇节点与信号流图其余部分通过单位增益边相连，以便清楚地表示系统的输入和输出关系。

在不改变系统功能的情况下，线性 SFG 可以变换为不同的形式，流图反转(flow graph reversal)或转置(transposition)是其中的一种。它可用于单输入单输出系统，该系统可以获得等价的转置结构。按照如下方式对 SFG 进行转置：将所有的有向边反向，然后将输入和输出节点交换，并保持各个边的增益和延时不变，产生的新 SFG 系统的功能与原系统的功能完全一致。图 1.5(b)展示了从直接形式的 SFG 推出转置 FIR 滤波器的 SFG (对应于图 1.4 中的数据广播框图)的过程。

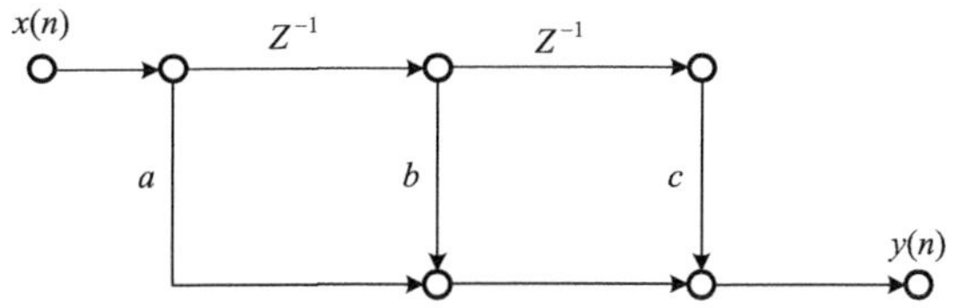

(a)直接形式的SFG

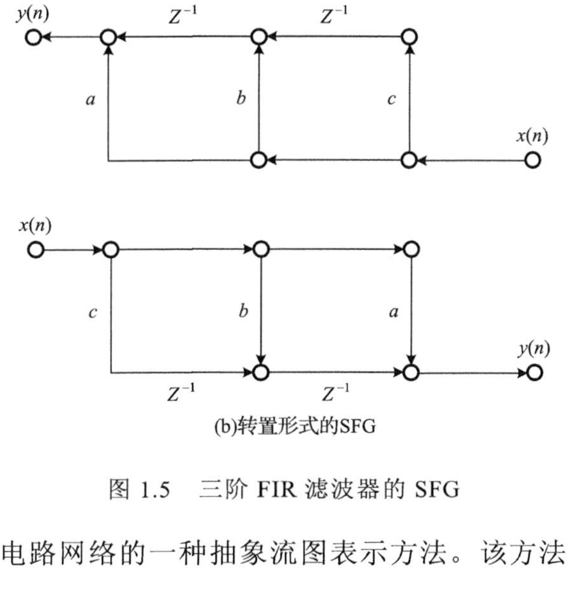

(b)转置形式的SFG

图 1.5　三阶 FIR 滤波器的 SFG

SFG 提供了线性电路网络的一种抽象流图表示方法。该方法已经广泛地应用在各种数字滤波器结构设计以及有限字长效应的分析中。值得注意的是，SFG 通常只能用于线性网络，无法用来描述多采样率 DSP 系统。

1.3.3 数据流图

在数据流图表示方法中，节点表示运算(或功能或子任务)，有向边表示数据通路(节点之间的通信)，每条边都有一个非负的延时数与之相关。例如，图 1.6 为一阶 IIR 滤波器 $y(n)=ay(n-1)+x(n)$ 的数据流图，其中节点 A 表示加法，节点 B 表示乘法，从 A 到 B 的边(用 $A\to B$ 表示)带一个延时，从 B 到 A 的边(用 $B\to A$ 表示)不带延时。与节点相关的还有它的执行时间，执行时间的单位采用归一化的时间单位(units of time，u.t.)。如节点 A 的执行时间为 2 u.t.，节点 B 的执行时间为 4 u.t.。一般的 DFG 表示如图 1.6(b)所示，这个 DFG 的迭代周期等于 6 u.t.。同步的 DFG 表示如图 1.6(c)所示。

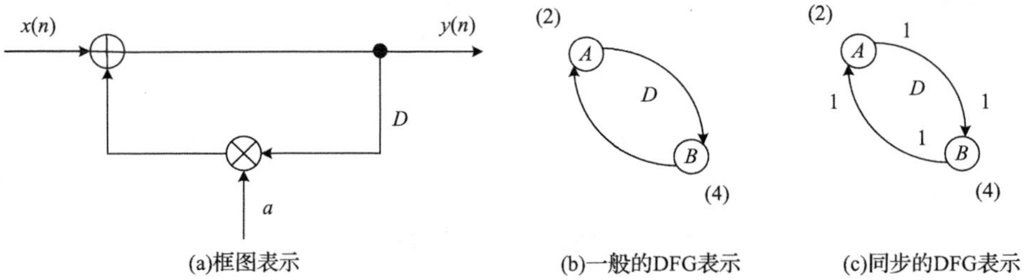

图 1.6　一阶 IIR 滤波器 $y(n)=ay(n-1)+x(n)$ 的数据流图

数据流图可以有效地捕捉 DSP 算法的数据驱动性质。一旦数据流图中任意节点的所有输入数据准备充分，节点就可以启动。这暗示一个没有输入边的节点可以在任何时候启动，因此很多节点可以同时启动，具有并发性。反过来说，一个带有多条输入边的节点只有在所有的前节点都启动之后才能启动。DFG 受到优先级约束的限制，即每条边还描述了两个节点间的优先级约束的限制。如果边的延时为零，那么这种优先级约束称为迭代内优先级约束(intra-iteration precedence constraint)；如果边线有一个延时或者多个延时，那么这种优先级约束是一种迭代间优先级约束(inter-iteration precedence constraint)。迭代内和迭代间优先级约束共同定义 DFG 中的节点执行的顺序。如图 1.6(b)所示，从节点 A 到节点 B 的边指定了迭代间的优先级约束，它规定 A 的第 k 次迭代的运算必须在 B 的第 k+1 次迭代前完成；从 B 到 A 的边线指定了迭代内的优先级约束，它规定 B 的第 k 次迭代必须在 A 的第 k 次迭代之前执行。

DFG 以及框图既能用来描述单速率线性 DSP 系统，也能用来描述非线性多速率 DSP 系统。一方面，框图描述与实际硬件架构更为接近，其中的信号处理功能用功能块(block)描述。另一方面，DFG 还可描述信号处理算法中的子任务(或者是用节点表示的基本运算)之间的数据流。来自于同一个算法的不同的 DFG 之间可以进行高层次变换。图 1.7 给出式(1.1)中的三阶 FIR 滤波器的 DFG。图 1.7(a)从图 1.5 中的直接形式框图获得，图 1.7(b)从图 1.5 中的转置形式框图获得。DFG 主要用在高层次电路综合中，它将 DSP 算法的并发性映射到硬件结构的并行实现上，主要关心的目标是子任务的任务调度以及硬件资源分配。

DFG 中的节点可以是简单到不可分割的基本运算单元，如加法或者基本逻辑运算。如果粒度是在信号处理子任务层次上，如滤波，那么这种 DFG 称为粗粒度(coarse-grain)的数据流图。三阶 FIR 滤波器的 DFG 如图 1.7 所示。

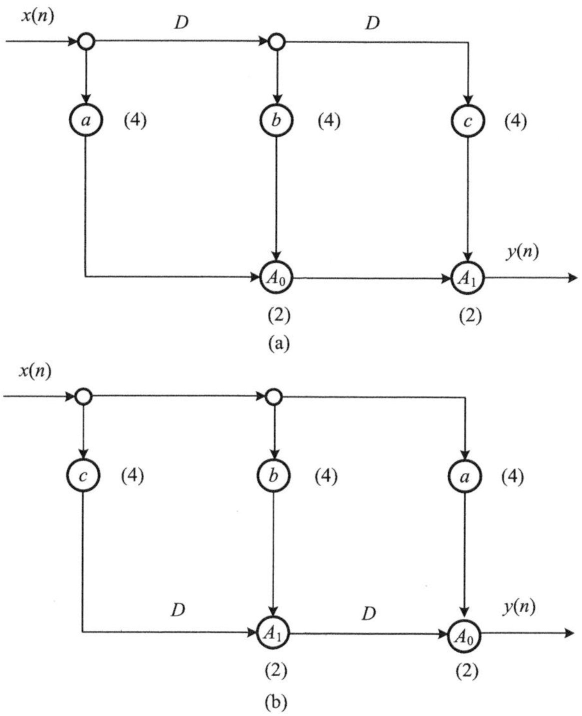

图 1.7　三阶 FIR 滤波器的 DFG

1.3.4　依赖图

依赖图(dependence graph，DG)是一种有向图，它表明算法中计算之间的依赖关系。DG 中的节点表示运算(指定为节点)，边表示节点之间的优先级约束。在 DG 中，只要算法(程序)中调用一个新的运算，就会产生一个新的节点，从而基于单一计算的节点不会出现复用的情况。DG 明确了图中节点与其他节点之间的依赖关系，因而与 DFG 表示有类似之处。它们的区别如下：DFG 中的节点只涵盖了对应算法在一次迭代中的计算，而 DG 包含算法中所有迭代的运算。DFG 包含延时单元，这些延时单元将当前迭代中的数据存储并传给下一次迭代，而 DG 不包含延时单元。三阶 FIR 滤波器的二维 DG 描述如图 1.8 所示。

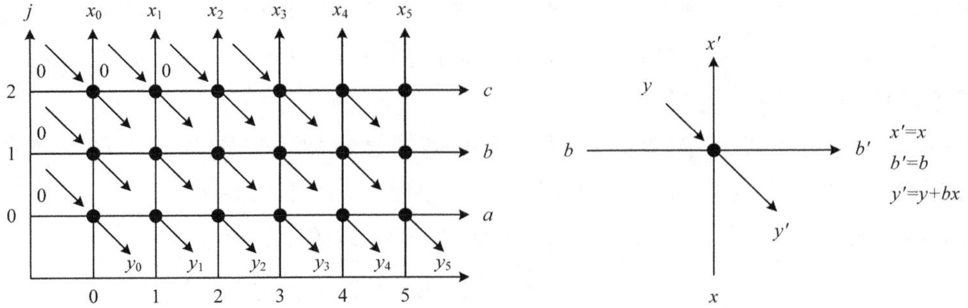

图 1.8　三阶 FIR 滤波器的二维 DG 描述

依赖图用于脉动阵列设计。在脉动阵列设计中，用不同的方式探究 DG 中的并行性，可以从单个 DG 中推导出各种不同的实现方法。

1.4　典型的 DSP 算法

下面介绍几种重要的 DSP 运算，包括卷积、相关、数字滤波器和自适应滤波器。

1.4.1　卷积

两个离散序列 $x(n)$ 和 $h(n)$ 的卷积定义为

$$y(n)=x(n)*h(n)=\sum_{k=-\infty}^{\infty}x(k)h(n-k) \tag{1.2}$$

在时刻 n 的输出 $y(n)$ 可以看作 $x(k)$ 和 $h(n-k)$ 的内积(在 $-\infty<k<+\infty$ 内求和)。

卷积是用来描述和分析线性时不变(linear time-invariant，LTI)系统的。这种系统可以完全由它们的单位样值(或冲激)响应 $h(n)$ 来描述。一个 LTI 系统的输出序列可以用输入序列 $x(n)$ 以及它的单位样值响应 $h(n)$ 的卷积来计算。如果一个系统的单位样值响应由有限个非零值组成，即 $h(n)$ 有限长，那么该系统称为有限冲激响应。如果 $h(n)$ 具有无限长度，则该系统称为无限冲激响应(infinite impulse response，IIR)。例如，移动平均系统就是 FIR 系统，它的冲激响应为

$$h(n)=\frac{1}{M_1+M_2+1}\sum_{-M_1}^{M_2}\delta(n-k)$$

累加器的单位样值响应为

$$h(n)=\sum_{k=-\infty}^{n}\delta(k)$$

$h(n)$是一个 IIR 系统，该响应是个阶跃函数，当 $n\geqslant 0$ 时等于 1，当 $n\leqslant 0$ 时等于 0。

如果 $y(n_0)$ 的计算只与过去的采样值 $x(k)$ $(k\leqslant n_0)$ 相关，那么称该系统是具有因果

(causal)关系的。对于一个因果的 LTI 系统，单位样值响应应满足当 $n<0$ 时，$h(n)=0$。我们只对有因果关系的数字滤波器有兴趣，因为非因果关系的系统无法用硬件或者软件实现。

1.4.2 相关

相关运算在数字通信以及其他随机信号处理中有大量应用。两个序列 $a(n)$ 和 $x(n)$ 的相关定义为

$$y(n)=\sum_{k=-\infty}^{\infty}a(k)x(n+k) \tag{1.3}$$

式(1.3)中的操作可以看成如下的卷积运算。

$$y(n)=\sum_{k=-\infty}^{\infty}a(-k)x(n-k)=a(-n)*x(n) \tag{1.4}$$

如果 $a(n)$ 和 $x(n)$ 都具有有限长度 N，即它们在 $n=0,1,\cdots,N-1$ 的样点中有非零值，则数字相关运算可以写为

$$y(n)=\sum_{k=0}^{N-1}a(k)x(n+k) \tag{1.5}$$

其中，$n=-N+1,-N+2,\cdots,N-2,N-1$。式(1.5)中的数字相关运算还可以写成矩阵和矢量相乘的形式。例如，$N=4$ 时可写成

$$\begin{bmatrix} y(-3)\\ y(-2)\\ y(-1)\\ y(0)\\ y(1)\\ y(2)\\ y(3)\end{bmatrix}=\begin{bmatrix} 0 & 0 & 0 & x(0)\\ 0 & 0 & x(0) & x(1)\\ 0 & x(0) & x(1) & x(2)\\ x(0) & x(1) & x(2) & x(3)\\ x(1) & x(2) & x(3) & 0\\ x(2) & x(3) & 0 & 0\\ x(3) & 0 & 0 & 0\end{bmatrix}\begin{bmatrix} a(0)\\ a(1)\\ a(2)\\ a(3)\end{bmatrix} \tag{1.6}$$

1.4.3 数字滤波器

数字滤波器的作用在于，通过改变输入信号的频谱特性，满足某种特定的系统设计要求。一个具有因果关系的数字滤波器可以用它的单位样值响应 $h(n)$、频率响应 $H(\mathrm{e}^{\mathrm{j}w})$、传输函数 $H(z)$ 或者差分方程来完整地表达。其中单位样值响应和频率响应分别描述了系统的时域和频域性质，差分方程则清楚地反映了该滤波器所需的计算。

一个线性时不变因果滤波器可以用如下差分方程描述。

$$y(n)=-\sum_{k=1}^{N}a_k y(n-k)+\sum_{k=0}^{M-1}b_k x(n-k) \tag{1.7}$$

当$1 \leqslant k \leqslant N$时，$a_k = 0$，式(1.7)可简化为

$$y(n) = \sum_{k=0}^{M-1} b_k x(n-k) \tag{1.8}$$

$y(n)$是一个M阶 FIR 滤波器，当$1 \leqslant k \leqslant M-1$时，其单位样值响应$h(k) = b_k$，其他时间$h(k) = 0$。这是一个非递归的运算。如果在$0 \leqslant k \leqslant N$中至少有一个$a_k \neq 0$，那么式(1.7)表示一个递归运算，即$y(n)$的运算需要过去的输出值，因此称为递归滤波器。与之对应的单位样值响应的长度是无限的，因此，它也称为 IIR 滤波器。具体选择 FIR 滤波器还是 IIR 滤波器取决于实际应用的需求。

设计数字滤波器时，通常希望能有近似恒定的频响幅度，并尽量减少通带内的相位失真。斜率为整数的线性相位对应于时域中简单的延时，它在频域中可将相位失真降低到最小的程度。因此，我们更倾向于将滤波器设计成具有准确的或者近似的线性相位。线性相位 FIR 滤波器的单位样值响应是对称的，在硬件设计实现时，只需要一半的乘法运算就可以有效地减小硬件开销，减小芯片的面积。

1.4.4　自适应滤波器

自适应滤波器是一种可自动调节的数字滤波器。通过自适应算法，这种滤波器可以自动调节其系数以适应输入信号的变化。自适应滤波器在现有的数字信号处理器中起着关键性的作用，如电话的回声消除、噪声消除、通信信道的平衡、生物信号的增强、主动噪声控制、语音和图像处理以及自适应控制系统。

自适应滤波器采用了线性模型，如数字滤波器，它通过观察一个随机过程$\{x(n)\}$来预测另外一个随机过程。与固定系数的滤波器(如 FIR 和 IIR)不同，自适应滤波器的系数在每次迭代时会自动更新，其目的是减小滤波器的输出与理想信号之间的差别。当系数收敛后，更新的过程才会结束。所以自适应数字滤波器通常包含一个通用的滤波器模块和一个系数更新模块。根据不同的差别最小化目标可以推导出各种自适应处理过程。

1.5　本 章 小 结

本章简要介绍了数字信号处理在电子信息领域的广泛应用，分析讨论了数字信号处理的几种主要的硬件实现方式，如全定制的 ASIC 电路及基于现场可编程逻辑器件的半定制设计。数字信号处理的核心就是数字信号处理算法，其算法可以用框图、信号流图、数据流图及依赖图四种图示的方法进行非常直观的表示。最后介绍了几种较为常见的典型 DSP 算法。

第 2 章　DSP 算法基础

选择合适的数学计算在 DSP 设计中是非常关键的。数学运算会直接影响到数字系统的总体性能指标，尤其是面积、速度和功耗。对于在处理器平台上实现的 DSP，数学计算的选择意味着选择合适的平台，典型的情形是选择定点数还是浮点数，如果首先选择定点数，那么接下来就是选择合适的字长。然而，对于 FPGA 平台而言，设计过程中数学计算的选择对系统的性能及成本的影响更为广泛。

DSP 系统硬件实现的一个关键的需求是寻找合适的可利用的处理单元，尤其是加法器和乘法器。然而，一些 DSP 算法，尤其是自适应滤波器，还需要额外的硬件来实现除法和平方根运算。这些运算和数字表示系统的选择，主要会影响到硬件实现最终的性能。加法器和乘法器对 DSP 系统而言至关重要。对于更加复杂的 DSP 功能，除法器和平方根运算则尤为重要。因为这些运算在许多更复杂的 DSP 功能中都是必需的。本章将详细介绍这些方法，并简要比较用于实现操作的各种方法。动态范围是 DSP 中的一个关键问题，因此数据的表示，即定点和浮点数是非常重要的。

2.1　数 字 系 统

一般而言，我们习惯用十进制数来进行运算。然而，随着集成电路技术的发展，在数字计算机这类的 DSP 系统中，采用二进制数是更加自然的一种表示方式。本节从传统的数字系统的基本处理开始，介绍数的表示、有符号数、二进制反码、二进制补码及其他数字的表示形式。

2.1.1　数的表示

设 X 是一个 N+1 位无符号二进制数，则其动态范围是[0，2^N]，其表达式如下。

$$X=\sum_{n=0}^{N}x_n 2^n \tag{2.1}$$

其中，x_n 是 X 的第 n 位二进制数字（也就是 $x_n \in [0,1]$）。数字 x_0 称作最低有效位（LSB），具有相当于个位的权重。数字 x_n 就是最高有效位（MSB），具有相当于 2^N 的权重。

2.1.2　有符号数

在有符号数字表示法（SM）中，数字和符号是单独表示的。第一位，也就是最高有效位 x_n 表示符号，余下的 N 位代表数字，表达式如下。

$$X=\begin{cases}\sum_{n=0}^{N-1}x_n2^n, & X\geqslant 0\\ -\sum_{n=0}^{N-1}x_n2^n, & X<0\end{cases}\tag{2.2}$$

这一表达式的范围是$[-(2^N-1),\ 2^N-1]$，有符号数字表示法的优点是对溢出(overflow)禁止进行了简化；缺点是在做加法运算时，要根据操作数大小分开来进行运算。

2.1.3　二进制反码

二进制反码(one's complement，1C)的表示，就是正整数和负整数除了符号位，其他位均采用逐位补码的表示方法。也就是说，事实上 0 需要额外的表达式。N+1 位二进制反码数字表示法可以表示的整数范围是$[-(2^N+1),\ 2^N-1]$。二进制反码的标准表达式如下。

$$X=\begin{cases}\sum_{n=0}^{N-1}x_n2^n, & X\geqslant 0\\ -2^N+1+\sum_{n=0}^{N-1}x_n2^n, & X<0\end{cases}\tag{2.3}$$

例如，按照给出的 3 和−2 的 3 位二进制反码表达式来计算两者的和。

$$\begin{array}{lccccc} 3_{10} & \leftrightarrow & & 0 & 1 & 1_{1C}\\ -2_{10} & \leftrightarrow & & 1 & 0 & 1_{1C}\\ 1_{10} & \leftrightarrow & 1. & 0 & 0 & 0_{1C}\\ \text{进位} & & \hookrightarrow & \rightarrow & \rightarrow & 1_{1C}\\ 1_{10} & \leftrightarrow & & 0 & 0 & 1_{1C}\end{array}$$

在二进制反码中需要进位回绕(carry wrap-around)加法。在最高有效位与最低有效位相加得到正确结果时，就会出现进位。

尽管如此，这种数字表示法还是能够有效地实现模 2^N-1 运算，而且不需要校正。因此二进制反码可以实现特定的 DSP 算法。

2.1.4　二进制补码

有符号整数的 N 位二进制补码(two's complement，2C)表达式如下。

$$X=\begin{cases}\sum_{n=0}^{N-1}x_n2^n, & X\geqslant 0\\ -2^N+\sum_{n=0}^{N-1}x_n2^n, & X<0\end{cases}\tag{2.4}$$

其表达式的范围是$[-2^N, 2^N-1]$。二进制补码表示法是目前 DSP 领域内最为流行的表示方法。二进制补码表示法可以累加多个有符号数值，而且最终结果是在 N 位范围内。例如，计算两个 3 位数的过程如下。

$$
\begin{array}{ccc}
3_{10} & \leftrightarrow & 011_{2C} \\
-2_{10} & \leftrightarrow & 110_{2C} \\
1_{10} & \leftrightarrow & 1.001_{2C}
\end{array}
$$

其中溢出可以忽略，所有的计算都是取模 2^N。这样就有可能出现中间结果不能正确表示的情形。只要最终值有效，最终结果就可以认为是正确的。例如，计算 3 位的数字 2+2−3，会得到一个中间值 $010+010=100_{2C}$，也就是 -4_{10}，但是结果 $100-011=100+101=001_{2C}$ 也是正确的。二进制补码还可以用来实现模 2^N 算法，而且不需要在算法中作任何改动。

2.1.5　有符号数字量

有符号数字量(signed digit numbers，SD)表示法与上述讨论的传统二进制有所不同，实际上它具有三重值(也就是说数字的值域是{0，1，−1}，其中−1 经常写成$\bar{1}$)。

SD 表示法可以有效地降低计算复杂性，在超前进位加法器或乘法器的设计中得到广泛应用。统计表明，数字的二进制补码编码中有一半数位是零。对于 SD 编码而言，零元素的密度从 1/2 增加到 2/3。

与 2C 代码不同，SD 表达式不是唯一的。具有最少非零元素的表示可定义为正则有符号数字量(canonic signed digit，CSD)表示法。这种经典 CSD 编码具有唯一性。它的另一个特性就是最终表达式在两个数位(可取值为 1、$\bar{1}$ 或 0)之间至少有一个 0。鉴于硬件复杂程度的约束，经典 CSD 编码也不总是能够生成最佳 CSD 编码。

2.2　二进制算数运算

2.2.1　二进制加法器

一个基本 N 位二进制加法器、减法器可以由 N 个全加器(full adder，FA)组成。每个全加器都执行如下的布尔代数运算。

$$
\begin{aligned}
s_k &= A_i \text{ XOR } B_i \text{ XOR } C_{i-1} \\
&= A_i \oplus B_i \oplus C_{i-1}
\end{aligned} \tag{2.5}
$$

进位按如下方法计算。

$$
C_i = A_i B_i + A_i C_{i-1} + B_i C_{i-1} \tag{2.6}
$$

式(2.5)～式(2.6)的一位加法器结构图如图 2.1 所示。从表 2.1 所示的一位加法器真值表中可以看出，当 $A_i = B_i$ 时，有 $C_i = B_i$ 和 $S_i = C_{i-1}$；当 $A_i = \overline{B_i}$ 时，有 $C_i = C_{i-1}$ 和

$S_i=\overline{C_{i-1}}$。这一点意味着 $A_i \oplus B_i$ 就可以确定加法器的进位，不需要额外的加法器开销。这就导致了图 2.1(b) 中 FPGA 器件中所采用的电路结构。仅就 2C 加法器而言，最低有效位可以减少到一个半加器，因为进位输入是 0。

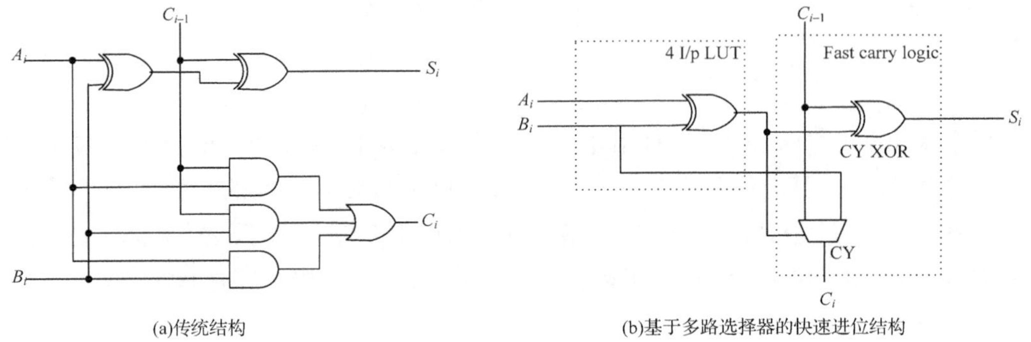

图 2.1　一位加法器结构图

表 2.1　一位加法器真值表

	输入			输出	
	A_i	B_i	C_{i-1}	S_i	C_i
$C_i=A_i$ or B_i	0	0	0	0	0
	0	0	1	1	0
	0	1	0	1	0
$C_i=C_{i-1}$	0	1	1	0	1
	1	0	0	1	0
	1	0	1	0	1
$C_i=A_i$ or B_i	1	1	0	0	1
	1	1	1	1	1

在计算机算法领域，对加法器的结构有相当深入详尽的研究。加法器的结构有许多种，如行波进位加法器、超前进位加法器、进位保留加法器、进位跃进加法器、条件和加法器等。N 位行波进位加法器结构图如图 2.2 所示。

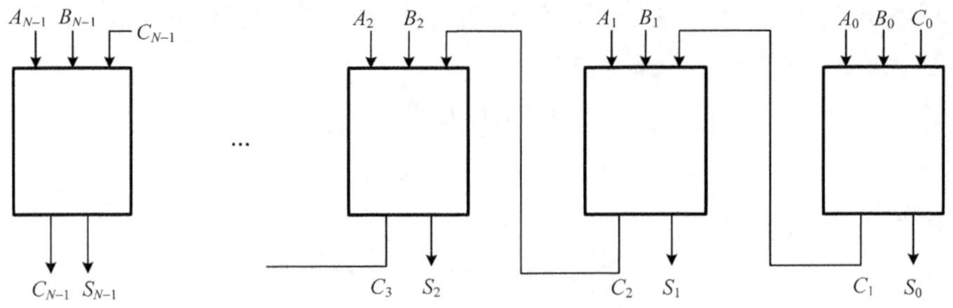

图 2.2　N 位行波进位加法器结构图

最简单的加法器结构称为并行加法器，如图 2.3(a)所示，是位串行模式的。如果在 FPGA 中有较大的表，几个位就可以安置在一个查找表(look up table，LUT)之中，如图 2.3(b)所示。对于这种一次两位加法器来讲，最长的延迟来自进位的脉冲通过所有阶段时。目前已有许多技术来减小这一进位延迟，如跳跃进位、先行进位、条件和进位选择加法器。这些技术都能够提高加法的速度，可以用在较老的 FPGA 系列之中(Xilinx 的 XC3000)。这些元器件本身没有提供内部快速进位逻辑。较新的系列产品，如 Xilinx 的 XC4K 或者 Altera 的 FIex，都具有特别快的脉冲进位逻辑，比通过常规逻辑 LUT 的延迟要快得多。Altera 的 Flex 采用快速表，而 Xilinx 的 XC4K 则采用基于多路选择器的硬连线译码器结构，如图 2.4 所示的快速进位逻辑。快速进位逻辑的出现，使 FPGA 器件中不再需要集成大量的先行进位电路。

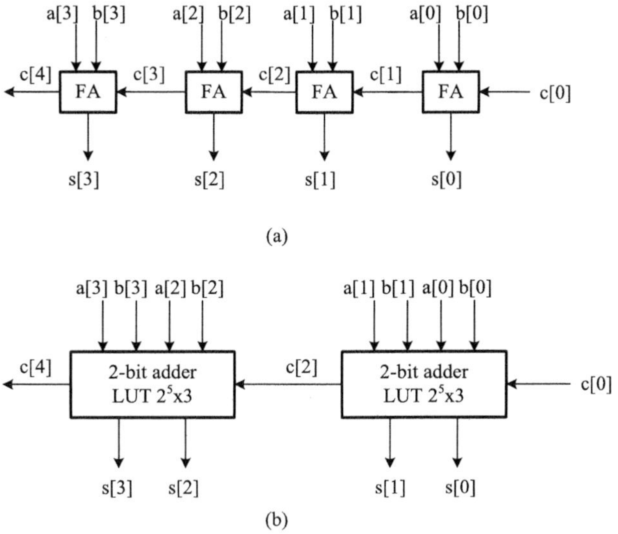

图 2.3　二进制补码加法器

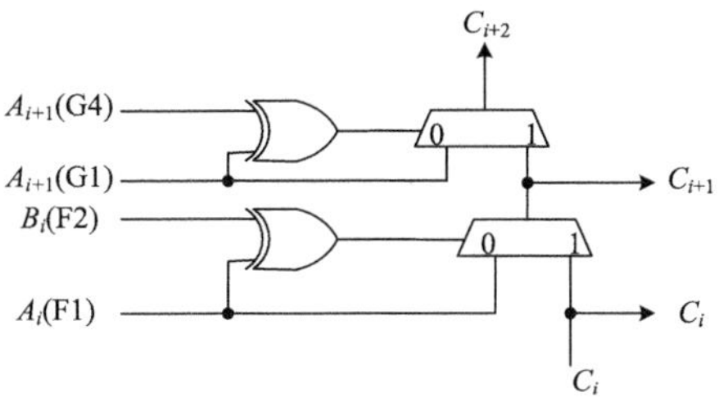

A	B	C	C_{OUT}	
0	0	0	0	$A=B$, $C_{OUT}=A$
0	0	1	0	
0	1	0	0	$A\neq B$, $C_{OUT}=C_{IN}$
0	1	1	1	
1	0	0	0	
1	0	1	1	
1	1	0	1	$A=B$, $C_{OUT}=A$
1	1	1	1	

图 2.4　XC4K 快速进位逻辑(©1993 Xilinx)

2.2.2 二进制乘法器

乘法运算可通过一系列加法运算来实现。考虑两个 N 位二进制数 X 和 $A=\sum_{k=0}^{N-1} a_k 2^k$ 的乘积，按“手工计算”的方法给出，如下所示。

$$P = A\times X = \sum_{k=0}^{N-1} a_k 2^k X \tag{2.7}$$

从式(2.7)中可以看出，只要 $a_k \neq 0$，输入量 X 首先连续向右位移 k 个字节，然后累加 2^kX。如果 $a_k = 0$，就可以忽略相应的移位相加操作(也就是空操作 nop)。

采用“手工计算”方案来进行两个 8 位整数相乘的 VHDL 代码如下。乘法的执行分三个阶段完成。第一阶段，首先重置乘积寄存器，再加载 8 位操作数。在第二阶段 s1 中，进行实际的串行-并行乘法运算。在第三阶段 s2 中，乘积被传输到输出寄存器 y。

```
PACKAGE eight_bit_int IS          -- User defined types
  SUBTYPE BYTE IS INTEGER RANGE -128 TO 127;
  SUBTYPE TWOBYTES IS INTEGER RANGE -32768 TO 32767;
END eight_bit_int;

LIBRARY work;
USE work.eight_bit_int.ALL;

LIBRARY ieee;
USE ieee.std_logic_1164.ALL;
USE ieee.std_logic_arith.ALL;

ENTITY mul_ser IS                    ------> Interface
  PORT (clk   : IN  STD_LOGIC;
        x : IN  BYTE;
        a : IN  STD_LOGIC_VECTOR(7 DOWNTO 0);
        y : OUT TWOBYTES);
END mul_ser;

ARCHITECTURE flex OF mul_ser IS

  TYPE STATE_TYPE IS (s0, s1, s2);
  SIGNAL state    : STATE_TYPE;

BEGIN

  States: PROCESS     ------> Multiplier in behavioral style
    VARIABLE p, t  : TWOBYTES;        -- Double bit width
    VARIABLE count  : INTEGER RANGE 0 TO 7;
```

```
    BEGIN
      WAIT UNTIL clk = '1';
      CASE state IS
        WHEN s0 =>              -- Initialization step
          state <= s1;
          count := 0;
          p := 0;               -- Product register reset
          t := x;               -- Set temporary shift register to x
        WHEN s1 =>              -- Processing step
          IF count = 7 THEN -- Multiplication ready
            state <= s2;
            ELSE
            IF a(count) = '1' THEN
              p := p + t;     -- Add 2^k
            END IF;
            t := t * 2;
            count := count + 1;
            state <= s1;
          END IF;
        WHEN s2 =>              -- Output of result to y and
          y <= p;               -- start next multiplication
          state <= s0;
      END CASE;
    END PROCESS States;

  END flex;
```

由于第一个操作数是并行形式的(也就是 X)，而第二个操作数 A 是逐位形式的，所以上面描述的乘法器就称为串行/并行乘法器。如果两个操作数都是串行的，那么这一结构称为串行/并行乘法器。这样的乘法器只需要一个全加器，但是串行/并行乘法器的等待时间计算复杂度为 $O(N^2)$，因为状态机需要大约 N^2 个周期。

上述例子揭示出乘法器中反复进行加法运算的本质。随着集成电路技术的不断进步，并行乘法器的使用已经成为一种常态，这意味着要用到非常多的加法器电路。如果采用如图 2.2 所示的加法器，会使得乘法器的速度非常慢。采用快速的加法器可以提高乘法器的速度，但也会导致硬件成本上升。基于这个原因，采用如图 2.5 所示的

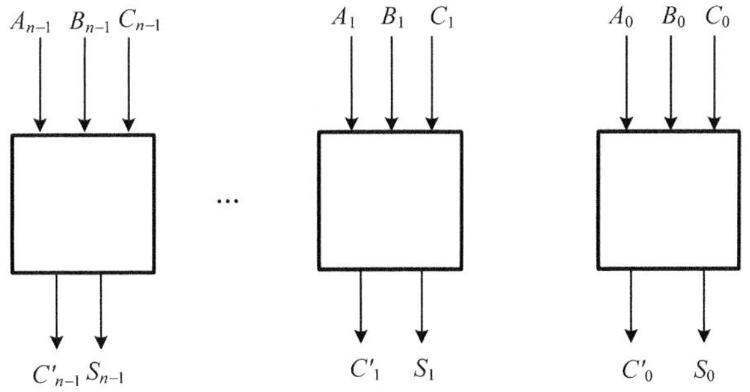

图 2.5　进位保留加法器

进位保留加法器可以设计出进位保留乘法器(图 2.6)。进位保留加法器的速度与三个门延时相当，这样一种结构使得最终的和及进位可以快速得到，最后采用一个快速加法器 CPA 得到最终的和。

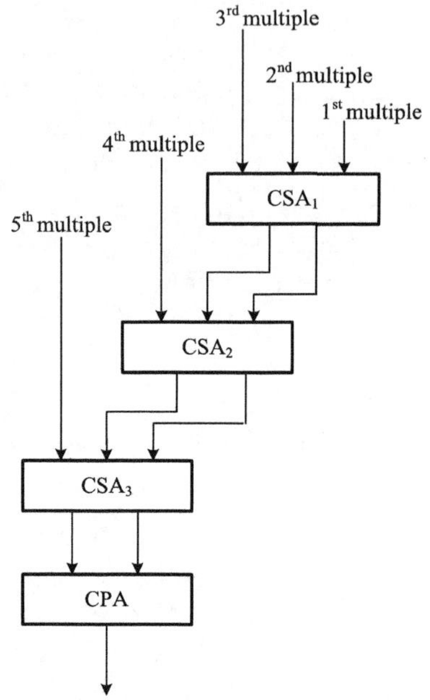

图 2.6　进位保留乘法器

2.2.3　二进制除法器

除法可以看成乘法的逆运算，但其在几个方面的差异导致其成为一种非常复杂的计算。除法运算包括循环除法(recurrence division)和快速收敛算法。自从 1950 年以来，有关除法和平方根运算的算法研究都是计算机算法研究领域的主要研究方向。这些算法大致可分为两大类：直接算法(direct methods)和收敛算法(convergence methods)。直接算法，顾名思义，就是一位一位地进行计算，并且要首先计算最高有效位。收敛算法包括 Newton-Raphson 算法和 Taylor 级数展开。

1. 循环除法

在上述的几种基本算术运算中，除法运算是最为复杂的，因此除法运算也是耗时最长的运算。对于给定的被除数(或分子)N 和除数(或分母)D，除法得到两个(与其他基本算术运算不同的)结果：商 Q 和余数 R。

$$\frac{N}{D}=Q\text{，余数 }R \tag{2.8}$$

其中，$|R|<D$。

当然，也可以将除法看成乘法的逆运算，即

$$N=D\times Q+R \tag{2.9}$$

与乘法不同，除法在很多方面差异很大，最重要的区别是在乘法中所有的部分乘积都可以并行生成，而在除法中每个商都是以一种顺序的“试错”(trail-and-error)的方式完成的。

最常见的顺序算法就是由经常使用的“手工计算”方法变换到二进制算法。首先，调整分母并加载分子到余数寄存器中。然后，从余数中减去调整的分母并将结果存储在余数寄存器中。如果新的余数为正，就将商的 LSB 设置为 1，否则商的 LSB 就设置为 0，而且要再加上分母还原到从前的余数值。最后，重新调整商和分母，再重新计算从前的余数。下面的例子给出这一算法的 FSM 实现的 VHDL 代码。

8 位除法器的 VHDL 描述如下。除法分四个阶段执行。第一阶段，将 8 位的分子加载到余数寄存器中，6 位的分母加载并调整(N 位的分子采用 2^{N-1})，将商寄存器重置。在第二阶段 s1 和第三阶段 s2 中进行实际的串行除法。在第四阶段 s3 中将商和余数传输到输出寄存器，假定分子和商都是 8 位宽，而分母和余数是 6 位的数值。

```
-- Restoring Division
LIBRARY ieee;                  -- Using predefined packages
USE ieee.std_logic_1164.ALL;
USE ieee.std_logic_arith.ALL;
USE ieee.std_logic_unsigned.ALL;

ENTITY div_res IS                        ------> Interface
  GENERIC(WN       : INTEGER := 8;
          WD       : INTEGER := 6;
          PO2WND   : INTEGER := 8192; -- 2**(WN+WD)
          PO2WN1   : INTEGER := 128;  -- 2**(WN-1)
          PO2WN    : INTEGER := 255);  -- 2**WN-1
  PORT  ( clk      : IN  STD_LOGIC;
          n_in     : IN  STD_LOGIC_VECTOR(WN-1 DOWNTO 0);
          d_in     : IN  STD_LOGIC_VECTOR(WD-1 DOWNTO 0);
          r_out    : OUT STD_LOGIC_VECTOR(WD-1 DOWNTO 0);
          q_out    : OUT STD_LOGIC_VECTOR(WN-1 DOWNTO 0));
END div_res;

ARCHITECTURE flex OF div_res IS

  SUBTYPE TWOWORDS IS INTEGER RANGE -1 TO PO2WND-1;
  SUBTYPE WORD IS INTEGER RANGE 0 TO PO2WN;

  TYPE STATE_TYPE IS (s0, s1, s2, s3);
  SIGNAL state     : STATE_TYPE;
```

```
BEGIN
-- Bit width:  WN        WD          WN          WD
--        Nominator / Denumerator = Quotient and Remainder
-- OR:       Nominator = Quotient * Denumerator + Remainder

  States: PROCESS    ------> Divider in behavioral style
    VARIABLE  r, d : TWOWORDS;  -- N+D bit width
    VARIABLE  q : WORD;
    VARIABLE count  : INTEGER RANGE 0 TO WN;
  BEGIN
    WAIT UNTIL clk = '1';
    CASE state IS
      WHEN s0 =>            -- Initialization step
        state <= s1;
        count := 0;
        q := 0;             -- Reset quotient register
        d := PO2WN1  * CONV_INTEGER(d_in); -- Load denumer.
        r := CONV_INTEGER(n_in); -- Remainder = nominator
      WHEN s1 =>            -- Processing step
          r := r - d;       -- Subtract denumerator
          state <= s2;
      WHEN s2 =>            -- Restoring step
        IF r < 0 THEN
          r := r + d;       -- Restore previous remainder
          q := q * 2;       -- LSB = 0 and SLL
        ELSE
          q := 2 * q + 1; -- LSB = 1 and SLL
        END IF;
        count := count + 1;
        d := d / 2;
        IF count = WN THEN    -- Division ready ?
          state <= s3;
        ELSE
          state <= s1;
        END IF;
      WHEN s3 =>                    -- Output of result
        q_out <= CONV_STD_LOGIC_VECTOR(q, WN);
        r_out <= CONV_STD_LOGIC_VECTOR(r, WD);
        state <= s0;                -- Start next division
    END CASE;
  END PROCESS States;

END flex;
```

上述除法的主要缺点是需要两个步骤来确定一个商位。我们可以将两个步骤合起来，采用 non-restoring 除法器算法，也就是每次当分母大于余数时，就不执行减法。

在 VHDL 中将新步骤写成

```
  r:=t:=r-d;                    --temporary remainder value
IF t>=0 THEN                    --Nonperforming test
  r:=t   ;                      --Use new denominator
  q:=q*2+1;                     --LSB=1 and SLL
ELSE
  q:=q*2;                       --LSB=0 and SLL
  END IF;
```

对于平方根的计算，可以采用如下的 SRT 算法。考虑一个值 R 试图使其接近平方根，S_i 是经过 i 次迭代后得到的部分平方根值，因而经过 i 次迭代后得到的余数 Z_i 可表示为

$$Z_i = 2^i(R - S_i^2) \tag{2.10}$$

其中，$1/4 \leqslant R < 1$；$1/2 \leqslant S < 1$。由此，基于上面的残余数计算公式，可得到残余数间的迭代关系为

$$Z_i = 2Z_{i-1} - s_i(2S_{i-1} + s_i 2^{-i}) \tag{2.11}$$

其中，s_i 为 i–1 次迭代得到的平方根的值。

典型的情形是，Z_0 的初始取值设为 R，而平方根的最初估计值 S_1 设为 0.5。

2. 快速收敛算法

快速除法器是与分母 D 的倒数相乘的除法。对于小位宽的数可以通过查表的方式计算这一倒数。对于位宽较大的数，通常是利用牛顿法构造迭代算法。根据这一方法，定义一个函数为

$$f(x) = \frac{1}{x} - D \to 0 \tag{2.12}$$

定义一个算法，令 $f(x_\infty)=0$，就可得到

$$\frac{1}{x_\infty} - D = 0 \quad 或 \quad x_\infty = \frac{1}{D} \tag{2.13}$$

使用正切函数，利用

$$x_{k+1} = x_k - \frac{f(x_k)}{f'(x_k)} \tag{2.14}$$

计算下一个 x_{k+1} 的估计值。由 $f(x)=1/x-D$ 就得到 $f'(x)=1/x^2$，迭代方程就变成

$$x_{k+1} = x_k(2 - Dx_k) \tag{2.15}$$

尽管这一算法对于任意初始值 D 都会收敛，不过如果从接近 1.0 的归一化值开始，收敛的速度会更快，也就是以某种方式将 D 归一化。对于浮点数尾数使用 $0.5 \leqslant D < 1$ 或 $1 \leqslant D < 2$。

快速收敛算法的收敛速度要比循环迭代法或线性迭代法快。从下面的误差计算公式可以看到

$$
\begin{aligned}
e_{k+1} &= x_{k+1} - x_{\infty} = x_k(2 - Dx_k) - \frac{1}{D} \\
&= -D\left(x_k - \frac{1}{D}\right) = -De_k^2
\end{aligned} \tag{2.16}
$$

误差以从一次迭代到下一次的平方形式得到改善。每经过一次迭代，有效数字的位精度就增加一倍。

8 位快速除法器的 VHDL 描述如下。

我们假定分子和分母标准为 $1 \leqslant N$、$D < 2$，当分子和分母非标准时，这一标准化步骤可能需要必要的加法资源(前导零检测和两个筒状移位器)。假定分子、分母和商都是 9 位宽。十进制值 1.5、1.2 和 1.25 表示成 1.8 位格式(1 位整数位和 8 位分数位)分别是 1.5×256=384、1.2×256=307 和 1.2×5256=320。除法分三个阶段执行：首先将 1.8 位格式的分子分母加载到寄存器中，然后在第二阶段中进行实际的收敛除法，最后在第三阶段 s2 中将商传输到输出寄存器。

```
-- Convergence division after Anderson, Earle, Goldschmidt,
LIBRARY ieee;                                  -- and Powers
USE ieee.std_logic_1164.ALL;
USE ieee.std_logic_arith.ALL;
USE ieee.std_logic_unsigned.ALL;

ENTITY div_aegp IS                            ------> Interface
  GENERIC(WN   : INTEGER := 9; -- 8 bit plus one integer bit
          WD       : INTEGER := 9;
          STEPS    : INTEGER := 2;
          TWO      : INTEGER := 512; -- 2**(WN+1)
          PO2WN    : INTEGER := 256;  -- 2**(WN-1)
          PO2WN2   : INTEGER := 1023);  -- 2**(WN+1)-1
  PORT ( clk      : IN  STD_LOGIC;
         n_in     : IN  STD_LOGIC_VECTOR(WN-1 DOWNTO 0);
         d_in     : IN  STD_LOGIC_VECTOR(WD-1 DOWNTO 0);
         q_out    : OUT STD_LOGIC_VECTOR(WD-1 DOWNTO 0));
END div_aegp;

ARCHITECTURE flex OF div_aegp IS

  SUBTYPE WORD IS INTEGER RANGE 0 TO PO2WN2;

  TYPE STATE_TYPE IS (s0, s1, s2);
  SIGNAL state  : STATE_TYPE;

BEGIN
-- Bit width:  WN        WD        WN            WD
```

```
--        Nominator / Denumerator = Quotient and Remainder
-- OR:       Nominator = Quotient * Denumerator + Remainder

  States: PROCESS    ------> Divider in behavioral style
    VARIABLE  x, t, f  : WORD; -- WN+1 bits
    VARIABLE count   : INTEGER RANGE 0 TO STEPS;
  BEGIN
    WAIT UNTIL clk = '1';
    CASE state IS
      WHEN s0 =>              -- Initialization step
        state <= s1;
        count := 0;
        t := CONV_INTEGER(d_in); -- Load denominator
        x := CONV_INTEGER(n_in); -- Load nominator
      WHEN s1 =>           -- Processing step
        f := TWO - t;
        x := x * f / PO2WN;
        t := t * f / PO2WN;
        count := count + 1;
        IF count = STEPS THEN -- Division ready ?
          state <= s2;
        ELSE
          state <= s1;
        END IF;
      WHEN s2 =>                 -- Output of results
        q_out <= CONV_STD_LOGIC_VECTOR(x, WN);
        state <= s0;              -- start next division
    END CASE;
  END PROCESS States;

END flex;
```

平方根计算可以采用函数迭代的方法。这种方法既可以是加法性的，也可以是乘法性的。加法性的迭代，意味着每次迭代都基于加法运算，并且每次迭代都会取代同样多的位数。换句话说，这种算法是线性收敛的。乘法性的算法则提供了一个有趣的替代方案，每次迭代的精度都会是加法性迭代算法的 2 倍，即二次方收敛。然而，这种算法的不足是计算复杂度增加了，这是由于在每次的迭代过程中包含乘法运算。

与除法运算类似，采用 Newton-Raphson 算法的平方根计算的迭代算法可表示为

$$x_{k+1} = x_k - \frac{f(x_k)}{f'(x_k)} \tag{2.17}$$

构造一个函数 $f(x)$，要使得其解为平方根，一个可能的选择是 $f(x) = x^2 - b$。由此可以得到下面的迭代算法：

$$x_{i+1} = \frac{1}{2}\left(x_i + \frac{b}{x_i}\right) \tag{2.18}$$

这一迭代算法的不足之处在于需要除法运算。一个替代的算法是计算平方根的倒数，即 $1/x^2$，考虑到这一点，选取函数 $f(x)=1/x^2-b$，得到下面的迭代算法：

$$x_{i+1} = \frac{x_i}{2}(3 - bx_i^2) \tag{2.19}$$

一旦得到迭代方程的解，则平方根可用初始值与结果相乘，即

$$1/\sqrt{X} \times X = \sqrt{X}$$

这一算法的目的是计算逐次迭代，使其中一个值为 1，从而使其他值得到理想的结果。为了计算出值为 a 的平方根，每次迭代的算法为

$$x_{i+1} = x_i \times r_i^2 \tag{2.20}$$

$$y_{i+1} = y_i \times r_i \tag{2.21}$$

其中，假设 $x_0 = y_0 = a$，然后有

$$r_i = (3 - y_i)/2 \tag{2.22}$$

若 $x_i \to 1$，则有 $y_i \to \sqrt{a}$。换而言之，每次迭代 x 都趋近于 1 时，y 就会趋近于 $\sqrt{a}$。

2.2.4　MAC 和 SOP

众所周知，在 DSP 算法中，乘-累加(multiply-accumulate，MAC)运算的强度非常密集。假设 $y[n]$ 为

$$y[n] = f[n] * x[n] = \sum_{k=0}^{L-1} f[k]x[n-k] \tag{2.23}$$

对于每次采样，$y[n]$需要进行 L 次连续乘法和 $L-1$ 次加法操作来计算乘积和(sum of products，SOP)。这表明 $N\times N$ 位的乘积位宽是 $2N$。如果两个操作数都是(对称的)有符号数，那么乘积只有 $2N-1$ 个有效位，也就是说有两个符号位。为了保持累加器有效的动态范围，通常将其在位宽上多设计出额外的 K 位。

1. 分布式算法基础

分布式算法(distributed arithmetic，DA)是一种非常重要的算法，广泛地应用在乘积和的计算。

$$y = \langle c, x \rangle = \sum_{n=0}^{N-1} c[n]x[n] \tag{2.24}$$

除了卷积，DFT、相关、计算和 RNS 反演映射也可以阐述成乘积和。当使用传统的算法单元完成一个滤波周期时，大约需要用 N 个 MAC 循环。使用流水线可以缩短这一时间，不过效果也不明显，所需的时间仍然非常长。当使用通用乘法器时，这个问题就简单化了。

在许多 DSP 应用领域中，从技术上看，通用的乘法算法是不需要的。如果滤波系数 $c[n]$可以通过演绎得到，那么部分乘积项 $c[n]x[n]$在技术上就变成一个常数乘法(也就是缩放)。这一重要差别是 DA 设计的先决条件。

为了理解 DA 设计范例，考虑如下所示的乘积和。

$$\begin{aligned} y = \langle c, x \rangle &= \sum_{n=0}^{N-1} c[n]x[n] \\ &= c[0]x[0] + c[1]x[1] + \cdots + c[N-1]x[N-1] \end{aligned} \tag{2.25}$$

进一步假设系数 $c[n]$是已知常数，$x[n]$是变量。无符号 DA 系统假设变量 $x[n]$的表达式如下。

$$x[n] = \sum_{b=0}^{B-1} x_b[n] \times 2^b, \quad x_b[n] \in [0,1] \tag{2.26}$$

其中，$x_b[n]$表示 $x[n]$的第 b 位。而 $x[n]$也就是 x 的第 n 次采样，内积 y 可以表示为

$$y = \sum_{n=0}^{N-1} c[n] \times \sum_{b=0}^{B-1} x_b[k] \times 2^b \tag{2.27}$$

重新分别求和(也就是分布式算法名称的由来)，其结果如下。

$$\begin{aligned} y &= c[0](x_{B-1}[0]2^{B-1} + x_{B-2}[0]2^{B-2} + \cdots + x_0[0]2^0) \\ &\quad + c[1](x_{B-1}[1]2^{B-1} + x_{B-2}[1]2^{B-2} + \cdots + x_0[1]2^0) + \cdots \\ &\quad + c[N-1](x_{B-1}[N-1]2^{B-1} + \cdots + x_0[N-1]2^0) \\ &= (c[0]x_{B-1}[0] + c[1]x_{B-1}[1] + \cdots + c[N-1]x_{B-1}[N-1])2^{B-1} \\ &\quad + (c[0]x_{B-2}[0] + c[1]x_{B-2}[1] + \cdots + c[N-1]x_{B-2}[N-1])2^{B-2} + \cdots \\ &\quad + (c[0]x_0[0] + c[1]x_0[1] + \cdots + c[N-1]x_0[N-1])2^0 \end{aligned}$$

或者可以写成更为简洁的形式，即

$$y = \sum_{b=0}^{B-1} 2^b \times \sum_{n=0}^{N-1} \underbrace{c[n] \times x_b[n]}_{(c[n],x_b[n])} = \sum_{b=0}^{B-1} 2^b \times \sum_{n=0}^{N-1} f(c[n], x_b[n]) \tag{2.28}$$

函数 $f(c[n], x_b[n])$的实现需要特别的注意，这里所指的实现方法就是利用一个 LUT 实现映射 $f(c[n], x_b[n])$。也就是说数据长度为 2^N字宽，提前设定代码的 LUT 接收一个 N 位输入向量 $x_b = [x_b[0], x_b[1], \cdots, x_b[N-1]]$，输出为 $f(c[n], x_b[n])$。各个映射 $f(c[n], x_b[n])$都由相应的二次幂加权并累加。利用如图 2.7 所示的移位加法器 DA 架构就能够有效地实现累加。在完成 N 次查询循环后，再对内积 y 进行计算。

2. 有符号位的 DA 算法

有符号位的数的计算要二进制补码。接下来讨论如何修改式(2.25)，使之能够处理有符号补码数。在补码中，最高有效位是用来区别正数和负数的。例如，十进制的 -3 编码后是 $101_2 = -4+0+1 = -3_{10}$。下面采用 $B+1$ 位表达式进行处理。

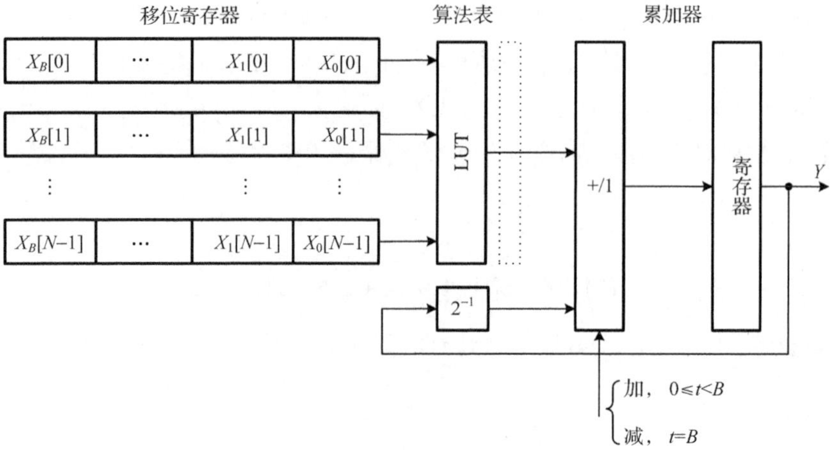

图 2.7　移位加法器 DA 架构

$$x[n] = -2^b \times x_B[n] + \sum_{b=0}^{B-1} x_b[n] \times 2^b \tag{2.29}$$

与式(2.26)联立得到输出 y 为

$$y = -2^b \times f(c[n], x_B[n]) + \sum_{b=0}^{B-1} 2^b \times \sum_{n=0}^{N-1} f(c[n], x_b[n]) \tag{2.30}$$

要实现有符号 DA 系统，可有两种选择来修改无符号 DA 系统：带有加/减控制的累加器；采用具有一个额外输入的 ROM。最常用的是采用可转换式累加器，因为 ROM 表中额外的输入位还需要一个两倍字长的表。

3. 改进的 DA 算法

对基本 DA 算法进行适当改进可以改善其性能，其中一个改进方向是缩小 DA 算法的规模，另一个改进方向则是提高 DA 算法的速度。

如果 DA 算法中的系数 N 过多，用单个 LUT 不能够完成全部的运算，在这种情形下，利用部分表并将这些表的结果相加。如果再加上流水线寄存器，这一改进对速度降低没有影响，却可以极大地减小电路的设计规模。这是由于 LUT 的规模随着地址空间也就是输入系数 N 的增加而呈指数增加导致的。假定长度为 LN 的内积为

$$y = \langle c, x \rangle = \sum_{n=0}^{LN-1} c[n]x[n] \tag{2.31}$$

将式(2.31)的和分配到 L 个独立的 N 阶并行 DA 的 LUT 之中，结果如下。

$$y = \langle c, x \rangle = \sum_{l=0}^{L-1} \sum_{n=0}^{N-1} c[Ll-n]x[Ll+n] \tag{2.32}$$

如图 2.8 所示，实现一个 4N 的 DA 设计需要三个次辅助加法器。表格的规模从一个 $2^{4N} \times B$ 的 LUT 降低到四个 $2^N \times B$ 表。

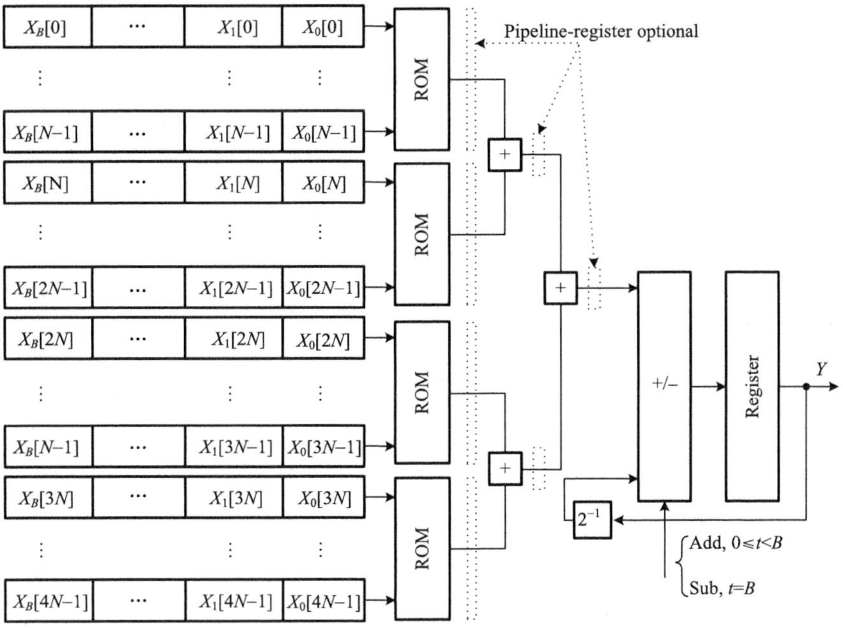

图 2.8　表分割四个小表之后规模减小的分布式算法

DA 结构改进的另外一种方式，就是以增加额外的 LUT、寄存器和加法器为代价来提高速度。一个 N 阶乘积和计算的基本 DA 结构接收 N 个字中每个字内的一位。如果每个字中有两个位得以接收，则计算速度就可以实现翻倍。算法能够达到的最大速度就是使用如图 2.9 所示的完全流水线式的字并行结构。结构中有 4 位有符号系数在每个

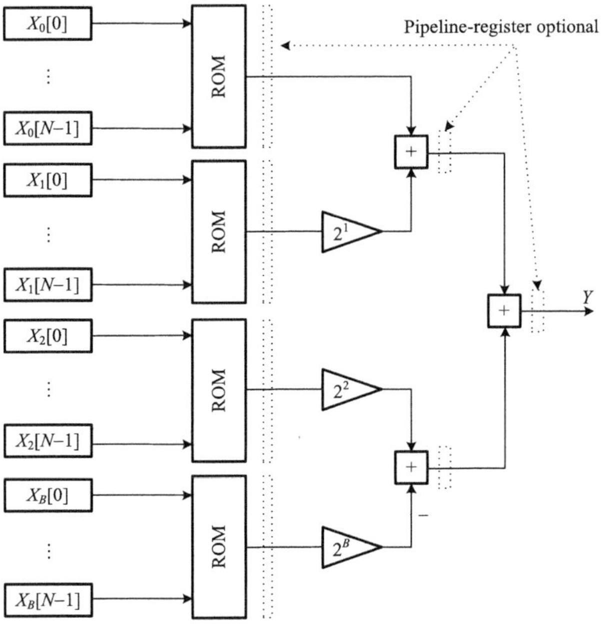

图 2.9　速度最优的高阶分布式算法

LUT 循环内计算出了长度为 4 的乘积和的新结果。为了得到最高运行速度，还必须为向量 $x_b[n]$的每一位提供一个单独的 ROM(具有相同的内容)。不过采用这样的方式得到 DA 速度的提升需要付出的代价非常高。如果将输入位宽加倍，所需要的 LUT、寄存器和加法器的数量是原来的两倍。如果系数 N 的数量限制在 4 个或 8 个，那么这一改进的 DA 算法就非常具有吸引力。

2.3 浮点数算法的实现

如果“更精确的便是最好的”这一假设成立，那么浮点数的使用便是唯一的选择。然而，浮点数运算所占用的面积非常大，一般来说，基于 FPGA 的设计不考虑采用浮点数，这是由于在某些 DSP 的应用中采用浮点数所占用的芯片面积是采用定点数的 10 倍。目前 FPGA 器件中集成的逻辑门数量非常多，浮点数算法的设计具备很好的硬件条件。此外，在 Altera Strail、Xilinx Virtex II 和 SpartanIII元器件系列中引入嵌入式 18×18 位阵列乘法器，为定制浮点数算法提供了更多的选择。大多商用的浮点数模块采用(典型的三级)流水线来提高计算速度。表 2.2 给出了在 Xilinx Virtex 4 FPGA 器件中实现各种浮点数运算所需要的参数。

表 2.2　在 Xilinx Virtex 4 FPGA 器件中实现各种浮点数运算所需要的参数

功能	DSP48	LUT	触发器	速度/MHz
乘法器	4	799	347	141.4
加法器	×	620	343	208.2
倒数运算	4	745	266	116.5

2.3.1 浮点数乘法

相对于定点数运算，在浮点数中乘法是所有算术运算中最简单的，因此首先来讨论浮点数乘法运算。一般而言，科学记数法格式所表示的两个数的乘法是通过指数相加、尾数相乘来实现的，如下所示。

$$f_1 \times f_2 = (a_1 2^{e_1}) \times (a_2 2^{e_2}) = (a_1 \times a_2) 2^{e_1+e_2}$$

对于具有隐含的 1 和偏移量的指数的浮点数格式，上式就变成

$$\begin{aligned} f_1 \times f_2 &= (-1)^{s_1}(1.m_1 2^{e_1-\text{bias}}) \times (-1)^{s_2}(1.m_2 2^{e_2-\text{bias}}) \\ &= (-1)^{s_1+s_2 \bmod 2}(1.m_1 \times 1.m_2)2 \\ &= (-1)^{s_3} 1.m_3 2^{e_3-\text{bias}} \end{aligned}$$

由上式可知，指数和需要进行偏移量的调整，这是因为在两个指数中偏移量引入了两次。乘积是两个操作数的两个符号位的异或，或是以 2 为模的和的关系。还需要注意一种特殊情况：若一个因子是∞，则乘积也会是∞。下一步要核对是否有一个因子为零，如果有，就将乘积设为零。特殊值还有可能由初始的非特殊操作数生成，如果

检测到溢出情况，也就是

$$e_1+e_2-\text{bias}\geqslant E_{\max}$$

将乘积设置为∞。类似地，如果检测到下溢，也就是

$$e_1+e_2-\text{bias}\leqslant E_{\min}$$

将乘积设置为零。可以看出，乘积的指数 e_3 的内部表达式要比两个因子多两个位，因为需要一个符号位和一个保护位。幸运的是，乘积 $1.m_3$ 的标准化相对简单，因为两个操作数都是在 $1.0\leqslant 1.m_{1,2}<2.0$ 内，所有尾数乘积的范围就是 $1.0\leqslant 1.m_3<4.0$，也就是说只需要左移一位(指数调整 1)就足以将乘积标准化。

2.3.2　浮点数加法

浮点数加法运算要比乘法运算更为复杂。其科学记数法格式为

$$f_3=f_1+f_2=(a_1 2^{e_1})\pm(a_2 2^{e_2})$$

上述公式中若指数相同，即 $e_1=e_2$，加法运算就较为简单。一般情况下两个加数的指数不相同。为了不失普遍性，假定第二个数的(绝对)值最小，如果情况不是这样的，只需要将第一个数和第二个数调换即可。下一步就是用恒等式对较小的数进行标准化。

$$a_2 2^{e_2}=\frac{a_2}{2^d}\cdot 2^{e_2+d}$$

如果选择标准化因子，如 $e_2+d=e_1$，也就是 $d=e_1-e_2$，可得到

$$\frac{a_2}{2^d}\cdot 2^{e_2+d}=\frac{a_2}{2^{e_1-e_2}}\cdot 2^{e_1}$$

现在两个数都具有相同的指数，就可以依靠符号，根据

$$a_3=a_1\pm a_2/2^{e_1-e_2}$$

对第一个尾数和调整的第二个数进行加法或减法运算。最后还需要核对第二个操作数是否为零。如果 $e_2=0$ 或 $d>M$，就将移位操作将第二个尾数降到零。如果第二个操作数是零，就将第一个(较大的)操作数转送给结果 f_3。

对于符号相同的两个浮点数，可将调整好的操作数相加；对于符号相反的两个浮点数就相减。对于正指数值，需要对尾数值进行左移；对于负指数值，则需要对尾数值进行右移。最初设置成 $e_3=e_1$ 的指数需要根据尾数的标准化进行调整。要确定前导零的个数(包括第一个)并执行逻辑左移(shift logic left，SLL)。浮点数加法还需要考虑是否其中一个操作数是特殊数以及是否出现溢出或下溢。如果第一个操作数是∞或者新计算出来的指数大于 $E_{\max}$，就将输出设置为∞。由于算法不支持 NaNs，所以 $\infty-\infty=\infty$。如果新计算出来的指数小于 $E_{\min}$，数据发生下溢，输出就设置为零。最后将符号位、指数和尾数连接起来组成新浮点数。

2.3.3　浮点数除法

通常，以科学记数法格式表示的两个数的除法是通过尾数相除和指数相减来实现的，也就是

$$f_1 / f_2 = (a_1 2^{e_1}) / (a_2 2^{e_2}) = (a_1 / a_2) 2^{e_1 - e_2}$$

对于具有隐含的 1 和偏移量的指数的浮点数格式，上式就变成

$$\begin{aligned} f_1 / f_2 &= (-1)^{s_1} (1.m_1 2^{e_1 - \text{bias}}) \big/ \left[(-1)^{s_2} (1.m_2 2^{e_2 - \text{bias}}) \right] \\ &= (-1)^{s_1 + s_2 \bmod 2} (1.m_1 / 1.m_2) 2 \\ &= (-1)^{s_3} 1.m_3 2^{e_3 + \text{bias}} \end{aligned}$$

可以看到，指数和需要调整一个偏移量，这是因为在两个指数相减后就不存在偏移量。除法的符号是两个操作数的两个符号位的异或关系或是以 2 为模的和关系。由于分母和商的位宽至少为 $M+1$，而在组件中分子和商具有相同的位宽，这就需要使用 $2\times(M+1)$ 位宽的分子和商。由于分子和分母都在 $1.0 \leqslant 1.m_{1,2} < 2.0$ 内，可以得出结论：商应该在 $0.5 \leqslant 1.m_3 < 2.0$ 内。此时，符号只需要一位标准化(包括指数位调整)了。

我们还需要注意特殊值。如果分子是∞，那么结果也会是∞。分母为零，检测到一个溢出，也就是

$$e_1 - e_2 + \text{bias} = e_3 \geqslant E_{\max}$$

然后核对零商。如果分子是零、分母为∞或者检测到下溢，也就是

$$e_1 - e_2 + \text{bias} = e_3 \leqslant E_{\min}$$

就将商设置为零。在其他情况下，结果均处于有效范围内，不会生成特殊结果。

最后将符号位、指数和尾数连接起来构造新的浮点数。

2.4　CORDIC 算法

对于一个非普通的(超越)代数函数，如 $x^{1/2}$ 或 arctan y/x，我们可以利用泰勒级数来近似这个函数，即

$$f[x_0] = \sum_{k=0}^{K} \frac{\mathrm{d}f^{(k)}(x - x_0)}{\mathrm{d}x} x^k \bigg|_{x=x_0} \tag{2.33}$$

这样，对于函数的运算就化简成一系列乘法和加法运算了。一种更为有效的方法是基于坐标旋转数字式计算机(coordinate rotation digital computer，CORDIC)的算法。

CORDIC 算法在硬件实现上效率很高，这是由于这种算法可以为矢量旋转运算提供一种效率高且经济的硬件实现。这种运算仅仅包含一系列的加法和移位运算。虽然 CODIC 算法具有很强大的功能，但也有一些不足之处，如运算速度相对较慢，这是其迭代特性造成的。自从 1959 年首次提出 CORDIC 算法以来，人们对 CORDIC 算法提出了很多改进方案。

Walther 推广了 CORDIC 算法，将圆周(m =1)、线性(m =0)和双曲线(m=−1)变换都包括进来。对于每种模式，两个旋转方向都是确定的。对于向量化而言，具有原点(X_0, Y_0)的向量按如下方式旋转：通过将 Y_k 迭代收敛到 0，使得向量最后落在横坐标(也就是 x 轴)上。旋转就是具有原点(X_0，Y_0)的向量旋转一个角度 θ_0，角度寄存器 Z 的最终值收敛到 0。选择角度 θ_k，这样每次迭代就只需要一次加法和一次二进制转换。表 2.3 中第二列给出了三种模式：圆周(m=1)、线性(m=0)和双曲线(m=−1)旋转角度的选择。

表 2.3　CORDIC 算法模式

模式	角度 θ_k	移位顺序	残留因子
圆周(m=1)	$\arctan(2^{-k})$	0,1,2,⋯	K_1=1.65
线性(m=0)	2^{-k}	1,2,⋯	K_0=1.0
双曲线(m=−1)	$\operatorname{arctanh}(2^{-k})$	1,2,3,4,⋯	K_{-1}=10.80

正式定义 CORDIC 算法，如下所示。

在每次迭代中，CORDIC 算法执行如下映射。

$$\begin{cases}\begin{bmatrix}X_{k+1}\\ Y_{k+1}\end{bmatrix}=\begin{bmatrix}1 & m\delta_k 2^{-k}\\ \delta_k 2^{-k} & 1\end{bmatrix}\begin{bmatrix}X_k\\ Y_k\end{bmatrix}\\ Z_{k+1}=Z_k+\delta_k\theta_k\end{cases}$$

其中，θ_k 在表 2.3 中已经给出；$\delta_k=\pm1$；两个旋转方向是 $Z_k\to0$ 和 $Y_k\to0$。

这就意味着存在六种操作模式，如表 2.4 所示。差不多所有的超越函数都可以利用 CORDIC 算法进行计算。正确地选择初始值，就可以直接计算 $X\times Y$、Y/X、$\sin(Z)$、$\cos(Z)$、$\arctan(Z)$、$\sinh(Z)$、$\cosh(Z)$ 和 $\tanh(Z)$。其他的函数可以通过选择适当的初始化来推广而得到，如下所示。

$\tan(Z)=\sin(Z)/\cos(Z)$　　模式：m=1,0。

$\tanh(Z)=\sinh(Z)/\cosh(Z)$　　模式：m=−1,0。

$\exp(Z)=\sinh(Z)+\cosh(Z)$　　模式：m=−1；$x=y=1$。

$\log_e(W)=2\operatorname{artanh}(Y/X)$　　模式：m=−1；$X=W+1$；$Y=W-1$。

$\sqrt{W}=\sqrt{X^2-Y^2}$　　模式：m=1；$X=W+\frac{1}{4}$；$Y=W-\frac{1}{4}$。

表 2.4　CORDIC 算法的操作模式 m

m	$Z_k\to0$	$Y_k\to0$
1	$X_K=K_1(X_0\cos(Z_0)-Y_0\sin(Z_0))$ $Y_K=K_1(X_0\cos(Z_0)+Y_0\sin(Z_0))$	$X_K=K_1\sqrt{X_0^2+Y_0^2}$ $Z_K=Z_0+\arctan(Y_0/X_0)$
0	$X_K=X_0$ $Y_K=Y_0+X_0\times Z_0$	$X_K=X_0$ $Z_K=Z_0+Y_0/X_0$
−1	$X_K=K_{-1}(X_0\cosh(Z_0)-Y_0\sinh(Z_0))$ $Y_K=K_{-1}(X_0\cosh(Z_0)+Y_0\sinh(Z_0))$	$Z_k=K_{-1}\sqrt{X_0^2+Y_0^2}$ $Z_K=Z_0+\operatorname{arctanh}(Y_0/X_0)$

2.5 本章小结

本章对 DSP 系统中数字的表示及二进制运算进行了分析和讨论，深入分析了三种基本的运算：加法、乘法及除法运算。除法运算较为复杂，本章具体讨论了两种除法运算：循环除法和快速收敛算法。对于浮点数的运算也进行了介绍。针对 DSP 系统中运算非常密集的 MAC 运算，本章分析讨论了 DA 算法。DA 算法可将复杂的乘法运算简化为常系数乘法运算。在此基础上，本章还改进了 DA 算法：一是缩小 DA 算法的规模，二是提高 DA 算法的速度。

本章对算法的硬件设计进行了分析。选择定点数表示或浮点数表示时，本章采用的算法在电路硬件实现方面是有很大区别的，特别是考虑到当前 FPGA 对浮点的支持。目前的技术发展趋势清楚地表明，FPGA 技术非常适合于定点数表示的实现，但不太适合浮点数运算的实现。

第 3 章　数字滤波器

在信号处理过程中，滤波就是有选择性地让输入信号通过或屏蔽。数字滤波器的作用就是采用数字信号处理的方法来滤除输入信号中某一部分不需要的频率分量。按照通频带的不同，一般的滤波器可以分为低通滤波器(LPF)、高通滤波器、带通滤波器和带阻滤波器等四种(图 3.1)。与模拟滤波器相比，数字滤波器的设计方法不同，具有滤波性能稳定和适应性强等特点，在数字信号处理及数字集成电路设计中有着广泛的应用。从广义上来看，数字滤波器可分为 FIR 滤波器和 IIR 滤波器。一个 k 阶线性时不变系统的差分方程表示为

$$\begin{aligned} y[n] &= -a_1 y[n-1] - \cdots - a_{k-1} y[n-(K-1)] - a_k y[n-K] \\ &\quad + b_0 x[n] + b_1 x[n-1] + \cdots + b_{L-1} y[n-(L-1)] + b_L y[n-L] \end{aligned} \tag{3.1}$$

如果反馈系数 $a_k = 0$, $k = 1,2,\cdots,K$，那么这个系统就是 FIR 滤波器。若这些系数中有一个系数不为零，则这个滤波器就是 IIR 滤波器。FIR 滤波器的优势是性能稳定。

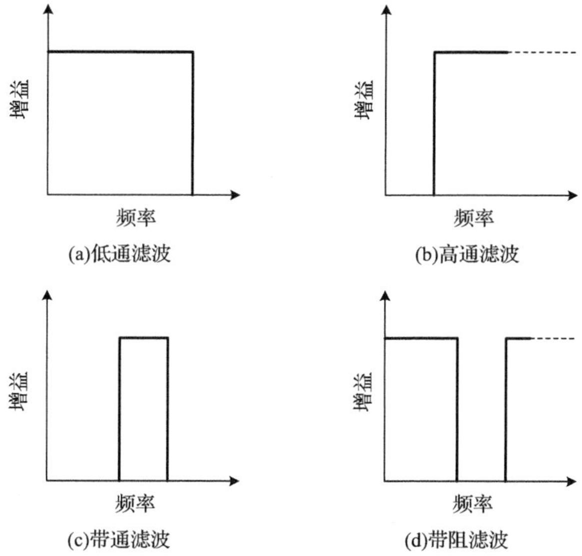

图 3.1　滤波器的分类(按照频率特性)

对于一套给定的滤波器设计指标，所设计的 IIR 滤波器的阶数要比 FIR 滤波器的阶数低得多，因而在硬件实现时芯片面积更小，效率也更高。但设计一个具有任意频率响应特性的 FIR 滤波器通常更加简单。与 IIR 滤波器不同，FIR 滤波器可以产生稳定的线性相位的输出信号，以获得满意的性能。在任何情形下，IIR 滤波器和 FIR 滤波器的设计都需要用不同的设计方法。

3.1　FIR 滤波器

根据式(3.1)，FIR 滤波器可以通过下面的输入输出关系来表示。

$$\begin{aligned} y(n) &= \sum_{i=0}^{K} b_i x(n-i) \\ &= b_0 x(n) + b_1(n-1) + \cdots + b_K(n-K) \end{aligned} \tag{3.2}$$

其中，b_i 代表 FIR 滤波器的系数；K+1 代表 FIR 滤波器的长度。对式(3.2)两端进行 z 变换，可得到

$$Y(z) = b_0 X(z) + b_1 z^{-1} X(z) + \cdots + b_K z^{-K} X(z) \tag{3.3}$$

对式(3.3)两端同时除以 $X(z)$，就可以得到描述 FIR 滤波器的传输函数。

$$H(z) = \frac{Y(z)}{X(z)} = b_0 + b_1 z^{-1} + \cdots + b_K z^{-K} \tag{3.4}$$

传输函数(式(3.4))中有常数项，其余项是 z 的负指数项，所有的极点都位于 z 平面的原点。因此，滤波器的稳定性得到了保证。滤波器的响应具有有限长度。FIR 滤波器只包含滤波器的输入与其相应系数的相乘并累加，因而这种滤波器的实现非常直接。

图 3.2 给出了直接形式的 L 阶 FIR 滤波器的结构图。可以看出，FIR 滤波器是由加法器、乘法器和抽头延迟线所构成的。每个乘法器的操作数就是一个 FIR 系数，也可以称作抽头权重。也有人把 FIR 滤波器称为横向滤波器，就是说它的抽头延迟线结构。

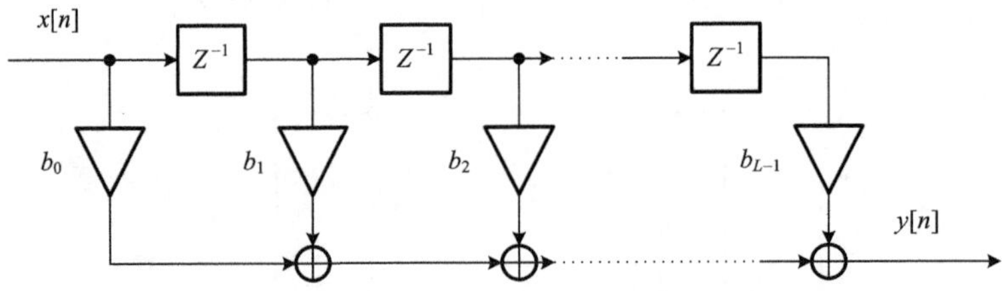

图 3.2　直接形式的 L 阶 FIR 滤波器的结构图

3.1.1　线性相位 FIR 滤波器

对于奇数长度的系数对称的 FIR 滤波器，FIR 滤波器模型可描述为

$$H(z) = \sum_{k=-(L-1)/2}^{(L-1)/2} b_k z^{-k} \tag{3.5}$$

FIR 的周期性响应可以根据滤波器的传递函数来计算。令 $z=e^{j\omega T}$，得

$$H(\omega)=H(\omega^{\mathrm{j}\omega T})=\sum_{k}b_{k}\mathrm{e}^{-\mathrm{j}\omega kT} \tag{3.6}$$

用 $|H[\omega]|$ 表示滤波器的绝对值周期响应，用 $|[\omega]|$ 表示相位响应。

$$\phi(\omega)=\arctan\left(\frac{\Im(H(\omega))}{\Re(H(\omega))}\right) \tag{3.7}$$

在很多场合下，数字滤波器是利用相位和幅值来描述的。在一些应用领域，如通信和图像处理，在一定频率范围内维持相位的稳定性是一个必备的系统属性。因此，设计出线性相位-频率性能的滤波器是最基本的要求。衡量系统相位线性度好坏的是组延迟，其定义为

$$\tau(\omega)=\frac{\mathrm{d}\phi(\omega)}{\mathrm{d}\omega} \tag{3.8}$$

在一定频率范围内，对于完全理想的线性相位滤波器，其组延迟是一个常数。可以看到，如果滤波器系数是对称或是反对称结构，就可以实现线性相位。因此可采用式(3.5)所描述的结构。从式(3.7)可以看出，如果频率响应 $H(\omega)$ 是个纯实或者纯虚的函数，就可以实现固定的组延迟。这就意味着滤波器的脉冲响应必须保持偶对称或者奇对称，也就是

$$f[n]=f[-n] \quad 或 \quad f[n]=-f[-n] \tag{3.9}$$

例如，一个奇数阶偶对称 FIR 滤波器的频率响应如下。

$$H(\omega)=b_0+\sum_{k}b_{k}\mathrm{e}^{-\mathrm{j}\omega kT}+b_{-k}\mathrm{e}^{\mathrm{j}\omega kT} \tag{3.10}$$

$$=b_0+2\sum_{k>0}b_{k}\cos(k\omega T) \tag{3.11}$$

离散傅里叶变换(discrete Fourier transform，DFT)是一种非常有用的信号分析手段，可以将信号由时域转变到频域，在频域和时域之间建立了一种直接的对应关系。因而 DFT 可以用来计算一组可以生成与目标滤波器的频率响应相接近的 FIR 滤波器系数。这种滤波器就称为直接 FIR 滤波器。直接 FIR 滤波器定义如下。

$$f[n]=\mathrm{IDFT}(F[k])=\sum_{k}F[k]\mathrm{e}^{\mathrm{j}2\pi kn/L} \tag{3.12}$$

真实的信号频谱具有对称性，也就是说实频谱具有偶对称特性，而虚频谱则是奇对称的，这种对称性称为厄米(Hermitian)共轭。如果综合得到的滤波器仅有实系数，那么目标 DFT 的设计频谱必然是厄米共轭或是 $F[k]=F^{*}[-k]$的。其中*表示共轭复数。

频率响应是频率的纯实函数。表 3.1 总结了对称、反对称、L 为偶数阶和奇数阶的四种可能选择。此外，表 3.1 还以图形的形式显示了每类线性相位 FIR 的例子。

从硬件实现上看，线性相位 FIR 固有的对称属性可以降低所需要的乘法器的数量，如图 3.3 所示。观察图 3.3 中的线性相位 FIR 滤波器(假定是偶对称的)，它是一个完

全采用系数对称的滤波器结构。可以看到对称结构的滤波器所需的乘法器资源，是图 3.2 中给出的直接形式的 FIR 滤波器的一半，而加法器的数量保持不变，还是 $L-1$ 个。

表 3.1　四种可能的线性相位 FIR 滤波器

对称性 L	$f[n]=f[-n]$ 奇对称	$f[n]=f[-n]$ 偶对称	$f[n]=-f[-n]$ 奇对称	$f[n]=-f[-n]$ 偶对称
示例	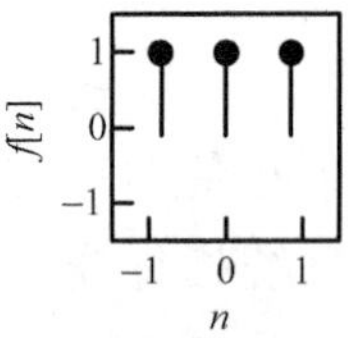	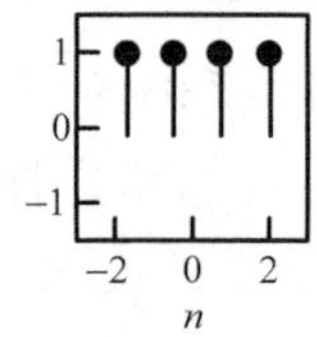	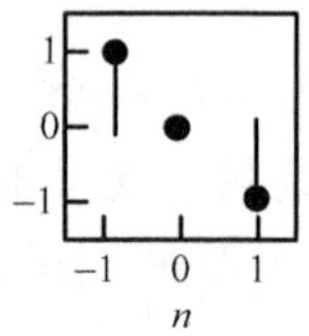	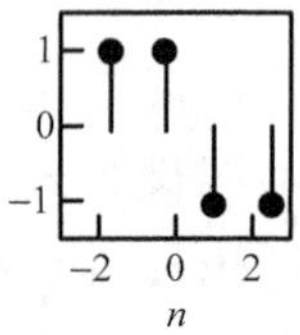
零点位置	±120°	±90°,180°	0°,180°	0°,2×180°

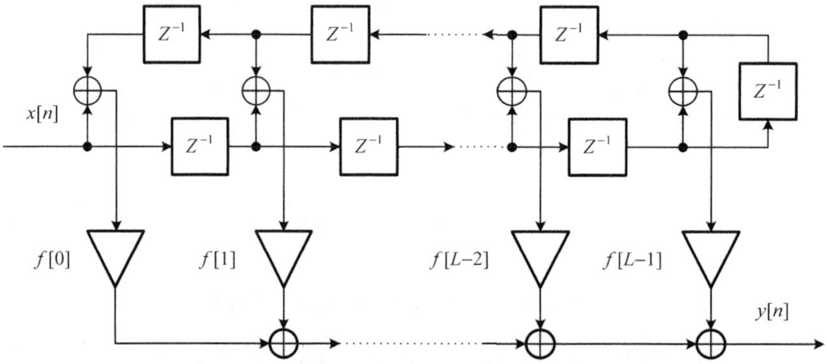

图 3.3　简化乘法器数量的线性相位 FIR 滤波器

3.1.2　FIR 滤波器的设计

FIR 滤波器中，常系数的 FIR 滤波器的设计最简单，常采用的是直接形式的 FIR 滤波器。如图 3.2 所示的直接形式的 FIR 滤波器在 VHDL 中使用加法器和乘法器的元件例化来实现，即先设计出加法器和乘法器的组件，再在主程序中调用这些已经设计好的组件。下面给出一个四阶 FIR 滤波器的设计实例。假定线性相位(也就是对称)FIR 脉冲响应如下。

$$f[k]=\{-2.0,4.75,4.75,-2.0\} \tag{3.13}$$

响应系数通常采用 CSD 表示法来表示。采用 CSD 表示法之后，相应的 CSD 系数具有更少的非零项，当计算乘积的累加时可以将系数的符号位一并考虑进来。

采用定点数表示时，需要考虑的一个非常重要的问题就是不要出现动态范围溢出现象。L 阶 FIR 的动态范围级数 G 的最坏情况可以很容易地计算出来。

$$G \leqslant \log_2\left(\sum_{k=0}^{L-1}|b_k|\right) \tag{3.14}$$

输出数据总的位宽是输入位宽与级数 G 的位宽之和。式(3.14)中滤波器的动态范

围级数 $G=\log_2(13.5)<4$，这说明系统的数据寄存器需要至少比输入数据多四个的整数位，这样才能保证数据不发生溢出现象。如果采用的是 8 位内部运算，输入数据就应该限制在 ±128/13.5=±9 之内。

直接形式的 FIR 滤波器的一种变化形式是一种称为转置结构的 FIR 滤波器，其基本结构如图 3.4 所示。就常系数滤波器来讲，与直接形式的滤波器相比，转置滤波器是一种数据广播结构，其速度要明显快于直接形式的 FIR 滤波器。

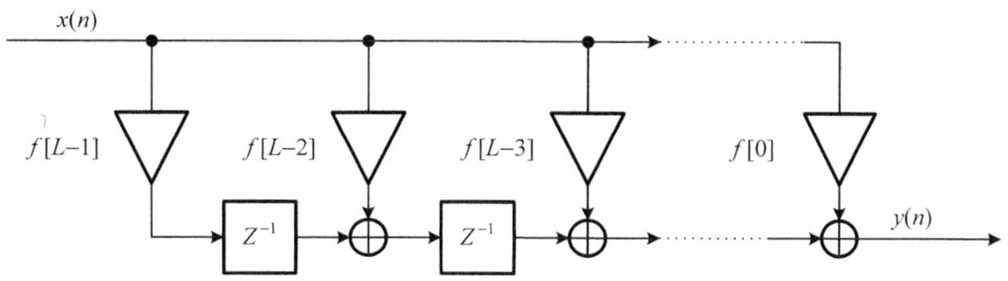

图 3.4　转置结构的 FIR 滤波器

对于如图 3.4 所示的转置结构的 FIR 滤波器，还可以采用简化加法器图(reduced adder graph，RAG)算法和流水线结构进行优化设计。

采用 CSD 编码方式，常数乘法器系数 45 的实现需要 3 个加法器，而把 45 写成因子 5×9 相乘的形式，则只需要 2 个加法器。对于转置滤波器而言，通常所有系数都具有几个因子的可能性是非常大的。例如，系数 9 和 11，可以用 8+1 构造成 9，用 9+2 构造成 11。

建立在 DA 基础上的 FIR 滤波器，由于采用了分布式算法，与传统的乘积和结构相比，一般是计算某个具体位 b 在一个步骤中所有系数的乘积和。这种计算过程只需要一个附带移位器的累加器和一个小的 LUT，如图 3.5 所示。

对于低阶情形，由于 LUT 地址空间所限(如 $L\leqslant 4$)，采用 DA 的 FIR 滤波器很具有吸引力。对于低阶的线性 FIR 滤波器，滤波器的输出可以相加，由此可定义一个高阶 FIR 滤波器的输出。

简单结构的 FIR 滤波器可以进一步设计出更为复杂的 FIR 滤波器结构。直接形式的 FIR 滤波器的传输函数 $H(z)$ 可用式(3.4)表示。如果对传输函数 $H(z)$ 进行因式分解，即将其表示成

$$H(z)=H_1(z)H_2(z)\cdots H_M(z) \tag{3.15}$$

在式(3.15)中，$H_i(z)$ 可用式(3.16)表示。

$$II_i(z)=h_{0i}+h_{1i}z^{-1}+h_{2i}z^{-2},\quad i=1,2,\cdots,M \tag{3.16}$$

根据上述公式，可以得到如图 3.6 所示的 FIR 滤波器的级联型结构。由图 3.6 可以看到，$H_i(z)$ 是用直接型结构构成的二阶 FIR 滤波器。

在级联结构中，各级的系数应该进行比例变换，使得各级系数的大小基本一致，这样可以有效地避免数值溢出现象的发生。

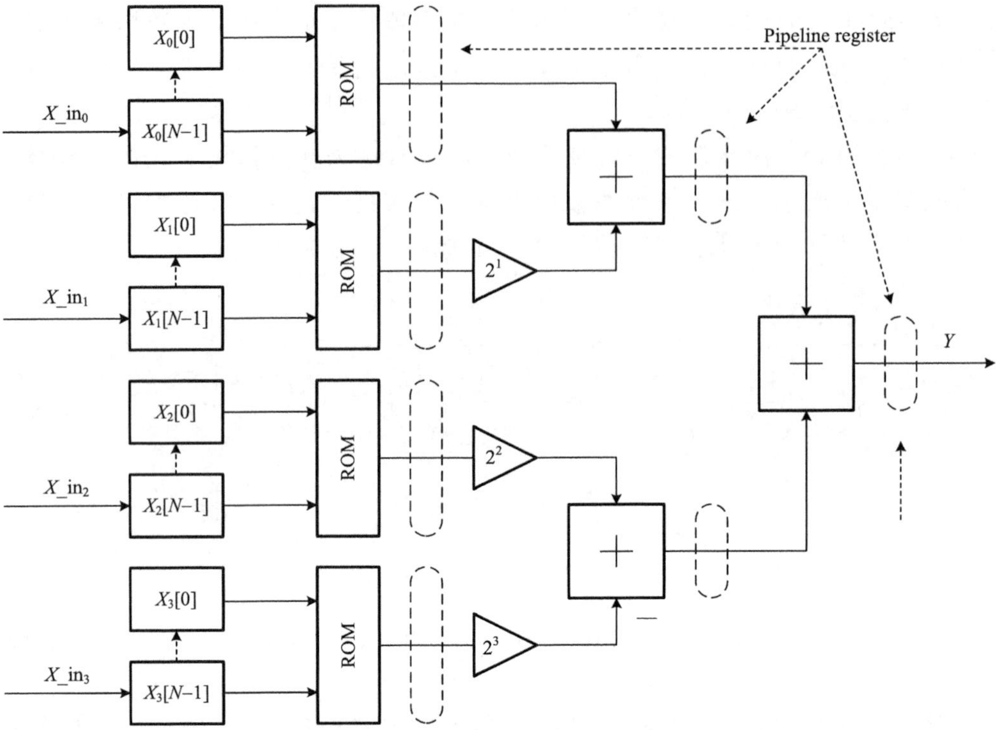

图 3.5　分布式算法 FIR 滤波器的并行实现

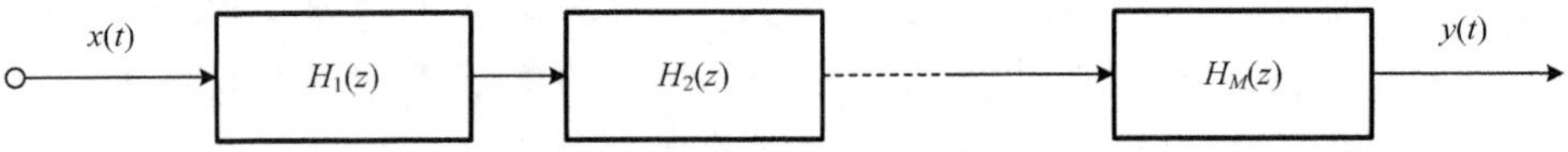

(a)H函数的级联

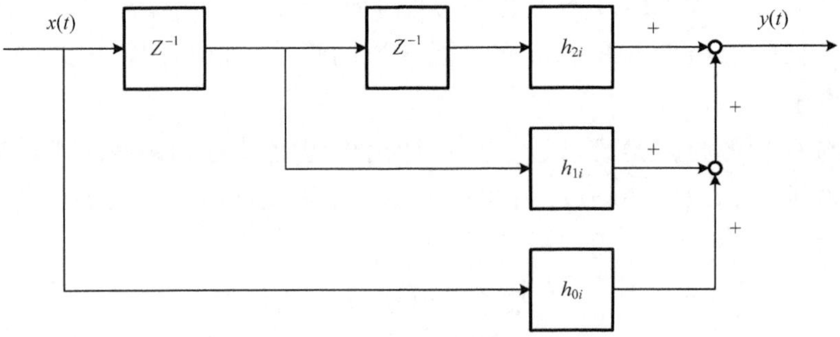

(b)$H_i(z)$的结构

图 3.6　FIR 滤波器的级联型结构

3.1.3　FIR 设计中的窗口方法

在进行数字滤波器设计时，经常需要在数值计算过程中对数据进行截断处理。因为在数值计算时，只能处理有限时间内的数据。类似的理想低通滤波器的脉冲响应 $h(t)$

具有无限的时间长度，因而是非因果关系的。为了在信号采样时消除混叠现象，需要采用抗混叠滤波器对频谱位于 1/2 采样频率之上的信号频率进行截断。或者可以通过先增加 n 个谐频，再将所有的高阶谐频都截断以合成一个周期性的信号。数据截断可以导致一个有限时间段的结果，如一个信号与一个矩形窗相乘；或导致一个半时间区间的结果，如信号与一个单位阶跃函数 $u(t)$ 相乘。前一种情形一般归为窗口操作，通常称这种操作为数据窗口。

由于 FIR 滤波器的脉冲响应的数量有限，我们常常把响应函数 $h[n]$看作一个隐含的窗口函数。当一个理想的滤波器响应具有有限长度时，清晰的窗口效应产生系统的 FIR 近似。在任何一种情形下，窗口效应是 FIR 滤波器的内在特点，这一点对于理解窗口函数的本质及窗口效应对滤波器性能和行为的影响是非常重要的。

为了用窗口 $w[n]$把脉冲响应 $h[n]$截断，我们将这两个函数相乘。加了窗口的(截断的)脉冲响应 $hw[n]=h[n]w[n]$具有有限长度。根据频率卷积性质，加窗后的频谱是两个谱函数 $H(\mathrm{e}^{\mathrm{j}\Omega})$ 和 $W(\mathrm{e}^{\mathrm{j}\Omega})$ 的卷积。这一卷积在频谱 $H(\mathrm{e}^{\mathrm{j}\Omega})$ 扩展或引入了杂频，这主要是由 $W(\mathrm{e}^{\mathrm{j}\Omega})$ 的第一旁瓣引起的。并且，窗口的频谱一般是没有带宽限制的，尽管其大小随 Ω 增大而衰减。窗口函数的频谱的旁瓣对加窗的滤波器响应函数 $H(\mathrm{e}^{\mathrm{j}\Omega})$ 有负面的影响。例如，理想低通滤波器响应 $h[n]$加窗之后，其通带延展了并在阻带产生了额外的纹波(非零的增益)。为了使这些频谱扭曲最小，我们希望窗口频谱具有主瓣宽度(带宽)窄和旁瓣小的特点。

理想的窗口函数是一个有限长度的矩形窗。这样的窗容许所有的数据通过且不会引起任何的变形。在所有的基带中，这种理想窗口的频率响应为 $2\pi\delta(\Omega)$ 。因此，一个理想的窗口频谱具有带宽为零且旁瓣高度为零的特点。因而我们的目标是实现一个窗口频谱在有限的时间范围内尽可能地接近 δ 。换句话说，我们想得到的有限时间的窗口，其频谱宽度(扩展)和旁瓣尽可能的小。但不幸的是，窄的主瓣宽度和小的旁瓣高度这两个目标对于窗口函数而言，在一般情形下是无法同时满足的。对于一个给定的窗口长度，如果试图去改进一个参数，就会导致另一个参数性能变差。例如，低的旁瓣高度(频谱泄漏减小)需要一个平滑的窗口去逐渐地而不是迅速地截断数据。但是一旦窗口的平滑性增加，频谱的泄漏就增加了。窗口的长度与频谱的扩展成反比，解决上述困境的办法是将窗口的长度增加到足够长，以此来解决频谱扩展的增加。因此，我们会选择足够平滑的窗口来获得理想的旁瓣(频谱泄漏)特性，同时增加窗口长度来补偿频谱的拓展。

对于长度 $L=16$ 的直接 FIR 滤波器，我们采用矩形窗函数来观察，可得到的结果如图 3.7(a)所示。传递函数 $L=16$ 的通频带纹波如图 3.7(b)所示。滤波器给出了一个与理想低通滤波器接近的合理近似，在过渡频带的边缘处可观察到阻尼振荡现象，这一现象主要是由吉布斯(Gibbs)现象所引起的。幅频响应特性中，在通带(主瓣)和阻带(旁瓣)出现的振荡(或纹波)称为 Gibbs 现象。出现 Gibbs 阻尼振荡的主要原因是无限脉冲响应中的突然截断。Gibbs 阻尼振荡是 DFT 方法本身所带有的。为了更加清楚地了解这一现象，以图 3.7(c)中长度 $L=128$ 的滤波器为例，传递函数 $L=128$ 的通频带纹波如图 3.7(d)所示。尽管滤波器的长度明显变大了(16～128)，但在频带的边缘还是出现了差不多相同的阻尼振荡。阻尼振荡现象只有采用数据窗口才可以抑制。数据窗口覆盖了 FIR 的脉冲响应，伴随着过渡频带的加宽，生成一个更加光滑的幅频特性。例如，如果将 Kaiser 窗函数应用到 FIR 上，就可以减小由 Gibbs 现象所引起的阻尼振荡。

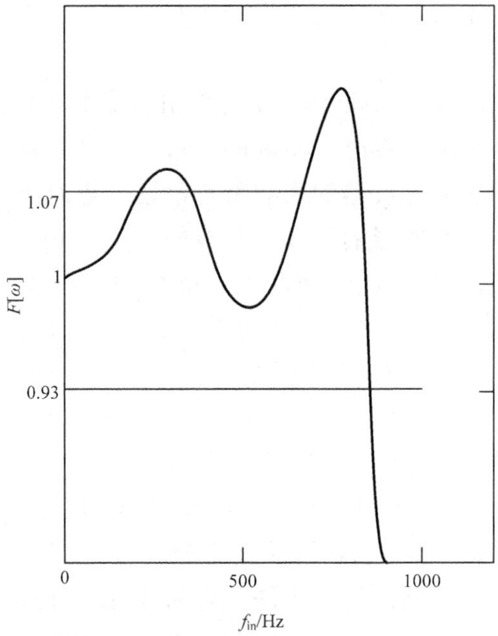

(a)L=16的FIR低通滤波器的脉冲响应

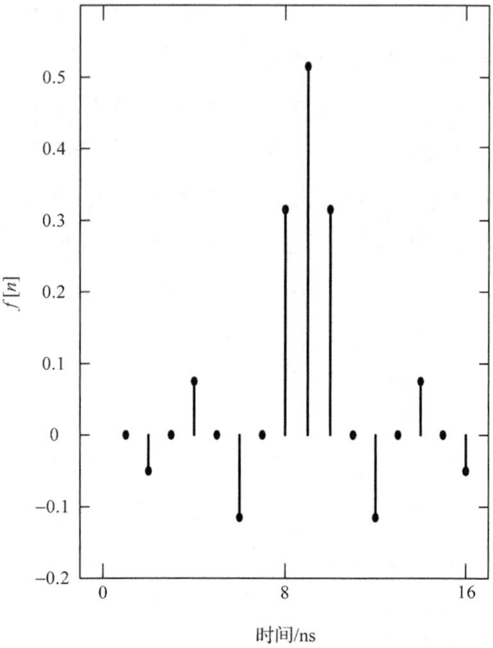

(b)传递函数L=16的通频带纹波

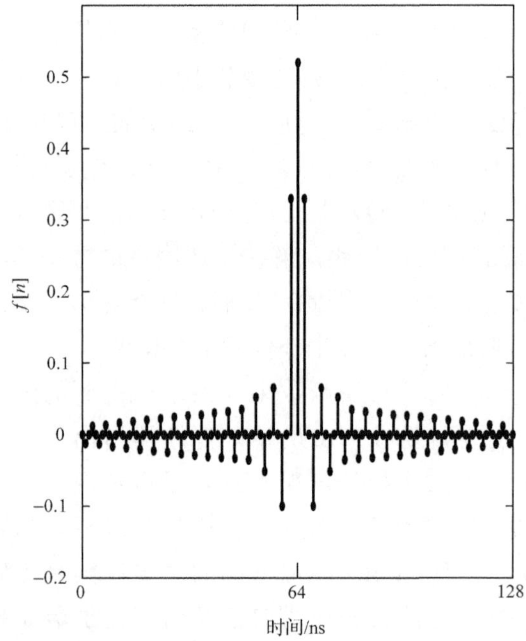

(c)L=128的FIR低通滤波器的脉冲响应

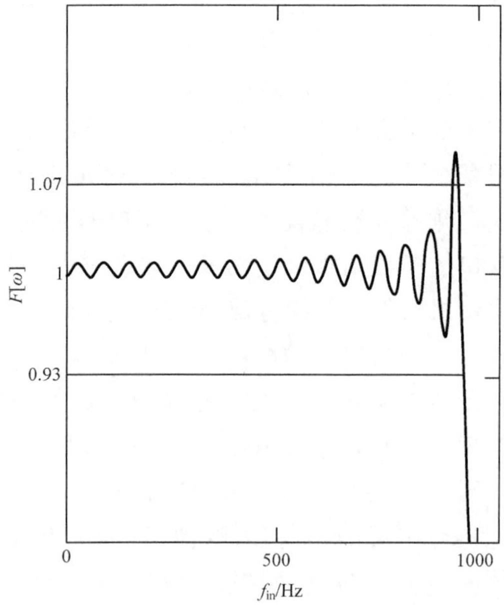

(d)传递函数L=128的通频带纹波

图 3.7　吉布斯现象

采用窗口法设计 FIR 滤波器，不用关心怎样满足通带纹波、阻带纹波或过渡带要求。对于数字滤波器，假定通带边缘为 Ω_p（或 ω_p），阻带边缘为 Ω_s（或 ω_s），阻带纹波为 δ_s。FIR 滤波器的通频带增益在 $1-\delta_p/2$ 和 $1+\delta_p/2$ 之间变化。低通 FIR 滤波器设计指标如图 3.8 所示。

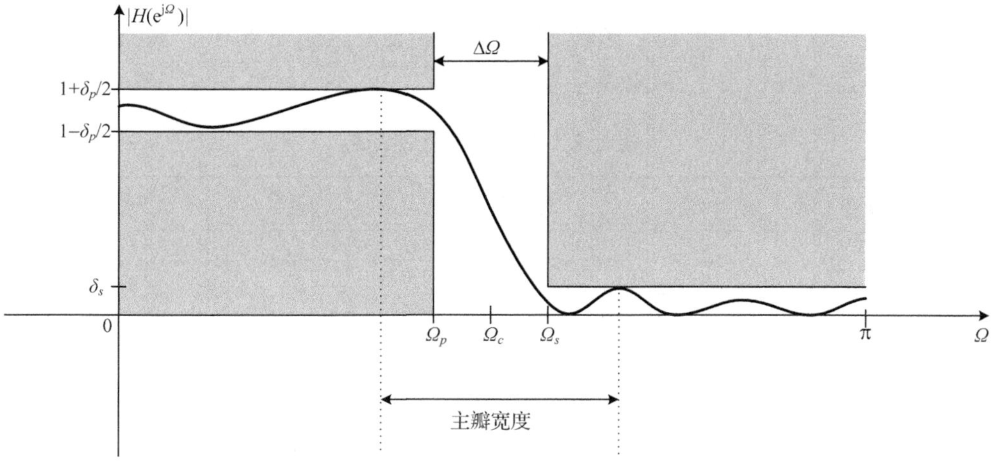

图 3.8　低通 FIR 滤波器设计指标

FIR 滤波器阻带衰减可表示为 $\alpha_s=-20\lg\delta_s$，通带纹波定义为通带增益的最大值与最小值的比值，如式(3.17)所示。

$$r_p=20\lg\left(\frac{1+\delta_p/2}{1-\delta_p/2}\right) \tag{3.17}$$

窗口法也会为所设计的滤波器响应引入纹波。总的纹波取决于窗口的类型，滤波器的阻带纹波等于通带纹波的一半，即 $\delta_s=\delta_p/2$。换句话说，在采用窗口法设计 FIR 滤波器时，通带和阻带的纹波不需要分别定义。

对于有限长度 L_h 的脉冲响应 $h[n]$，有

$$h[n]=Th_c\left(\left[n-\frac{L_h-1}{2}\right]T\right)w[n] \tag{3.18}$$

其中，$h_c(t)$ 的表达式如下。

$$h_c(t)=\frac{1}{2\pi}\int_{-\pi/T}^{\pi/T}H_c(\mathrm{j}\omega)\mathrm{e}^{\mathrm{j}\omega t}\mathrm{d}\omega \tag{3.19}$$

对于矩形窗，主瓣的宽度为 $4\pi/L_h$，主瓣宽度与窗函数引起的频谱扩展相等。这一点千万不能与过渡频带的宽度 $\Delta\Omega=\Omega_s-\Omega_p$ 混淆，尽管这两者非常接近。对于矩形窗，主瓣宽度等同于通带与阻带的增益最大点之间的频率差(图 3.8)。

设计 FIR 滤波器的步骤如下。首先，确定理想的频率响应 $H_c(\mathrm{j}\omega)$，将其截止频率

设置在过渡频带的中间位置，$\Omega_c=(\Omega_s+\Omega_p)/2$。基于这一理想的频率响应，采用式(3.19)得到理想的脉冲响应 $h_c(n)$。其次，确定所需窗函数的类型和长度。对于给定的通带纹波 r_p 和最小的阻带衰减 α_s，从表 3.2 中选择合适的窗口类型来满足设计要求。已知 Ω_p 和 Ω_s，可以确定过渡频带 $\Delta\Omega=\Omega_s-\Omega_p$，因而可以确定窗口的长度 L_h。已知 $h_c(n)$、窗口类型、窗口长度，采用式(3.18)可以得到所需的滤波器。最后，由于表 3.2 中的性能参数是近似的，我们必须验证设计的参数是否满足要求，如果不满足，需要再调整窗口的类型或长度直到能满足设计要求。

表 3.2　窗函数及性能指标

序号	窗口	主瓣宽度	旁瓣峰值水平/dB	$\Delta\Omega=\Omega_s-\Omega_p$	$\delta_s,\delta_p/2$	α_s / dB	r_p / dB
1	矩形窗	$\frac{4\pi}{L_h}$	−13.3	$\frac{-1.84\pi}{L_h-1}$	0.090	20.9	1.57
2	汉宁窗	$\frac{8\pi}{L_h}$	−31.5	$\frac{6.22\pi}{L_h-1}$	0.0064	43.9	0.11
3	汉明窗	$\frac{8\pi}{L_h}$	−42.7	$\frac{6.64\pi}{L_h-1}$	0.0019	54.5	0.033
4	布莱克曼窗	$\frac{12\pi}{L_h}$	−58.1	$\frac{11.13\pi}{L_h-1}$	0.00017	75.3	0.0030
5	凯泽窗	←随着 α 变化→					

设计一个低通 FIR 滤波器，截止频率 f_c=20kHz，通带频率 $f_p\geqslant$ 19kHz，通带纹波 $r_p\leqslant$ 0.1dB，阻带频率 $f_s\leqslant$ 21kHz，阻带衰减 $\alpha_s\geqslant$ 50dB。采样频率是截止频率的 4 倍，为 80kHz。

从表 3.2 可以看出，汉明(Hamming)窗可以满足设计要求，因为其 r_p=0.033，α_s=54.5，采用 $\Omega=\omega T$，可以确定

$$\Omega_c=\frac{2\pi(20000)}{4(20000)}=\frac{\pi}{2},\quad \Omega_p=\frac{19\pi}{40},\quad \Omega_s=\frac{21\pi}{40}$$

因此 $\Delta\Omega=\Omega_s-\Omega_p=2\pi/40=0.05\pi$，参考汉明窗，有

$$\Delta\Omega=0.05\pi=\frac{6.64\pi}{L_h-1}$$

推导出 L_h=133.8，用来进行验证，可以得到脉冲响应和幅度响应。经过仔细验证，发现汉明窗可以满足设计要求。

长度为 134 的汉明窗低通滤波器如图 3.9 所示。

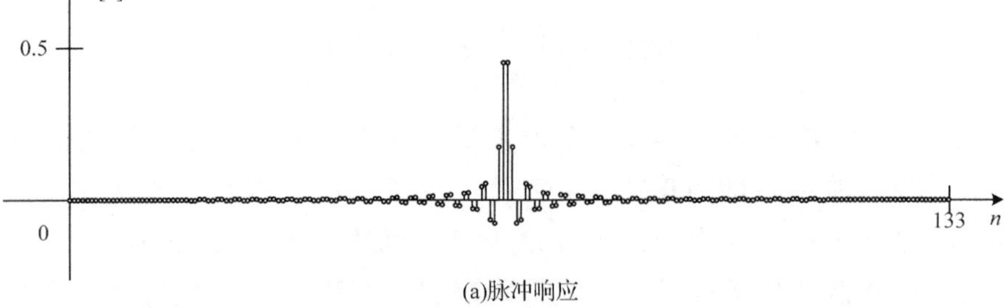

(a)脉冲响应

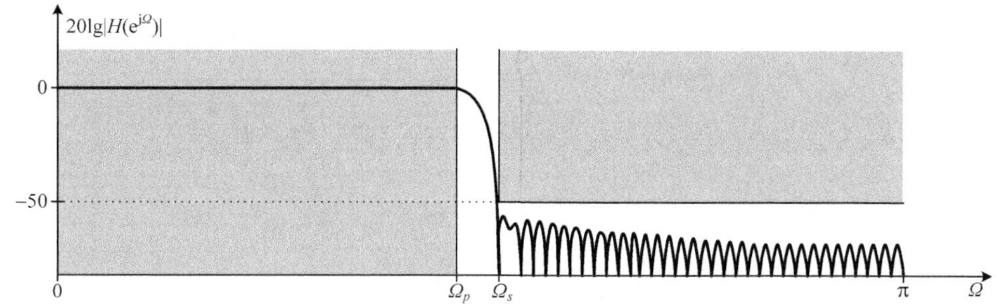

(b)幅值响应

图 3.9　长度为 134 的汉明窗低通滤波器

3.2　IIR 滤波器

对于一个给定参数的滤波器，采用 IIR 滤波器所需的阶数远低于 FIR 滤波器，计算所需要的存储器的数量较少，这意味着在硬件实现时更加有效。另外，采用 FIR 滤波器更容易设计出任意频率响应特性的滤波器。还有，有些滤波器采用 FIR 滤波器来实现不是很实际。

IIR 滤波器是递归型的数字滤波器，这主要是因为引入了反馈结构，一般认为其具有无限的脉冲响应。图 3.10(a)分别给出了递归部分和非递归部分的滤波器。如果将这些递归部分和非递归部分合起来，就构成了如图 3.10(b)所示的典型的 IIR 滤波器结构。

图 3.10 中滤波器的传递函数可以写成

$$F(z)=\frac{\sum_{l=0}^{L-1}a[l]z^{-l}}{1-\sum_{l=1}^{L-1}b[l]z^{-l}} \tag{3.20}$$

系统输出的差分方程如下。

$$y[n]=\sum_{l=0}^{L-1}a[l]x[n-l]+\sum_{l=1}^{L-1}b[l]y[n-l] \tag{3.21}$$

递归系统的差分方程不仅仅依赖于输入序列 $x[n]$的前 L 个值，而且与 $y[n]$的前 $L-1$ 个值有关。

计算 $F(z)$的极点和零点就可以看到非递归部分，也就是 $F(z)$的分子具有零点 p_{0l}，$F(z)$的分母具有极点 $p_{\infty l}$。

对于传递函数而言，可以用极点/零点图去确定滤波器最重要的属性。在 z 域的传递函数中，假定用 $z=\mathrm{e}^{\mathrm{j}\omega T}$ 进行替换，就可以通过图形的方式构造傅里叶传递函数。

$$F(\omega)=|F(\omega)|\mathrm{e}^{\mathrm{j}\theta(\omega)}=\frac{\prod_{l=0}^{L-2}p_{0l}-\mathrm{e}^{\mathrm{j}\omega T}}{\prod_{l=0}^{L-2}p_{\infty l}-\mathrm{e}^{\mathrm{j}\omega T}}=\frac{\exp\left(\mathrm{j}\sum_{l}\beta_{l}\right)\prod_{l=0}^{L-2}v_{l}}{\exp\left(\mathrm{j}\sum_{l}\alpha_{l}\right)\prod_{l=0}^{L-2}u_{l}} \tag{3.22}$$

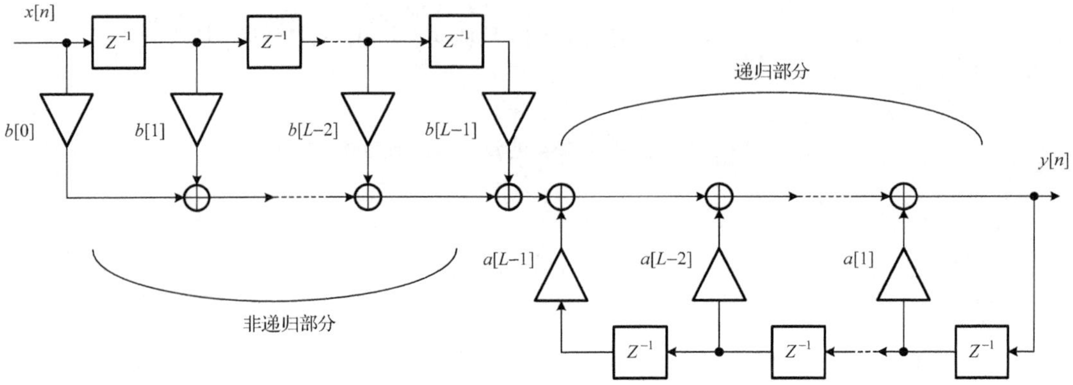

(a)

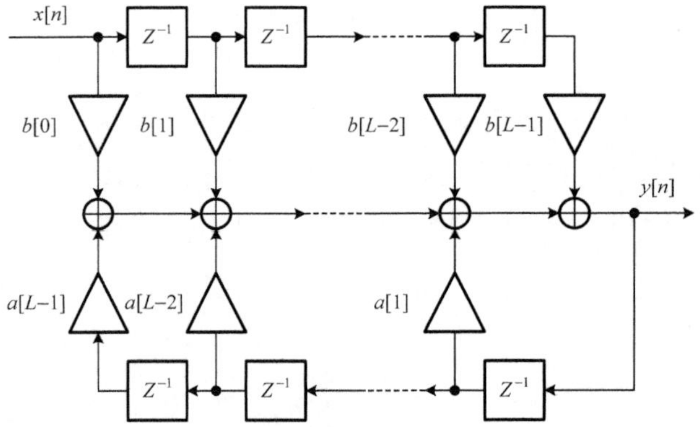

(b)

图 3.10　典型的 IIR 滤波器结构

图 3.11 给出了 IIR 滤波器具体的幅值(也就是增益)和相位值。对应于具体频率 ω_0，增益是零点向量 v_1 与极点向量 u_1 的商。这些向量分别起始于各自的零点或极点，终止于增益的频率点 $\mathrm{e}^{\mathrm{j}\omega T}$。图 3.11 示例的相位增益就是 $\theta(\omega_0)=\beta_0+\beta_1-\alpha_0$。

在滤波器的实际设计过程中，可以看到，在单位圆上会有单个极点和零点，而复数极点和零点则总是成对出现，也就是说如果 $\alpha_0+\mathrm{j}\alpha_1$ 是一个极点或者零点，则 $\alpha_0-\mathrm{j}\alpha_1$ 也必定是极点或者零点。线性相位(也就是常数组延迟)滤波器所有的极点和零点都是关于单位圆对称的或者它们位于 $z=0$ 处。对于性能稳定的滤波器而言，所有极点都位于单位圆内部。因此，IIR 滤波器(极点 $z\neq0$)只能是近似的线性相位。

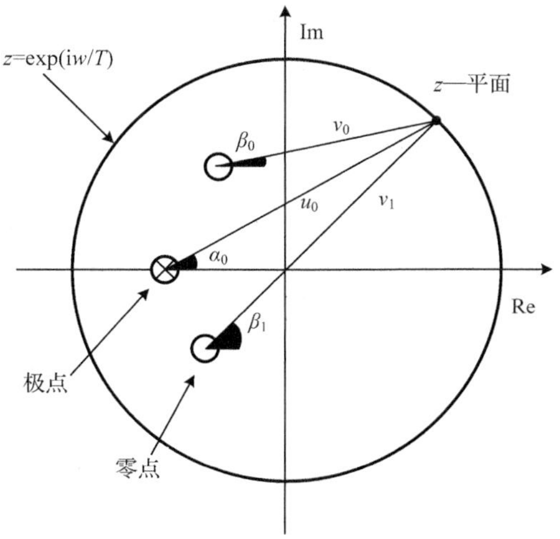

图 3.11　采用零点/极点图计算传输函数
幅度增益为 $v_1 v_0 / u_0$，相位增益为 $\beta_0 + \beta_1 - \alpha_0$

3.3　IIR 滤波器的设计

IIR 滤波器的设计和实现过程可以分为三个过程：逼近(approximation)、设计(realisation)和硬件实现(implementation)。在逼近过程中，通过对目标滤波器性能指标进行理论优化，得到滤波器系数的近似值。设计工具，如 MATLAB 的 Filter Design Toolbox，提供了一个广泛的函数库来帮助设计人员完成这一步。滤波器设计软件对滤波器系数的逼近精度较高，通常采用双精度浮点格式。然而，为了实现高效的数字硬件，通常使用信号的定点数表示和算法。但定点数 IIR 滤波器非常容易受到有限字长效应的影响，性能退化。定点数 IIR 滤波器设计的目标是对有限字长效应进行量化，使其影响最小化，包括算术四舍五入误差和寄存器溢出。设计过程是在考虑滤波器系数和中间信号的有限字长影响下，选择满足设计要求的滤波器结构。

众所周知，高阶(大于两阶)IIR 滤波器越来越容易受到系数量化的影响。在一定程度上减轻有限字长效应的一种实用方法是采用级联结构。也就是说，一个 IIR 滤波器是用一系列 M 个低阶 IIR 滤波器来实现的，而不是用一个高阶 IIR 结构来实现的。具体而言，可以使用二阶级联(SOS)结构(或 biquads)设计高阶滤波器结构，用一阶级联(FOS)结构实现奇数阶滤波器。每个 SOS 和 FOS 可以用不同的结构实现，这意味着它们的差分方程可以用不同的方法计算。高阶滤波器可以通过同时并行计算 SOS/FOS 来实现，而级联结构通常是首选的。较小阶数滤波器的并行实现，其溢出的概率更大，这是由于在输出过程中，所有并行滤波器的输出累加和很容易超出动态范围。我们也知道，级联结构对滤波器零点的位置有更多的控制，对于某些滤波器设计，级联结构可能需要较少的乘法。不同的 SOS 和 FOS 结构对有限字长效应的敏感度不同，对硬件资源的需求不同，运行速度不同，延时也不同，因此每种结构都有各自的优缺点。

硬件实现过程包括使用数字硬件组件，如加法器、乘法器和寄存器(延迟单元)。根据所选的滤波器结构构造滤波器。使用数字元素的滤波器结构的硬件实现可以从它们的体系结构来解释。例如，在直接架构的硬件实现中，可以使用一系列 M 阶滤波器来实现 IIR 滤波器。然而，由于资源的使用与滤波器的顺序直接相关，直接实现可能并不特别适合紧凑结构的滤波器的设计。

为了在 FPGA 逻辑器件上实现高吞吐量，我们将各种系统架构转换技术应用于级联 IIR 滤波器结构，包括重定时、流水线、前瞻性转换(look-ahead transformations)和交叉。这些体系结构转换适用于各种过滤器结构和体系结构。为了实现级联结构的紧凑实现，我们提出了一种利用折叠变换的紧凑滤波器处理器架构，其中 IIR 滤波器的 M 段操作可以映射到 $1 \leqslant K < M$ 段上并执行。滤波器结构是在完全可参数化定点表示中开发的，并根据它们的综合 Verilog 描述进行了验证。

IIR 滤波器可以采用多种形式来进行设计。如直接形式 I 、直接形式 II 、级联形式、并联形式等。所有这些滤波器结构的实现均为滤波器的速度提升及降低功耗提供了适当的选择空间。

直接形式 I 可由式(3.23)来表示。

$$y[n]=\sum_{l=1}^{L-1} a[l]x[n-l]+\sum_{l=0}^{L-1} b[l]y[n-l] \tag{3.23}$$

其中，等号右边第一部分表示的是递归部分，第二部分表示的是非递归部分。在 IIR 滤波器实现时，这两部分可以分开考虑如何实现。

直接形式 I 的滤波器结构如图 3.12 所示。

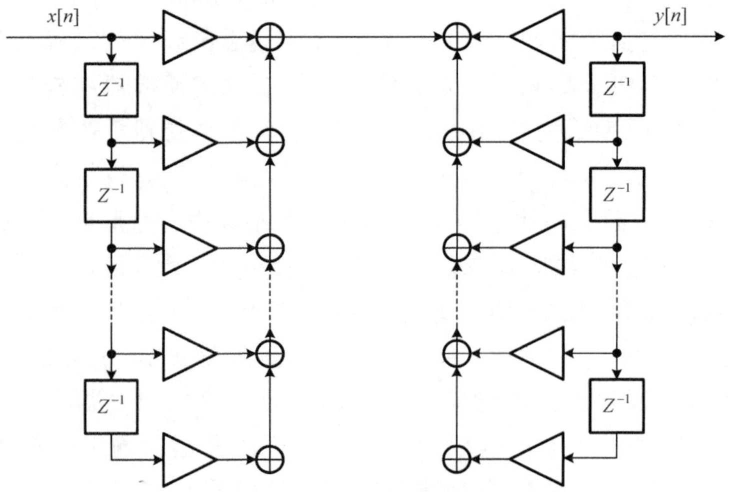

图 3.12　直接形式 I 的滤波器结构

可以看到，直接形式 I 需要 $2L$ 个延迟单元、$2L$ 个加法器及 $2L+1$ 个乘法器，其中 L 是滤波器的级数。

直接形式II结构所需的延迟单元的数量可以在直接形式 I 的基础上大幅度减小，直接形式II需要 L 个延迟单元、$2L$ 个加法器及 $2L+1$ 个乘法器，其中 L 是滤波器的级数。直接形式II的滤波器结构如图 3.13 所示。

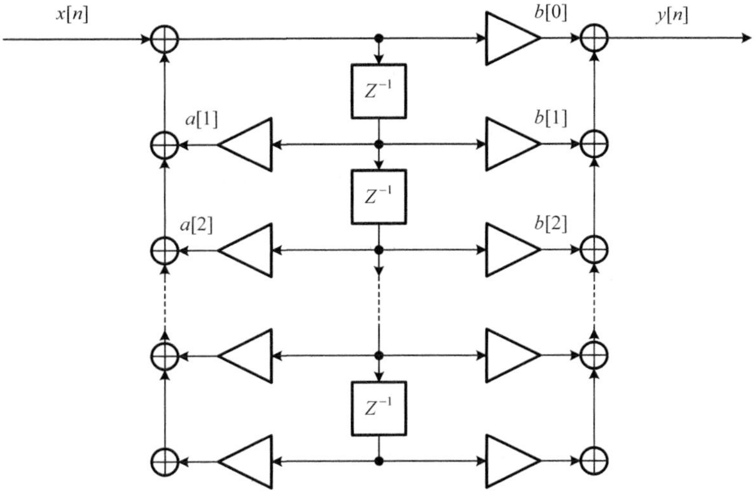

图 3.13　直接形式II的滤波器结构

级联结构是指将几个传输函数或系统函数级联起来或串联起来，这些传输函数可以采用直接形式 I 或直接形式II或两者的混合形式。在这种结构中，传输函数是其中各个子传输函数的乘积，如式(3.24)所示。

$$H(z)=\frac{Y(z)}{X(z)}=\prod_{i=1}^{L}H_i(z) \tag{3.24}$$

直接形式结构存在反馈回路，对量化误差非常敏感，并且量化误差会随着滤波器的级数增加而增大。基于这种原因，滤波器可以采用级联结构的形式，级联形式的滤波器结构如图 3.14 所示。

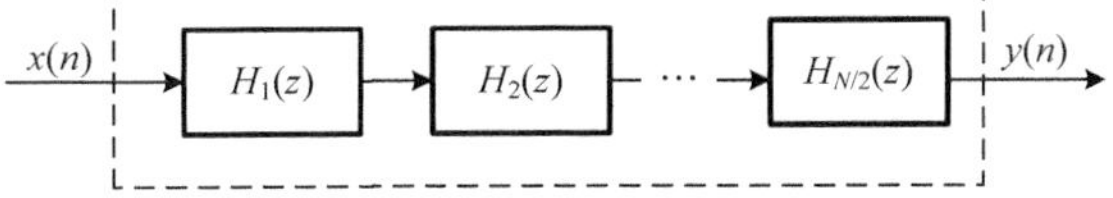

图 3.14　级联形式的滤波器结构

3.4　有限字长效应

在现实工程应用过程中，由于在 AD 转换过程或 CPU 的寄存器中有非理想的有限字长效应，所以不是所有的模拟信号都能通过数字的方式进行准确的实现。并且，尽管大多数的离散信号及系统都假定信号可以用无限精度的数来表示，但实际的系统需要进行某种程度上的量化，采用有限字长的数来表示。有限字长效应对系统行为有严重的影响。我们知道，ADC 将输入信号量化成为有限字长的 $x[n]$，DAC 则需要得到同样的输出 $y[n]$。因此，即使没有任何的数字信号处理，量化过程也会导致输入信号和输出信号产生不可逆转的(同时是非线性的)扭曲。

离散信号在处理的过程中情况会变得更差。考虑下面这个一般的一阶离散系统，表示为

$$y[n]=b_0x[n]+b_1x[n-1]-a_1y[n-1] \tag{3.25}$$

考虑到有限字长，用 $x[n]$和 $y[n]$作为一个不完整的形式来表示系统的输入和输出。类似地，用系数 b_0，b_1，a_1 作为原始离散系统参数的不完整的形式(不够精确)。其导致的结果是，系数量化导致的系统极点和零点离开了它们理想的位置，进而使得系统的频率响应变差。

更加不幸的是，有限字长导致的问题可以进一步延伸讨论。例如，乘积项 $a_1y[n-1]$ 需要字的长度大小为 a_1 和 $y[n-1]$的字长和。系统的递归特性表明字长不断增长是不实际的。因此，计算的乘积项 $b_0x[n]$， $b_1x[n-1]$， $a_1y[n-1]$ 要进一步量化，这样就要引入额外的量化误差。而且，当指定 $y[n]$的字长被确定后，乘积项 $b_0x[n]$，$b_1x[n-1]$，$a_1y[n-1]$ 的和可能导致数据溢出。当输入数据的字长按照比例缩小时，数据溢出的问题可以得到避免，但这样不可避免地导致输入数据的有效字长(分辨率)减小。

有限字长效应是在硬件设计过程中一个非常重要的需要解决的问题。实际的数字信号处理是一个不完美的过程。众所周知，有限字长导致一个非理想的系统，该系统对非理想的数据进行了非理想的操作。并且，这些量化过程的非线性特性导致这些问题非常困难去分析或定量。还有，这种非理想特性导致系统特性变差。只要经过精心的设计和实现，这些数字信号处理系统就可以实现可信赖的和精确的操作。有许多的手段帮助人们去减小有限字长带来的负面影响。

不同的系统实现有不一样的数值特性。一些实现方式可以有效地克服有限字长效应。例如，包含多个低阶滤波器的级联和并行实现方式，在一般情况下，比单一的直接形式实现有更好的系统性能。浮点数表示一般对有限字长效应不是特别敏感，有时可以取代定点数表示。

综上所述，有限字长效应对数字滤波器的影响可归结为以下几个方面。

(1) ADC 噪声。这一噪声限制了滤波器最终的信噪比(SNR)。

(2) 系数量化误差。由于受限于阻带的最大衰减，有额外不需要的信号通过，因而滤波器理想的频率响应发生了改变。

(3) 量化过程中产生的截断误差。主要是在数学运算过程中引起的，会导致信噪比降低。

(4) 运算溢出效应。它会导致一个错误的输出采样信号。

在定点数运算过程中，一个实数的有效字长可分成三个部分：符号位、整数位及分数位。假如其分别表示为 W_s、W_i 和 W_f，定点数运算中总的字长表示为

$$W = 1 + W_i + W_f \tag{3.26}$$

当一个实数用定点数形式表示，我们要考虑溢出效应，截断误差可由式(3.27)定义。

$$f_i(a) = a + \varepsilon_{rd} \tag{3.27}$$

其中，$f_i(a)$ 表示任意实数 a 的定点数表示；ε_{rd} 表示的是截断误差。这个截断误差的边界由式(3.28)给出。

$$|\varepsilon_{rd}| < 2^{-W_f} \tag{3.28}$$

假定两个实数 a 和 b 相乘，由于没有溢出产生，我们假定 a 和 b 均处于(0，1)这个区间，因而定点数表示的误差表示可用式(3.29)描述。

$$f_i(ab) = ab + \hat{\varepsilon}_{op} \tag{3.29}$$

其中，$\hat{\varepsilon}_{op}$ 是运算误差，在区间 $(-2^{-W_f}, 2^{-W_f})$ 内均匀分布。如果将小的随机量化误差进行归一化，使之在(−1，1)内有均匀的概率分布，式(3.29)可改写为

$$f_i(ab) = ab + \varDelta\varepsilon_{op} \tag{3.30}$$

其中，$\varDelta = 2^{-W_f}$。基于式(3.30)，两个矢量 a_p, b_q 的内积在考虑到截断误差的情况下，可由式(3.31)给出。

$$\begin{aligned}\sum_{i=1}^{n} f_i(a_{pi}b_{qi}) &= (a_{p1}b_{q1} + a_{p2}b_{q2} + \cdots + a_{pn}b_{qn}) \\ &\quad + \varDelta(m_{(pq)1} + m_{(pq)2} + \cdots + m_{(pq)n}) \\ &\triangleq (a_{p1}b_{q1} + a_{p2}b_{q2} + \cdots + a_{pn}b_{qn}) + \varDelta m_{(pq)}\end{aligned} \tag{3.31}$$

其中，a_{pi} 和 b_{qi} 是矩阵 a_p, b_q 的矩阵元，每个 $m_{(pq)i}$ 是相互不影响的且均匀分布在(−1，1)内，因而可以得到

$$\mathrm{Var}(m_{(pq)i}) = \frac{1}{3} \tag{3.32}$$

其中，Var()表示均方差。

3.5　本章小结

本章对 FIR、IIR 滤波器的结构及特性进行了分析讨论，尤其对线性相位的 FIR 滤波器的设计进行了讨论。有限字长效应对滤波器的设计影响很大，在硬件设计时，要尽量减小有限字长效应对滤波器频率响应特性及零点极点位置的影响。

第 4 章　傅里叶变换算法

4.1　概　　述

傅里叶级数可以用连续的指数项(或正弦函数)的和来表示一个周期性的信号。通过有限的步骤，可以将这一频谱的表示进行拓展，用连续的指数项(或正弦函数)的连续和(或积分)来表示一个非周期性的信号。并且，时间域内的周期性信号在频域内表现为离散的值，而频域内的周期性信号在时域内表现为离散的值。由于在离散傅里叶变换中，无论时域还是频域都是离散的，因而可以用在信号处理中。同时，考虑到时域和频域的变换都是周期性的，因此，变换在一个有限的周期内进行就可以保留所有的信息。

本章主要讨论离散傅里叶变换的正变换和逆变换，分析用 DFT 表示一般的离散时间信号时存在的一些限制。在实际使用过程中，DFT 算法的一个主要的不足之处在于其计算过程涉及大量的数学运算，尤其是对长度较长的数列。通过引入有效的算法，这一问题得到了部分解决，这些算法称为快速傅里叶变换(fast Fourier transform，FFT)。FFT 算法建立了信号的时域表示与频域表示的联系。FFT 算法最早是 1965 年由 Cooley 和 Turkey 提出的。时至今日，FFT 已经广泛地运用于数字信号处理领域，如频谱分析、声音信号、图像及视频、音频、仪器仪表及通信系统。作为 DSP 系统中的一个基本的模块，FFT 模块有多种实现方式，可以在 CPU、DSP、FPGA 及 GPU 等系统中使用。

4.2　快速傅里叶变换

傅里叶变换是一种将时域信号变换到频域信号的变换，可以用傅里叶级数来表示。时域信号可表示成一系列正弦和余弦函数之和的形式。傅里叶级数可扩展成一个周期性的函数，由式(4.1)表示。

$$f(t)=\frac{1}{2}a_0+\sum_{n=1}^{\infty}\left[a_n\cos(\omega_n t)+b_n\sin(\omega_n t)\right] \tag{4.1}$$

其中，对于任意的非负整数 n，ω_n 是函数 $f(t)$ 在径向的 n 阶谐波函数。

$$\omega_n=n\frac{2\pi}{T} \tag{4.2}$$

a_n 是傅里叶级数的偶次项系数，即

$$a_n = \frac{2}{T}\int_{t_1}^{t_2}\cos(\omega_n t)\mathrm{d}t \tag{4.3}$$

b_n 是傅里叶系数的奇次项，即

$$b_n = \frac{2}{T}\int_{t_1}^{t_2}\sin(\omega_n t)\mathrm{d}t \tag{4.4}$$

4.3　离散傅里叶变换算法

DFT 在时间和频率上进行了 N 次采样，可以用式(4.5)来表示。

$$X[k] = \sum_{n=0}^{N-1} x[n]\mathrm{e}^{-\mathrm{j}(2\pi/N)kn} = \sum_{n=0}^{N-1} x[n]W_N^{kn} \tag{4.5}$$

其中，$W_N = \mathrm{e}^{-\mathrm{j}(2\pi/N)}$；$k = 0,1,\cdots,N-1$。需要指出的重要一点是，如果 $x(n)$ 的长度 $L<N$，计算时不足的部分用零补足。

离散傅里叶逆变换(IDFT)可以表示为

$$x[n] = \frac{1}{N}\sum_{k=0}^{N-1} \mathrm{X}[k]\mathrm{e}^{\mathrm{j}(2\pi/N)kn} = \frac{1}{N}\sum_{k=0}^{N-1} X[k]\,W_N^{-kn} \tag{4.6}$$

实际上，DFT 和 IDFT 是表示周期性信号的傅里叶级数对。

【例 4.1】 计算下列级数的 DFT。

$$x[n] = \begin{cases} 1, & 0 \leqslant n \leqslant 4 \\ -1, & 5 \leqslant n \leqslant 9 \end{cases}$$

在求解前，先来了解一下 W_N 的重要性质，假设 N 是 k 的倍数。

$$W_N^k = \mathrm{e}^{-\mathrm{j}(2\pi/N)k} = \mathrm{e}^{-\mathrm{j}2\pi/(N/k)} = W_{N/k} \tag{4.7}$$

因而有

$$X[k] = \sum_{n=0}^{4} W_{10}^{kn} - \sum_{n=5}^{9} W_{10}^{kn}$$

由于 $0 \leqslant k \leqslant 9$，假定 $k \neq 0$，则有

$$\begin{aligned} X[k] &= \frac{1-W_{10}^{5k}}{1-W_{10}^{k}} - \frac{W_{10}^{5k}-W_{10}^{10k}}{1-W_{10}^{k}} \\ &= \frac{2(1-W_{10}^{5k})}{1-W_{10}^{k}} \\ &= \frac{2(1-W_{2}^{k})}{1-W_{10}^{k}} \end{aligned}$$

$$=\frac{2(1-(-1)^k)}{1-W_{10}^k}$$

假定 k=0，则有

$$X[k]=\sum_{n=0}^{4}W_{10}^0-\sum_{n=5}^{9}W_{10}^0=\sum_{n=0}^{4}1-\sum_{n=5}^{9}1=0$$

综合上述的分析，$x[n]$的 DFT 为

$$X[k]=\begin{cases}1, & k\text{为偶数}\\ \dfrac{4}{1-W_{10}^k}, & k\text{为奇数}\end{cases}$$

DFT 和 IDFT 的表达式(式(4.5)和式(4.6))可以用矩阵形式表示为

$$\boldsymbol{X}[k]=\begin{bmatrix}W_N^0 & W_N^k & W_N^{2k} & \cdots & W_N^{(N-1)k}\end{bmatrix}\begin{bmatrix}x[0]\\ x[1]\\ x[2]\\ \vdots\\ x[N-1]\end{bmatrix} \tag{4.8}$$

$$\boldsymbol{x}[n]=\frac{1}{N}\begin{bmatrix}W_N^0 & W_N^{-k} & W_N^{-2k} & \cdots & W_N^{-(N-1)k}\end{bmatrix}\begin{bmatrix}X[0]\\ X[1]\\ X[2]\\ \vdots\\ X[N-1]\end{bmatrix} \tag{4.9}$$

因而有

$$\begin{bmatrix}X[0]\\ X[1]\\ X[2]\\ \vdots\\ X[N-1]\end{bmatrix}=\begin{bmatrix}W_N^0 & W_N^0 & W_N^0 & \cdots & W_N^0\\ W_N^0 & W_N^1 & W_N^2 & \cdots & W_N^{(N-1)}\\ W_N^0 & W_N^2 & W_N^4 & \cdots & W_N^{2(N-1)}\\ \vdots & \vdots & \vdots & & \vdots\\ W_N^0 & W_N^{(N-1)} & W_N^{2(N-1)} & \cdots & W_N^{(N-1)^2}\end{bmatrix}\begin{bmatrix}x[0]\\ x[1]\\ x[2]\\ \vdots\\ x[N-1]\end{bmatrix} \tag{4.10}$$

$$\begin{bmatrix}x[0]\\ x[1]\\ x[2]\\ \vdots\\ x[N-1]\end{bmatrix}=\frac{1}{N}\begin{bmatrix}W_N^0 & W_N^0 & W_N^0 & \cdots & W_N^0\\ W_N^0 & W_N^{-1} & W_N^{-2} & \cdots & W_N^{-(N-1)}\\ W_N^0 & W_N^{-2} & W_N^{-4} & \cdots & W_N^{-2(N-1)}\\ \vdots & \vdots & \vdots & & \vdots\\ W_N^0 & W_N^{-(N-1)} & W_N^{-2(N-1)} & \cdots & W_N^{-(N-1)^2}\end{bmatrix}\begin{bmatrix}X[0]\\ X[1]\\ X[2]\\ \vdots\\ X[N-1]\end{bmatrix} \tag{4.11}$$

我们定义 $\boldsymbol{x},\boldsymbol{X}$ 为

$$\boldsymbol{x} = \begin{bmatrix} x[0] \\ x[1] \\ x[2] \\ \vdots \\ x[N-1] \end{bmatrix}, \quad \boldsymbol{X} = \begin{bmatrix} X[0] \\ X[1] \\ X[2] \\ \vdots \\ X[N-1] \end{bmatrix} \tag{4.12}$$

转换矩阵 $\boldsymbol{W}_N$ 为

$$\{W_N\}_{ij} = W_N^{ij}, \quad i \leqslant 0, j \leqslant N-1$$

因此，式(4.10)和式(4.11)重写为简洁的形式，有

$$X = W_N x \tag{4.13}$$

$$x = \frac{1}{N} W_N^* X \tag{4.14}$$

4.3.1 Rader 算法

DFT 可以通过 Rader 算法对数据重新排列。用 Rader 算法计算 DFT 为

$$X[k] = \sum_{n=0}^{N-1} x[n] W_N^{nk}, \quad k, n \in Z_N; \operatorname{ord}(W_N) = N \tag{4.15}$$

定义质数长度为 N。

$$X[0] = \sum_{n=0}^{N-1} x[n] \tag{4.16}$$

计算 DC 组成部分。由于 $N=p$ 是质数，需要一个本原元素和一个生成器，就可以产生 Z_p 域内除 0 之外的所有元素，也就是 $g^k \in Z_p\{0\}$。这里用 g^n 模 N 代替 n，用 g^k 模 K 代替 k，就得到下面的索引变换。

$$X[g^k \bmod N] - x[0] = \sum_{n=0}^{N-2} x[g^n \bmod N] W_N^{g^{(n+k)\bmod(N-1)}} \tag{4.17}$$

其中，$k \in \{1,2,\cdots,N-1\}$。

$$[x[g^0 \bmod N], x[g^1 \bmod N], \cdots, x[g^{N-2} \bmod N] \odot [W_N, W_N^g, \cdots, W_N^{g^{(N-2)\bmod(n-1)}}]$$

对于 $N=7$，$g=3$，其索引变换如下。

$$[3^0, 3^1, 3^2, 3^3, 3^4, 3^5] \bmod 7 \equiv [1,3,2,6,4,5] \tag{4.18}$$

计算 DC 组成部分为

$$X[0] = \sum_{n=0}^{6} x[n] = x[0] + x[1] + x[2] + x[3] + x[4] + x[5] + x[6]$$

$X[k]-x[0]$的循环卷积为

$$[x[1], x[3], x[2], x[6], x[4], x[5]] \odot [W_7^1, W_7^3, W_7^2, W_7^6, W_7^4, W_7^5]$$

或者以矩阵表示为

$$\begin{bmatrix} X[1] \\ X[3] \\ X[2] \\ X[6] \\ X[4] \\ X[5] \end{bmatrix} = \begin{bmatrix} W_7^1 & W_7^3 & W_7^2 & W_7^6 & W_7^4 & W_7^5 \\ W_7^3 & W_7^2 & W_7^6 & W_7^4 & W_7^5 & W_7^1 \\ W_7^2 & W_7^6 & W_7^4 & W_7^5 & W_7^1 & W_7^3 \\ W_7^6 & W_7^4 & W_7^5 & W_7^1 & W_7^3 & W_7^2 \\ W_7^4 & W_7^5 & W_7^1 & W_7^3 & W_7^2 & W_7^6 \\ W_7^5 & W_7^1 & W_7^3 & W_7^2 & W_7^6 & W_7^4 \end{bmatrix} \begin{bmatrix} x[1] \\ x[3] \\ x[2] \\ x[6] \\ x[4] \\ x[5] \end{bmatrix} + \begin{bmatrix} x[0] \\ x[0] \\ x[0] \\ x[0] \\ x[0] \\ x[0] \end{bmatrix}$$

长度 p=7 的质数因子 DFT 实现如图 4.1 所示。

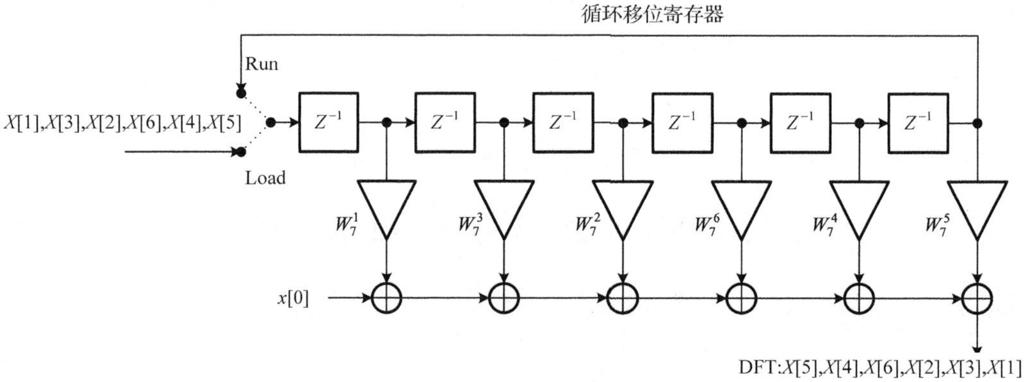

图 4.1　长度 p=7 的质数因子 DFT 实现

4.3.2　Winograd DFT 算法

在 Rader 算法的基础上，Winograd 卷积可推导出原卷积所需要的最小乘法器的数量。通过 Rader 算法把输入时域采样信号转换成 $N-1$ 点采样信号，再将其与脉冲采样信号进行循环卷积。考虑到单位脉冲响应，假定 $h(p)=\{h_0,h_1,\cdots,h_{N-1}\}$ 是脉冲响应，$x(p)=\{x_0,x_1,\cdots,x_{N-1}\}$ 是输入时间采样信号，循环卷积由式(4.19)给出。

$$S(p)=h(p)x(p)\bmod(p^{N-1}) \tag{4.19}$$

Winograd 算法分成以下几步。

步骤 1：选择一个阶数比单位脉冲响应和输入信号高的多项式 $m(p)$。将该多项式分解成一些小的互为质数的多项式的乘积，如式(4.20)所示。

$$m(p)=m^{(0)}(p)m^{(1)}(p)\cdots m^{(k)}(p) \tag{4.20}$$

步骤 2：计算 $M^{(i)}(p)=m(p)/m^{(i)}(p)$，其中，$m^{(i)}(p)$ 是小的质数多项式。采用中国剩余定理来计算 $n^{(i)}(p)$。

$$M^{(i)}(p)N^{(i)}(p)+m^{(i)}(p)n^{(i)}(p)=1 \tag{4.21}$$

步骤 3：计算脉冲响应系数及输入时域系数。

$$h^{(i)}(p)=h(p)\bmod m^{(i)}(p)\,,\quad i=0,1,\cdots,k \tag{4.22}$$

$$x^{(i)}(p)=x(p)\bmod m^{(i)}(p)\,,\quad i=0,1,\cdots,k \tag{4.23}$$

步骤 4：采用式(4.24)计算 $s^{(i)}(p)$。

$$s^{(i)}(p)=h^{(i)}(p)x^{(i)}(p)\bmod m^{(i)}(p) \tag{4.24}$$

通过式(4.24)，可以得到用于计算 $s^{(i)}(p)$ 的不同等式，这样，实现这些等式所需的乘法器和加法器的数量就可以清楚地知道。

步骤 5：再一次简化，通过式(4.25)来求解包含 $s^{(i)}(p)$ 的方程。

$$S(p)=\sum_{i=0}^{k}s^{(i)}(p)N^{(i)}(p)M^{(i)}(p)\bmod m^{(i)}(p) \tag{4.25}$$

通过式(4.25)，可以确定最终所需的乘法器和加法器的最低的数量。

经过五个步骤，采用中国剩余定理，求出实现算法的多项式的结构及所需的乘法器和加法器的最小数量。从上述步骤可以看出，Winograd DFT 算法其实就是 Rader 算法和 Winograd 短卷积的结合。不过，在数字系统中采用 Winograd DFT 算法时，有限字长效应所引入的量化误差是不可避免的。

4.4　快速傅里叶变换算法

FFT 算法可以简单地根据不同的或多维的输入输出序列的索引映射进行分类。长度为 N 的 DFT 可表示为

$$X[k]=\sum_{n=0}^{N-1}x[n]\ W_N^{nk} \tag{4.26}$$

一般情况下，仅需要讨论最简单的情形，也就是两个因子的情形，因为更高的维数可以通过简单地反复迭代替换其中的一个因子来实现。为了简化，在此只在二维索引映射变换范围内讨论三种 FFT 算法。

(时域)索引 n 为

$$n=An_1+Bn_2 \bmod N,\quad \begin{cases}0\leqslant n_1\leqslant N_1-1\\0\leqslant n_2\leqslant N_2-1\end{cases} \tag{4.27}$$

进行交换，其中，$N=N_1N_2$，并且 A、$B\in Z$ 是要定义的常数，由

$$[x[0]x[1]x[2]\cdots x[N-1]]=\begin{bmatrix}x[0,0] & x[0,1] & \cdots & x[0,N_2-1]\\x[1,0] & x[1,1] & \cdots & x[1,N_2-1]\\\vdots & \vdots & & \vdots\\x[N_1-1,0] & x[N_1-1,1] & \cdots & x[N_1-1,N_2-1]\end{bmatrix}$$

来构造数据的二维映射 $f:C^N\to C^{N_1\times N_2}$。将另一个索引映射 k 应用到输出(频)域，就

得到

$$k = Ck_1 + Dk_2 \mod N, \quad \begin{cases} 0 \leqslant k_1 \leqslant N_1 - 1 \\ 0 \leqslant k_2 \leqslant N_2 - 1 \end{cases} \tag{4.28}$$

其中，C 和 D 是要定义的常数。考虑到 DFT 是双映射，所以必须同时选择 A、B、C 和 D，这样变换表达式才能保持唯一，也就是唯一的一种双映射。

是否允许 N_1 和 N_2 具有公因数的问题，是区别不同 FFT 算法的关键。也就是最大公约数(greatest common division) gcd$(N_1,N_2)>1$，或者说 N_1 和 N_2 必须是互质的。通常，gcd$(N_1,N_2)>1$ 的算法指的是公共因数算法(common factor algorithm，CFA)，而 gcd$(N_1,N_2)=1$ 称为质数因数算法(prime factor algorithm，PFA)。接下来要讨论的 CFA 算法是 Cooley-Tukey FFT 类型的，而 Good-Thomas 和 Winograd FFT 则是 PFA 类型的。需要强调的是，Cooley-Tukey FFT 算法可以真正地用两个因数 $N=N_1N_2$ 实现，并且彼此之间是互质的，对于 PFA，因子 N_1 和 N_2 必须是互质的，也就是说它们自身不一定是质数。

4.4.1 Cooley-Tukey FFT 算法

Cooley-Tukey FFT 是所有 FFT 算法中最为通用的一种算法，这是因为 N 可以任意地进行因数分解。最流行的 Cooley-Tukey FFT 就是变换长度 N 是 r 基的幂的形式，也就是 $N=r^v$。这些算法通常称作 r 基算法。

Cooley 和 Tukey 两位学者提出的索引变换也是最简单的索引映射。在式(4.27)中令 $A=N_2$ 和 $B=1$ 就得到下面的映射结果。

$$n = N_2 n_1 + n_2, \quad \begin{cases} 0 \leqslant n_1 \leqslant N_1 - 1 \\ 0 \leqslant n_2 \leqslant N_2 - 1 \end{cases} \tag{4.29}$$

从 n_1 和 n_2 的范围可以得出结论，式(4.12)给出的模简化不需要显式地计算。

对于式(4.28)的反映射，Cooley 和 Tukey 选择 $C=1$、$D=N_1$，就得到下面的映射结果。

$$k = k_1 + N_1 k_2, \quad \begin{cases} 0 \leqslant k_1 \leqslant N_1 - 1 \\ 0 \leqslant k_2 \leqslant N_2 - 1 \end{cases} \tag{4.30}$$

在这种情况下也可以省略模计算。这时候如果根据式(4.29)和式(4.30)分别将 n 和 k 代入 W_N^{nk} 就会得到

$$W_N^{nk} = W_N^{N_2n_1k_1 + N_1N_2n_1k_2 + n_2k_1 + N_1n_2k_2} \tag{4.31}$$

由于 W 是 $N=N_1N_2$ 阶的，可以得到 $W_N^{N_1} = W_{N_2}$ 和 $W_N^{N_2} = W_{N_1}$。将式(4.31)简化成

$$W_N^{nk} = W_{N_1}^{n_1k_1} W_N^{n_2k_1} W_{N_2}^{n_2k_2} \tag{4.32}$$

这时将式(4.32)代入式(4.26)的 DFT，就得到

$$X[k_1,k_2]=\sum_{n_2=0}^{N_2-1}W_{N_2}^{n_2k_2}\underbrace{\left(W_N^{n_2k_1}\underbrace{\sum_{n_1=0}^{N_1-1}x[n_1,n_2]W_{N_1}^{n_1k_1}}_{N_1\text{点变换}}\right)}_{\overline{x}[n_2,k_1]} \tag{4.33}$$

$$=\underbrace{\sum_{n_2=0}^{N_2-1}W_{N_2}^{n_2k_2}\overline{x}[n_2,k_1]}_{N_2\text{点变换}} \tag{4.34}$$

现在定义完整的 Cooley-Tukey FFT 算法。

算法 4.1　Cooley-Tukey FFT 算法。

$N=N_1N_2$ 点 DFT 可以通过下列步骤进行。

(1) 根据式 (4.14) 计算输入序列的索引变换。

(2) 计算长度 N_1 的 N_2 次 DFT 的计算。

(3) 在第一个变换级的输出上应用旋转因子 $W_N^{n_2k_1}$。

(4) 计算长度 N_2 的 N_1 次 DFT 的计算。

(5) 根据式 (4.30) 计算输出序列的索引变换。

4.4.2　Good-Thomas FFT 算法

Good 和 Thomas 提出的另一种索引变换，是将一个长度 $N=N_1N_2$ 的 DFT 变换成"实际的"二维 DFT，也就是说没有 Cooley-Tukey FFT 中的旋转因子。没有旋转因子流程所付出的代价，就是因子之间必须是可质的(也就是 $\gcd(N_k,N_l)=1,k\neq l$)，只要索引映射计算是在线进行的，而且没有预先计算好的表可供使用，那么索引映射就会变得更加复杂。

如果分别根据式 (4.27) 和式 (4.28) 消除通过 n 和 k 的索引映射引入的旋转因子，就会得到

$$\begin{aligned}W_N^{nk}&=W_N^{(An_1+Bn_2)(Ck_1+Dk_2)}\\&=W_N^{ACn_1k_1+ADn_1k_2+BCn_2k_1+BDn_2k_2}\\&=W_N^{N_2n_1k_1}W_N^{N_1n_2k_2}\\&=W_{N_1}^{n_1k_1}W_{N_2}^{n_2k_2}\end{aligned} \tag{4.35}$$

前提是必须同时满足下列所有条件。

$$\langle AD\rangle_N=\langle BC\rangle_N=0 \tag{4.36}$$

$$\langle AC\rangle_N=N_2 \tag{4.37}$$

$$\langle BD\rangle_N=N_1 \tag{4.38}$$

Good 和 Thomas 提出的映射要满足

$$A=N_2,\ B=N_1,\ C=N_2<N_2^{-1}>_{N_1},\ D=N_1<N_1^{-1}>_{N_2} \tag{4.39}$$

至此，就可以得到下面的 Good-Thomas 索引映射。

Good-Thomas 提出的 n 的索引映射是

$$n=N_2n_1+N_1n_2 \mod N,\quad \begin{cases}0\leqslant n_1\leqslant N_1-1\\0\leqslant n_2\leqslant N_2-1\end{cases} \tag{4.40}$$

而 k 的索引映射结果是

$$k=N_2<N_2^{-1}>_{N_1}k_1+N_1<N_1^{-1}>_{N_2}k_2 \mod N,\quad \begin{cases}0\leqslant k_1\leqslant N_1-1\\0\leqslant k_2\leqslant N_2-1\end{cases} \tag{4.41}$$

式(4.41)的变换与中国剩余定理是一致的。所以 k_1 和 k_2 可以简单地通过模简化来计算。

如果在 DFT 矩阵方程(式(4.27))中替换 Good-Thomas 索引映射，就有

$$\begin{aligned}X[k_1,k_2]&=\sum_{n_2=0}^{N_2-1}W_{N_2}^{n_2k_2}\underbrace{\left(\underbrace{\sum_{n_1=0}^{N_1-1}x[n_1,n_2]W_{N_1}^{n_1k_1}}_{N_1\text{点变换}}\right)}_{\bar{x}[n_2,k_1]}\\&=\underbrace{\sum_{n_2=0}^{N_2-1}W_{N_2}^{n_2k_2}\bar{x}[n_2,k_1]}_{N_2\text{点变换}}\end{aligned} \tag{4.42}$$

式(4.42)是一种“实际的”二维 DFT 变换，没有引入旋转因子。下面是 Good-Thomas FFT 算法的具体描述，与 Colley-Tukey FFT 算法相似，但是索引映射不同，而且没有旋转因子。

算法 4.2　Good-Thomas FFT 算法。

$N=N_1N_2$ 点的 DFT 可以遵循下面的步骤进行计算。

(1) 根据式(4.29)进行输入序列的索引变换。

(2) 计算长度 N_1 的 N_2 次 DFT 的计算。

(3) 计算长度 N_2 的 N_1 次 DFT 的计算。

(4) 根据式(4.41)进行输出序列的索引变换。

4.4.3　Winograd FFT 算法

Winograd FFT 算法是建立在对 $N(N=N_1\times N_2)$ 维逆 DFT 矩阵的观察基础上，N_1 和 N_2 满足 $\gcd(N_1,N_2)=1$，也就是

$$x[n]=\sum_{k=0}^{N-1}X[k]W^{-nk} \tag{4.43}$$

$$x = W_N^* X \tag{4.44}$$

式(4.43)和式(4.44)可以用两个分别是 N_1 和 N_2 维的二次 IDFT 矩阵的 Kronecker 乘积进行重写。如同 Good-Thomas 算法的映射一样，将 $X[k]$和 $x[n]$的索引写成二维帧格式，然后逐行读出索引。下面给出一个 N=12 的例子来说明这些步骤。

【例 4.2】 使用 Kronecker 乘积 N=12 的 IDFT。

令 N_1=4 和 N_2=3，然后根据 Good-Thomas 索引映射进行输出索引变换，$k=9k_1+4k_2 \bmod 12$。

$$\begin{bmatrix} X[0] \\ X[1] \\ X[2] \\ X[3] \\ X[4] \\ X[5] \\ X[6] \\ X[7] \\ X[8] \\ X[9] \\ X[10] \\ X[11] \end{bmatrix} \rightarrow \begin{array}{c|cccc} k_2 & & k_2 & & \\ & 0 & 1 & 2 & 3 \\ \hline 0 & X[0] & X[9] & X[6] & X[3] \\ 1 & X[4] & X[1] & X[10] & X[7] \\ 2 & X[8] & X[5] & X[2] & X[11] \end{array} \rightarrow \begin{bmatrix} X[0] \\ X[9] \\ X[6] \\ X[3] \\ X[4] \\ X[1] \\ X[10] \\ X[7] \\ X[8] \\ X[5] \\ X[2] \\ X[11] \end{bmatrix}$$

接下来构造长度为 12 的 IDFT。

$$\begin{bmatrix} x[0] \\ x[9] \\ x[6] \\ x[3] \\ x[4] \\ x[1] \\ x[10] \\ x[7] \\ x[8] \\ x[5] \\ x[2] \\ x[11] \end{bmatrix} = \begin{bmatrix} W_{12}^{0} & W_{12}^{0} & W_{12}^{0} \\ W_{12}^{0} & W_{12}^{-4} & W_{12}^{-8} \\ W_{12}^{0} & W_{12}^{-8} & W_{12}^{-4} \end{bmatrix} \otimes \begin{bmatrix} W_{12}^{0} & W_{12}^{0} & W_{12}^{0} & W_{12}^{0} \\ W_{12}^{0} & W_{12}^{-3} & W_{12}^{-6} & W_{12}^{-9} \\ W_{12}^{0} & W_{12}^{-6} & W_{12}^{0} & W_{12}^{-6} \\ W_{12}^{0} & W_{12}^{-9} & W_{12}^{-6} & W_{12}^{-3} \end{bmatrix} \begin{bmatrix} X[0] \\ X[9] \\ X[6] \\ X[3] \\ X[4] \\ X[1] \\ X[10] \\ X[7] \\ X[8] \\ X[5] \\ X[2] \\ X[11] \end{bmatrix}$$

由上可知，可用 Kronecker 乘积(重新)定义 IDFT。利用符号 $\tilde{x}$ 代替改变的序列 x，就可以用下面的矩阵/向量表示。

$$\tilde{\boldsymbol{x}} = \boldsymbol{W}_{N_1} \otimes \boldsymbol{W}_{N_2} \tilde{\boldsymbol{X}} \tag{4.45}$$

对于短 DFT，我们使用 Winograd DFT 算法，也就是

$$W_{N_1}=C_l\times B_l\times A_l \tag{4.46}$$

其中，A_l 是一个合并了输入加法的矩阵；B_l 是一个傅里叶系数的对角矩阵；而 C_l 包括输出加法。现在将式(4.46)代入式(4.45)，运用这一结论就可以改变乘法和 Kronecker 乘积的计算顺序，变成

$$W_{N_1}\otimes W_{N_2}=(C_1\times B_1\times A_1)\otimes(C_2\times B_2\times A_2)=(C_1\otimes C_2)(B_1\otimes B_2)(A_1\otimes A_2) \tag{4.47}$$

考虑到矩阵 A_l 和 C_l 是简单的加法矩阵，因此也同样适用于其 Kronecker 乘积 $A_1\otimes A_2$ 和 $C_1\otimes C_2$。明显可以看出，两个分别为 N_1 维和 N_2 维的二次对角矩阵的 Kronecker 乘积也可以给出一个 N_1N_2 维的对角矩阵。将上述不同的步骤组合起来，就构成了 Winograd FFT 算法。

法则 4.1 Winograd FFT 的设计。

$N=N_1N_2$ 点且 N_1 和 N_2 为互质数的 FFT 变换，可以按照下列步骤构造。

(1) 根据 Good-Thomas 映射，按照索引的行顺序对输入序列进行索引变换。

(2) 利用 Kronecker 乘积对 DFT 矩阵进行因数分解。

(3) 通过 Winograd DFT 算法代替长度为 N_1 和 N_2 的 DFT 矩阵。

(4) 集中乘法。

Winograd FFT 算法构造成功之后，就可以采取下面三个步骤来实现 Winograd FFT 算法。

算法 4.3 Winograd FFT 算法。

(1) 计算前置加法 A_1 和 A_2。

(2) 根据矩阵 $B_1\otimes B_2$ 计算 M_1M_2 次乘法。

(3) 根据 C_1 和 C_2 计算后置加法。

接下来看一个示例，详细地了解一下长度为 12 的 Winograd FFT 的构造过程。

【例 4.3】 长度为 12 的 Winograd FFT。

要构造 Winograd FFT，就要根据法则 4.1 计算变换中需要使用的矩阵。当 $N_1=3$ 和 $N_2=4$ 时，就可以得到下面的矩阵。

$$A_1\otimes A_2=\begin{bmatrix}1&1&1\\0&1&1\\0&1&-1\end{bmatrix}\otimes\begin{bmatrix}1&1&1&1\\1&-1&1&-1\\1&0&-1&0\\0&1&0&-1\end{bmatrix} \tag{4.48}$$

$$B_1\otimes B_2=\mathrm{diag}(1,-3/2,\sqrt{3}/2)\otimes\mathrm{diag}(1,1,1,-i) \tag{4.49}$$

$$C_1\otimes C_2=\begin{bmatrix}1&0&0\\1&1&i\\1&1&-i\end{bmatrix}\otimes\begin{bmatrix}1&0&0&0\\0&1&0&0\\1&0&-1&0\\0&0&1&-1\end{bmatrix} \tag{4.50}$$

根据式(4.47)合并这些矩阵，就可得到 Winograd FFT 算法。输入和输出加法不需要乘法器就可以实现，实数乘法的总数是 2×3×4=24。

从上面的描述可以看出，可以采用 Winograd FFT 对 IDFT 进行计算。如果要借助 IDFT 计算 DFT，就可以采用式(4.6)所提到的技术，并借助 DFT 计算 IDFT。利用矩阵/向量表示就是

$$\boldsymbol{x}^* = (\boldsymbol{W}_N^* \boldsymbol{X})^* \tag{4.51}$$

$$\boldsymbol{x}^* = \boldsymbol{W}_N^* \boldsymbol{X} \tag{4.52}$$

如果 $W_N=[\mathrm{e}^{2\pi \mathrm{j} nk/N}]$(其中 n，$k\in Z_N$)是 DFT，则 DFT 就可以用 IDFT 按如下步骤计算：计算输出序列的共轭复数，将序列用 IDFT 算法转换，计算输出序列的共轭复数。也可以采用 Kronecker 乘积算法，也就是 Winograd FFT，直接计算 DFT。生成一个平滑修正的输出索引映射，如例 4.4 所示。

【例 4.4】用 Kronecker 乘积计算 12 点 DFT。

$$\begin{bmatrix} X[0] \\ X[3] \\ X[6] \\ X[9] \\ X[4] \\ X[7] \\ X[10] \\ X[1] \\ X[8] \\ X[11] \\ X[2] \\ X[5] \end{bmatrix} = \begin{bmatrix} W_{12}^0 & W_{12}^0 & W_{12}^0 \\ W_{12}^0 & W_{12}^4 & W_{12}^8 \\ W_{12}^0 & W_{12}^8 & W_{12}^4 \end{bmatrix} \otimes \begin{bmatrix} W_{12}^0 & W_{12}^0 & W_{12}^0 & W_{12}^0 \\ W_{12}^0 & W_{12}^3 & W_{12}^6 & W_{12}^9 \\ W_{12}^0 & W_{12}^6 & W_{12}^0 & W_{12}^6 \\ W_{12}^0 & W_{12}^9 & W_{12}^6 & W_{12}^3 \end{bmatrix} \begin{bmatrix} X[0] \\ X[9] \\ X[6] \\ X[3] \\ X[4] \\ X[1] \\ X[10] \\ X[7] \\ X[8] \\ X[5] \\ X[2] \\ X[11] \end{bmatrix} \tag{4.53}$$

其中，输入序列 $x[n]$可看成 Good-Thomas 映射的顺序。在 $X[k]$的(频率)输出索引映射中，与 Good-Thomas 映射相比，第一个元素和第三个元素互换了位置。

很明显，实现 DFT 有许多技术途径。短的 DFT 可以采用 Cooley-Tukey、Good-Thomas 或 Winograd 提出的索引模式来实现长的 DFT。选择合适算法的目的就是要将乘法的复杂性降到最低。因为与其他运算，如加法、数据访问或索引计算等相比，乘法的实现成本要高得多。

单纯从乘法复杂性的角度来考虑，Winograd FFT 算法无疑是最有吸引力的。本章给出了几种形式的 N=4×3=12 点 FFT 的设计。除了乘法的次数方面的考虑，还需要考虑其他的约束条件，如可能的变换长度、加法的次数、索引计算的开销、系数或数据存储器规模、运行期间代码的长度等。在大多数情况下，Cooley-Tukey 方法提供了最佳总体解决方案，请参阅表 4.1。

表 4.1 长度 $N=\Pi N_k$ 的 FFT 算法的性能比较

属性	Cooley-Tukey	Good-Thomas	Winograd
任意变换长度	是	否，$\gcd(N_k, N_l)=1$	
W 的最大阶数	N	$\max(N_k)$	
是否需要旋转因子	是	否	否
#乘法 #加法 #索引计算量 本地数据	差 中 佳 是	中 中 中 是	佳 中 差 否
实现的优点	小规模蝶形处理器	可以使用 RPFA，快速、简单的 FIR 阵列	小规模的完全并行、中等规模 FFT(<50)

4.5 DCT 变换

离散余弦变换(discrete cosine transform，DCT)和离散正弦变换(discrete sine transform，DST)虽然不是 DFT，但可以用 DFT 计算。不过，DCT 和 DST 不能够直接通过乘以变换的频谱和逆变换来计算快速卷积，也就是卷积理论在 DCT 和 DST 中不成立。这导致 DCT 和 DST 不像 FFT 一样得到广泛的应用，但需要指出的是，在图像压缩等一些应用领域中，DCT 的应用是非常广泛的(因为它与 Karhunen-Loeve 变换非常接近)。DCT 和 DST 是根据正弦和余弦核函数定义的，与 DFT 有着密切的关系。本节首先讨论 DCT 和 DST 的定义及属性，然后给出实现 DCT 的类似 FFT 的快速计算算法。所有的 DCT 都遵循下面的变换模式。

$$X[k]=\sum_{n}x[n]C_N^{nk}\leftrightarrow x[n]=\sum_{k}X[k]C_N^{n,k} \tag{4.54}$$

DCT 的核函数 C_N^{nk} 有四种形式。

DCT-Ⅰ：$C_N^{n,k}=\sqrt{2/N}c[n]c[k]\cos\left(nk\dfrac{\pi}{N}\right)$，$n,k=0,1,\cdots,N$。

DCT-Ⅱ：$C_N^{n,k}=\sqrt{2/N}c[k]\cos\left[k\left(n+\dfrac{1}{2}\right)\dfrac{\pi}{N}\right]$，$n,k=0,1,\cdots,N-1$。

DCT-Ⅲ：$C_N^{n,k}=\sqrt{2/N}c[n]\cos\left[n\left(k+\dfrac{1}{2}\right)\dfrac{\pi}{N}\right]$，$n,k=0,1,\cdots,N-1$。

DCT-Ⅳ：$C_N^{n,k}=\sqrt{2/N}\cos\left[n\left(k+\dfrac{1}{2}\right)\left(n+\dfrac{1}{2}\right)\dfrac{\pi}{N}\right]$，$n,k=0,1,\cdots,N-1$。

其中，$c[0]=1/\sqrt{2}$；$c[m]=1$。DST 具有相同的结构，但是余弦项均由正弦项代替。DCT 的属性如下。

(1)采用余弦基的 DCT 实现函数。

(2)所有的变换均是正交的，也就是 $C\times C^t=k[n]I$。

(3)与 DFT 不同的是，DCT 是一个实变换。

(4) DCT-Ⅰ是其本身的逆矩阵。

(5) DCT-Ⅱ是 DCT-Ⅲ的逆矩阵，反之也成立。

(6) DCT-Ⅳ是其本身的逆矩阵，Ⅳ是对称的，也就是 $C=C^t$。

(7) DCT 的卷积属性与 DFT 中的卷积乘法关系不一样。

(8) DCT 是 Kahunen-Loeve 变换的一种近似。

其中，DCT-Ⅱ的二维 8×8 变换在图像压缩(视频的 H.261 标准、H.263 标准、MPEG 标准和静态图像的 JPEG 标准)中经常会用到。

采用 DFT 算法可计算 DCT。DCT 到 DFT 的映射是非常具有吸引力的，因为我们可以利用变化较多的各种 FFT 算法。由于 DCT-Ⅱ变换最为常用，因而在此探讨 DFT 与 DCT-Ⅱ之间的关系。假定变换长度是偶数，用下面的置换。

$$y[n]=x[2n] \quad 和 \quad y[N-n-1]=x[2n+1],\quad n=0,1,\cdots,N/2-1$$

重写 DCT-Ⅱ变换。

$$X[k]=\sum_{n=0}^{N-1}x[n]\cos\left[k\left(n+\frac{1}{2}\right)\frac{\pi}{N}\right] \tag{4.55}$$

然后得到

$$\begin{aligned}X[k]&=\sum_{n=0}^{N/2-1}y[n]\cos\left[k\left(2n+\frac{1}{2}\right)\frac{\pi}{N}\right]+\sum_{n=0}^{N/2-1}y[N-n-1]\cos\left[k\left(2n+\frac{3}{2}\right)\frac{\pi}{N}\right]\\&=\sum_{n}y[n]\cos\left[k\left(2n+\frac{1}{2}\right)\frac{\pi}{N}\right]\end{aligned} \tag{4.56}$$

如果现在计算用 $Y[k]$表示的 $y[n]$的 DFT，可以看到

$$\begin{aligned}X[k]&=\Re(W_{4N}Y[k])\\&=\cos\left(\frac{\pi k}{2N}\right)\Re(Y[k])-\sin\left(\frac{\pi k}{2N}\right)\Im(Y[k])\end{aligned} \tag{4.57}$$

DCT 的对称属性可用来构造类似于 FFT 的 DCT 算法。由于其与 radix-2 Cooley-Tukey FFT 的相似性，最终的算法称为快速 DCT 或简称 FCT。由于 DCT 是正交变换，所以可以通过转置逆 DCT(IDCT)得到 DCT。式(4.55)中引入的 IDCT-Ⅱ型有

$$x[n]=\sum_{k=0}^{N-1}\hat{X}[k]C_N^{n,k},\quad n=0,1,\cdots,N-1 \tag{4.58}$$

其中，$\hat{X}[k]=c[k]X[k]$。将 $x[n]$分解成偶数和奇数部分，可以看到，$x[n]$可以由两个 $N/2$ DCT 重构，也就是

$$G[k]=\hat{X}[2k] \tag{4.59}$$

$$H[k]=\hat{X}[2k+1]+\hat{X}[2k-1],\quad k=0,1,\cdots,N/2-1 \tag{4.60}$$

在时域中，有

$$g[n]=\sum_{k=0}^{N/2-1}G[k]C_{N/2}^{n,k} \tag{4.61}$$

$$h[n]=\sum_{k=0}^{N/2-1}H[k]C_{N/2}^{n,k}, \quad k=0,1,\cdots,N/2-1 \tag{4.62}$$

重构的形式变成

$$x[n]=g[n]+1/(2C_N^{n,k})h[n] \tag{4.63}$$

$$x[N-1-n]=g[n]-1/(2C_N^{n,k})h[n], \quad k=0,1,\cdots,N/2-1 \tag{4.64}$$

重复这一过程就可以进一步分解 DCT。除法运算对 DCT 似乎是必要的。旋转因子 $1/(2C_N{}^{n,k})$ 就一定要预先计算出来并储存在查找表中。这样的方法对于 Cooley-Tukey FFT 算法也是适合的，因为在线计算三角函数一般是非常耗时间的。

4.6 本 章 小 结

本章分析讨论了 DFT 和 FFT。目前，可以有多种算法来实现 DFT。一般而言，短 DFT 运算可以用 Cooley-Tukey、Good Thomas 和 Winograd 提出的索引模式来设计，在此基础上设计长的 DFT。其目的就是要将乘法器的计算复杂度降到最低。相对于加法器、数据访问或索引计算，乘法器的计算量要大得多。

从降低乘法运算复杂度方面考虑，Winograd FFT 算法无疑是最有吸引力的。除了要考虑乘法的次数，还需要考虑到其他的约束条件，如加法的次数、索引计算的开销、系数或数据存储的规模、可能的变换长度等。综合这些因素，在许多情形下，Cooley-Tukey 较易找到比较好的总体解决方案。

第 5 章　流水线与并行处理

5.1　概　　述

从广泛意义上来说，信号处理系统可以分为前馈系统和反馈系统。在前馈系统中，数据流从输入到输出，没有任何一个数据以递归环路的形式进行反馈。如信号处理中基础的 FIR 滤波器就是一个前馈信号系统。大多数的信号处理算法，如 FFT 和 DCT，均为前馈系统。通过简单地增加多级流水线结构便可有效地改善系统的延迟。

反馈的递归算法在数字通信接收器中用于定时、标记及频率恢复等。在语音信号处理和信号建模时，自回归移动平均(ARMA)和自回归(AR)算法就包含了 IIR 系统。在这些系统中，为了计算输出响应，在差分方程中直接或间接地用到以前的输出响应值，同时要用到当前和以前的输入样本值。在计算中需要用到输出样本的以前值时，对于设计者而言，通过增加流水线寄存器来改善时序是无法直接实现的。

本章也讨论一些与反馈系统的数字设计有关的概念。如迭代、迭代周期、环路、环路边界、关键路径和迭代周期边界等。在这些反馈系统中增加流水线以及提取出并行结构并非易事。迭代周期边界会限制潜在的改进效果。

采用向前变换可以增加逻辑电路的方式来真正减小迭代周期边界。用向前变换时，通过在环路中增加额外的寄存器，用输出响应的等价表示来取代其历史值。这些新引入的寄存器可以减小环路迭代周期边界。这些延迟可以通过重定时减小关键路径时间。

5.2　迭 代 边 界

一个反馈系统对于输出信号的计算是基于对以前输出信号及当前和以前输入信号的计算。很多 DSP 算法，如递归数字滤波器和自适应数字滤波器都包含反馈环路。对于这样一个系统，迭代定义为在算法中计算一个输出采样信号所需执行的所有操作。执行一次迭代所需的时间称为迭代时间。在图 5.1 中，迭代时间为加法器计算时间 T_a 与乘法器计算时间 T_m 之和，即 T_a+T_m。考虑输入信号的采样时间 T_s，则迭代时间需要满足下列约束。

$$T_a+T_m \leqslant T_s$$

采样周期存在其内在基本的最低边界。这种边界称为迭代周期边界或者简称为迭代边界。迭代边界是可以用数据流图表示的算法的一种特征。同样算法的不同表示方法有可能会产生不同的迭代边界。

DFG 可以用来描述 DSP 程序的有向图(每条边都有方向)，可用来分析 DSP 算法的特性。例如，图 5.1(a)表示的是一阶 IIR 滤波器的图形表示；图 5.1(b)是在其基础上简化后得到的 DFG 表示，是一个包含节点和边的集合。其中，节点表示运算或者任务(节点 A 表示加法，节点 B 表示乘法)，每个节点都有与之相关的执行时间；边则表示节点之间相互联系或通信，每条边都带有一个非负的延时。在图 5.1 中，边 $A \to B$ 的延时为 0，边 $B \to A$ 的延时为 1。一个节点的一次迭代表示该节点正好执行一次运算，一个 DFG 的一次迭代表示该 DFG 中节点都正好执行一次运算。

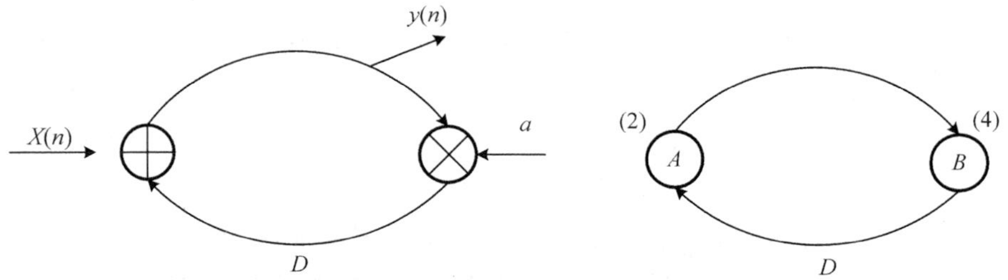

(a)一阶IIR滤波器的图形表示　　(b)一阶IIR滤波器的DFG表示

图 5.1　一阶 IIR 滤波器的结构

DFG 中的每条边均描述了两个节点之间的关系，这种关系称为优先级约束。如果一条边没有延时，那么这种优先级约束就称为迭代内优先级约束；如果一条边有一个延时或者多个延时，那么就称为迭代间优先级约束。迭代内优先级约束和迭代间优先级约束共同确定了 DFG 中的节点执行顺序。例如，图 5.1(b)中从 A 到 B 的边指定了迭代内的优先级约束，即 A 的第 k 次迭代的执行必须先于 B 的第 k 次迭代；从 B 到 A 的边指定了迭代间的优先级约束，即 B 的第 k 次迭代必须先于 A 的第 k+1 次迭代。用 X_k 表示节点X的第k次迭代。如果要着重区别迭代内优先级约束和迭代间优先级约束，用单箭头表示迭代内优先级约束，如 $A_k \to B_k$；用双箭头表示迭代间优先级约束，如 $B_k \Rightarrow A_{k+1}$；否则所有优先级约束都用单箭头表示。

在 DFG 中，会有不止一条具有零延时的路径，其中具有最长运算时间的路径定义为关键路径。如图 5.1(b)所示的 DFG 中的关键路径是 $A \to B$，它需要的运算时间为 6u.t.。图 5.2 中的 DFG 含有 6 条非零延时路径。这些路径中最长的运算时间是 5u.t.(两条路径：$6 \to 3 \to 2 \to 1$ 以及 $5 \to 3 \to 2 \to 1$，都是关键路径)，所以关键路径的运算时间为 5u.t.。在 DFG 表示中，关键路径是组合逻辑电路在每个节拍的执行(rippling)中所需时间最长的那条路径。关键路径时间就是 DFG 的一次迭代所需的最小运算时间。

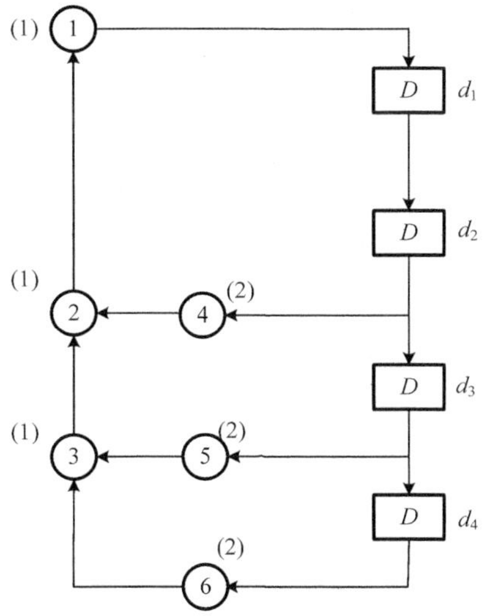

图 5.2　具有三个环路结构的 DFG

5.3　迭代周期算法

DFG 可以分为非递归结构和递归结构。非递归 DFG 不包含环路，而递归 DFG 至少包含一个环路。图 5.1(b)中的 DFG 是递归的，因为它含有环路 $A \to B \to A$。递归 DFG 存在一个基本极限，该极限表示了用硬件实现基本的 DSP 程序能够有多快。这个极限就是迭代边界 T_∞，它与 DSP 算法实现中可用的计算能力无关。

环路是指起点和终点都是同一个节点的有向路径，如图 5.1(b)中的 $A \to B \to A$。环路(loop)、环(cycle)都可以用来描述有向图中带方向的环。执行一个环路所需的时间可以由 DFG 中的边所描述的优先级关系来确定。图 5.1(b)中的 DFG 中的边描述了如下优先级约束。

$$A_0 \to B_0 \Rightarrow A_1 \to B_1 \Rightarrow A_2 \to B_2 \Rightarrow A_3 \to \cdots$$

其中，单箭头($\to$)表示迭代内优先级约束；双箭头($\Rightarrow$)表示迭代间优先级约束。根据这些优先级约束，环路第 k 次迭代依次执行 A_k 和 B_k。如果节点 A 和 B 的执行时间分别为 2u.t.和 4u.t.，那么环路每次迭代需要 6u.t.，这就是环路边界(loop bound),它表示环路运行时间的最低限制，环路边界 LB 的定义如下。

$$\mathrm{LB} = t_i / w_i \tag{5.1}$$

其中，t_i 是第 i 个环路运行时间，是指第 i 个环路中延时数目。可以验证图 5.1(b)中环路的环路边界是 6/1=6u.t.。

图 5.3(a)中的环路有两个延时，需要 6u.t.进行计算，因此环路边界为 6/2=3u.t.。为了了解到底该环路如何用 3u.t.完成一次迭代，我们需要观察优先级约束。

$$A_0 \to B_0 \Rightarrow A_2 \to B_2 \Rightarrow A_4 \to B_4 \Rightarrow A_6 \to \cdots$$

$$A_1 \to B_1 \Rightarrow A_3 \to B_3 \Rightarrow A_5 \to B_5 \Rightarrow A_7 \to \cdots$$

这表明两组独立的优先级约束，其中一组偶数迭代，另一组奇数迭代。在图 5.3 中，两次迭代可以在 6u.t.内完成运算，因此环路边界为 6/2=3。

图 5.3(b)中的 DFG 有两个环路，即环路 $l_1 = A \to B \to A$ 和环路 $l_2 = A \to B \to C \to A$。$l_1$ 和 l_2 的环路边界分别是 6/2=3u.t.和 11/1=11u.t.。关键环路是指具有最大环路边界的环路。关键环路的环路边界就是 DSP 的迭代边界 T_∞，这个边界是 DSP 中迭代或者采样周期的最低限制，与可用的运算资源的多少无关。定义迭代周期为

$$T_\infty = \max_{\text{all } i} \left\{ \frac{t_i}{w_i} \right\} \tag{5.2}$$

其中，t_i 是环路 i 的运算时间；w_i 是环路 i 的延时数目。对于图 5.3(b)中的 DFG，有

$$T_\infty = \max\left\{\frac{6}{2}, \frac{11}{1}\right\} = 11\text{u.t.}$$

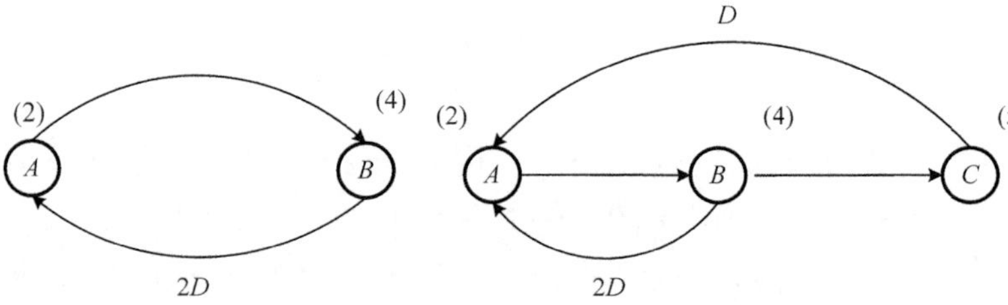

(a)有一个环路的DFG　　(b)有两个环路的DFG

图 5.3　DFG 的迭代边界

寻找 DFG 中的迭代边界的直接办法就是找出所有的环路，然后利用式(5.2)直接计算 T_∞。但是随着 DFG 中节点数目的增加，环路数目会以指数形式增加，因此这种方法需要很长的运行时间。本章介绍计算 T_∞ 的两种方法，即最小环均值(minimum cycle mean，MCM)算法和最长路径矩阵(longest path matrix，LPM)算法。

5.3.1　最小环均值算法

两种迭代边界算法可由图 5.2 所示的 DFG 来说明。该 DFG 有三个环路：环路 $l_1 = 1 \to 4 \to 2 \to 1$，其环路边界为 4/2u.t.；环路 $l_2 = 1 \to 5 \to 3 \to 2 \to 1$，其环路边界为 5/3u.t.；环路 $l_3 = 1 \to 6 \to 3 \to 2 \to 1$，其环路边界为 5/4u.t.。因此该 DFG 的迭代边界是

$$T_\infty = \max\left\{\frac{4}{2}, \frac{5}{3}, \frac{5}{4}\right\} = 2\text{u.t.}$$

MCM 算法将确定迭代边界的过程简化为寻找图形的 MCM。本节描述的算法用到了环均值(cycle mean)、最大环均值(maximum cycle mean) 以及 MCM 的概念。环 c

的环均值 $m(c)$ 表示 c 的边的平均长度，即只需将环中边的长度求和然后除以环中边线的数目即可。MCM $\lambda_{\min}$ 表示所有环均值的最小值，即

$$\lambda_{\min} = \min_{c} m(c) \tag{5.3}$$

类似地，最大环均值 $\lambda_{\max}$ 为

$$\lambda_{\max} = \max_{c} m(c) \tag{5.4}$$

一个新的图形 G_d 的环均值可以用来计算迭代边界，其中 G_d 可以从相应的 DFG 中得到(称该 DFG 为 G)。如果 d 为 G 中的延时单元的数目，那么图形 G_d 有 d 个节点，其中每个节点对应 G 中的一个延时单元。图形 G 中从延时 d_i 到延时 d_j 的所有不经过任何延时的路径中的最长路径的长度就是 G_d 中从节点 i 到节点 j 的边的权重，用 $w(i,j)$ 表示。如果从延时 d_i 到延时 d_j 没有零延时路径，那么 G_d 中边 $i \to j$ 不存在。图 5.2 中 DFG 对应的 G_d 的图形如图 5.4(a)所示。

G_d 中的一个环 c 的边的权重之和就是 G 中所有包含环 c 节点所代表的延时单元的环的最大运算时间。这是因为 G_d 中的边权重是 G 延时中的最大运算时间。例如，图 5.5(a)中的图形 G，存在两个包含延时 D_α 和 D_β 的环，这两个环的运算时间为 6u.t. 和 4u.t.。图 5.5(b)的 G_d 中存在这样一个环，它经过了对应于 D_α 和 D_β 两节点的环。该环的边的权重之和为 6，该值也是图 5.5(a)中 G 的两个环的最大运算时间。在 G_d 中，一个环路的边的数量等于该环的节点数量，也等于 G 中该环的延时单元数量。因此 G_d 中环 c 的环均值为 G 中包含 c 中延时单元的所有环中的最大运算时间/G 中这些环的延时单元数目，这是 G 中包含环 c 中延时单元的环路的最大环路边界。G_d 的最大环均值是 G 中所有环的最大环路边界，即 G 的迭代边界。

为了计算 G_d 的最大环均值，可从 G_d 构建图形 $\bar{G}_d$，只需将 G_d 边的权重乘上−1 即可，即 $\bar{G}_d$ 的拓扑与 G_d 一样，而 G_d 中边 $i \to j$ 的权重 $w(i,j)$ 由下式确定：$\bar{w}(i,j) = -w(i,j)$，其中 $w(i,j)$ 是 G_d 中的边 $i \to j$ 的权重。图 5.4(b)为图 5.2 中的 DFG 对应的 $\bar{G}_d$。G_d 的最大环均值为 $\bar{G}_d$ 的 MCM 与−1 的乘积。所以 G 的迭代周期能够按照这样的方法计算：首先找出 $\bar{G}_d$ 的 MCM，然后将其与−1 相乘。

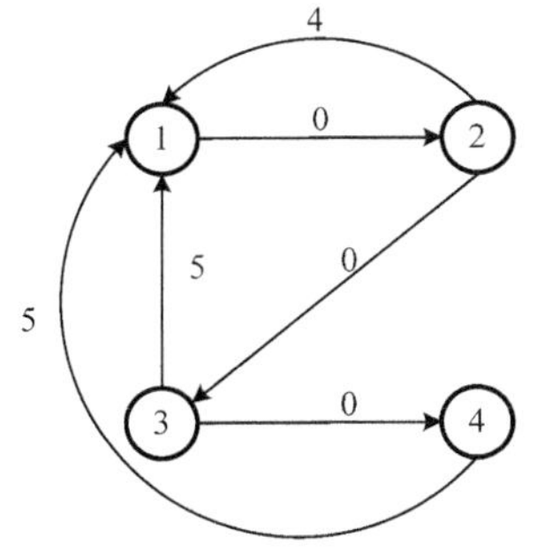

(a) G_d的图形

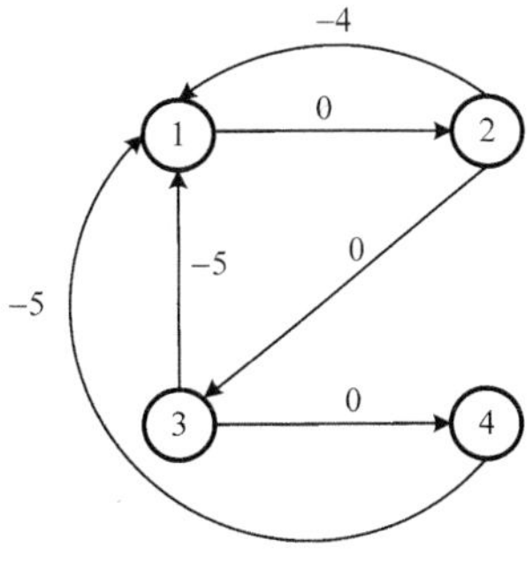

(b) $\bar{G}_d$的图形

图 5.4　图 5.2 中环路均值的计算

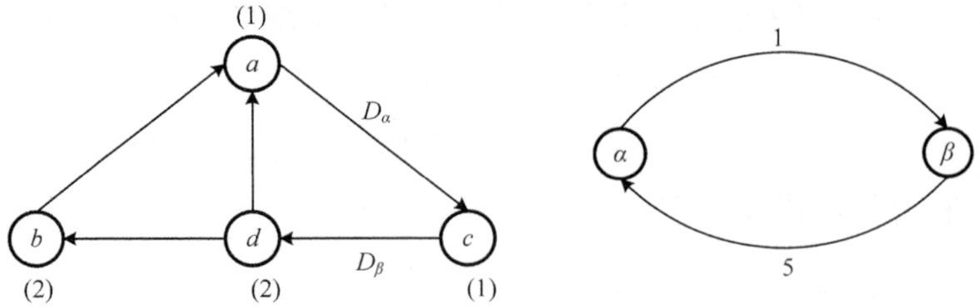

(a)图形 G　　(b)图形 G 对应的 G_d

图 5.5　具有两个延时环的图

通过建立 d+1 个向量序列 $\boldsymbol{f}^{(m)}$（$m=0,1,\cdots,d$，其中，每个向量的大小为 $d\times1$），可以找到 $\bar{G}_d$ 的 MCM。任意指定 $\bar{G}_d$ 的一个参考节点(将该节点称作 s)。初始向量 $\boldsymbol{f}^{(0)}$ 由下式确定：$\boldsymbol{f}^{(0)}(s)=0$，$\boldsymbol{f}^{(0)}$ 其余的项全部设为 ∞。假定节点 1 取为图 5.4(b)中的图形 $\bar{G}_d$ 的参考节点，那么

$$\boldsymbol{f}^{(0)}=\begin{bmatrix}0\\\infty\\\infty\\\infty\end{bmatrix}$$

其余的向量 $\boldsymbol{f}^{(m)}$（$m=1,2,\cdots,d$），按照式(5.5)递归计算。

$$f^{(m)}(j)=\min_{i\in I}[f^{(m-1)}(i)+\overline{w}(i,j)] \tag{5.5}$$

其中，$\overline{w}(i,j)$ 是 $\bar{G}_d$ 中边 $i\to j$ 的权重；I 表示在 $\bar{G}_d$ 中从节点 i 到 j 存在一条边（$i\to j$）的节点集合。如图 5.5(b)所示，G_d 中可以找到的向量序列为

$$\boldsymbol{f}^{(1)}=\begin{bmatrix}\infty\\0\\\infty\\\infty\end{bmatrix},\quad \boldsymbol{f}^{(2)}=\begin{bmatrix}-4\\\infty\\0\\\infty\end{bmatrix},\quad \boldsymbol{f}^{(3)}=\begin{bmatrix}-5\\-4\\\infty\\0\end{bmatrix},\quad \boldsymbol{f}^{(4)}=\begin{bmatrix}-8\\-5\\-4\\\infty\end{bmatrix}$$

例如，$f^{(4)}(1)$ 可以表示为

$$\begin{aligned}f^{(4)}(1)&=\min\{f^{(3)}(2)-w(2,1),f^{(3)}(3)-w(3,1),f^{(3)}(4)-w(4,1)\}\\&=\min\{-4-4,\infty-5,0-5\}\\&=-8\end{aligned}$$

根据向量 $f^{(m)}$（$m=0,1,\cdots,d$），迭代边界为

$$T_\infty=-\min_{i\in\{1,2,\cdots,d\}}\left\{\max_{m\in\{0,1,\cdots,d-1\}}\left[\frac{f^{(d)}(i)-f^{(m)}(i)}{d-m}\right]\right\} \tag{5.6}$$

其中，d=4。表 5.1 列出了下式对应的值。

$$\frac{f^{(4)}(i)-f^{(m)}(i)}{4-m},\quad 1\leqslant i\leqslant 4,0\leqslant m\leqslant 3$$

表 5.1　图 5.5 中当 i 和 m 有不同取值时 $\frac{f^{(4)}(i)-f^{(m)}(i)}{4-m}$ 的值 ($1\leqslant i\leqslant 4, 0\leqslant m\leqslant 3$)

i	m=0	m=1	m=2	m=3	$\frac{f^{(4)}(i)-f^{(m)}(i)}{4-m}$ 的最大值
1	−2	$-\infty$	−2	−3	−2
2	$-\infty$	−5/3	$-\infty$	−1	−1
3	$-\infty$	$-\infty$	−2	$-\infty$	−2
4	$\infty-\infty$	$\infty-\infty$	$\infty-\infty$	∞	∞

在某些例子中，我们可能会遇到 $f^{(d)}(i)-f^{(m)}(i)=\infty-\infty$。在这种情况下，$\infty-\infty$ 应该是 0，如 $f^{(4)}(4)-f^{(1)}(4)=\infty-\infty$，所以表 5.1 中 i=4 和 m=1 时的值为 $(\infty-\infty)/3=0/3=0$。

$$T_\infty=-\min\{-2,-1,-2,\infty\}=2$$

与预期的一样。

另外一个例子，考虑图 5.6 中的 DFG，相应的图形 G_d 和 $\bar{G}_d$ 如图 5.7 所示。向量集合 $\boldsymbol{f}^{(m)}(m=0,1,2)$ 为

$$\boldsymbol{f}^{(0)}=\begin{bmatrix}0\\ \infty\end{bmatrix},\quad \boldsymbol{f}^{(1)}=\begin{bmatrix}-4\\ -4\end{bmatrix},\quad \boldsymbol{f}^{(2)}=\begin{bmatrix}-12\\ -12\end{bmatrix}$$

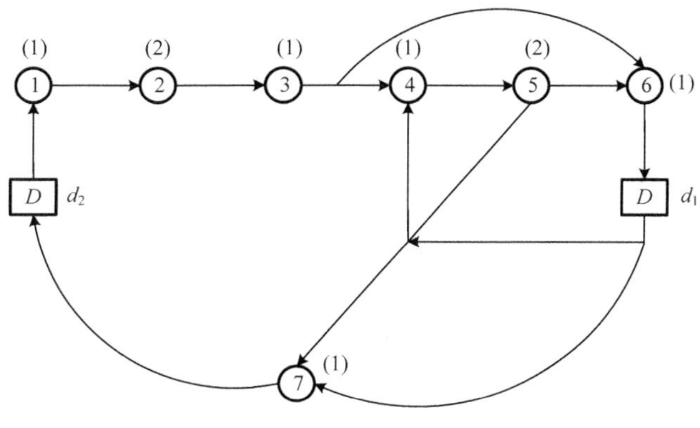

图 5.6　迭代边界为 8 的滤波器

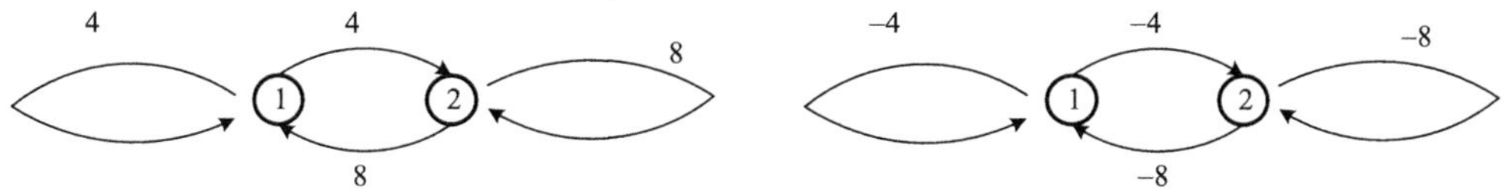

(a)图 5.6 中的 DFG 对应的 G_d　　(b)图 5.6 中的 DFG 对应的 $\bar{G}_d$

图 5.7　图 5.6 中 DFG 的图形

表 5.2 列出了下式对应的值。

$$\frac{f^{(2)}(i)-f^{(m)}(i)}{2-m},\quad 1\leqslant i\leqslant 2, 0\leqslant m\leqslant 1$$

表 5.2　图 5.6 中当 i 和 m 有不同取值时 $\frac{f^{(2)}(i)-f^{(m)}(i)}{2-m}$ 的值 ($1\leqslant i\leqslant 2, 0\leqslant m\leqslant 1$)

i	m=0	m=1	$\frac{f^{(2)}(i)-f^{(m)}(i)}{2-m}$ 的最大值
i=1	−12/2	−8/1	−6
i=2	$-\infty$	−8/1	−8

$$T_{\infty}=-\min\{-8,-6\}=8$$

从原始 DFG 构建 G_d 和 $\bar{G}_d$ 的时间复杂度为 $O(de)$。计算 G_d 的 MCM 需要的时间为 $O(de_d)$，其中 e_d 是 G_d 的边数。采用 MCM 算法计算迭代边界所需总的时间复杂度为 $O(de+de_d)$。

5.3.2　最长路径矩阵算法

最长路径矩阵算法，就是要首先构建一系列的矩阵，然后通过观察矩阵斜对角线上的数据，就可以得到迭代边界，用 d 表示 DFG 中的延时数目。矩阵 $\boldsymbol{L}^{(m)}$，m=1,2,⋯,d，按照下面方法构建：从延时单元 d_i 到延时单元 d_j 中经过正好 m−1 个延时(不包含 d_i 和 d_j)。在这些路径中，用 $l_{i,j}^{(m)}$ 表示最长的运算时间。如果这样的路径不存在，那么 $l_{i,j}^{(m)}=-1$。值得注意的是，任何两个节点之间的最长路径可以采用任何一种路径算法进行计算。例如，为确定图 5.2 中的 DFG 的 $l_{3,1}^{(1)}$，必须考虑从延时单元 d_3 到延时单元 d_1 中所有正好经过零个延时单元的路径。存在一条这样的路径，即 $d_3\to n_5\to n_3\to n_2\to n_1\to d_1$，该路径需要的运算时间为 5，因此 $l_{3,1}^{(1)}=5$；为了确定 $l_{4,3}^{(1)}$，注意到从延时单元 d_4 到 d_3 的所有路径中没有延时单元数为零的路径，因此 $l_{4,3}^{(1)}=-1$。在确定 $\boldsymbol{L}^{(1)}$ 其余的元素后，我们有

$$\boldsymbol{L}^{(1)}=\begin{bmatrix}-1 & 0 & -1 & -1\\ 4 & -1 & 0 & -1\\ 5 & -1 & -1 & 0\\ 5 & -1 & -1 & -1\end{bmatrix}$$

更高阶的矩阵 $\boldsymbol{L}^{(m)}$ (m=2,3,⋯,d) 并不需要直接从 DFG 确定。它们可以通过下面的规则进行递归计算：

$$l_{i,j}^{(m+1)}=\max_{k\in K}(-1, l_{i,k}^{(1)}+l_{k,j}^{(m)})\tag{5.7}$$

其中，K 是区间[1,d]中使得 $l_{i,k}^{(1)}=-1$ 或 $l_{k,j}^{(m)}=-1$ 都不满足的整数 k 的集合。

例如，为计算 $l_{2,1}^{(2)}$ 第一步是在可能的集合{1,2,3,4}中寻找集合 K。因为 $l_{2,3}^{(1)}=0$，$l_{3,1}^{(1)}=5$，所以 3 属于 K。对于 k=1,2,4 中的每个数，$l_{2,k}^{(1)}$ 和 $l_{k,1}^{(1)}$ 两者至少有一个等于−1，所以 k=1,2,4 都不属于 K。这样 K={3}，$l_{2,1}^{(2)}$ 的值为

$$\begin{aligned}l_{2,1}^{(2)}&=\max_{k\in\{3\}}(-1, l_{2,k}^{(1)}+l_{k,1}^{(1)})\\&=\max(-1, 0+5)=5\end{aligned}$$

计算 $l_{i,j}^{(2)}$ 中的其余部分，可得

$$\boldsymbol{L}^{(2)}=\begin{bmatrix}4 & -1 & 0 & -1\\ 5 & 4 & -1 & 0\\ 5 & 5 & -1 & -1\\ -1 & 5 & -1 & -1\end{bmatrix}$$

$\boldsymbol{L}^{(2)}$ 的计算只需要 $\boldsymbol{L}^{(1)}$，而 $\boldsymbol{L}^{(3)}$ 的计算需要 $\boldsymbol{L}^{(1)}$ 和 $\boldsymbol{L}^{(2)}$。计算 $l_{3,3}^{(3)}$ 时，因为 $l_{3,1}^{(1)}=5$，$l_{1,3}^{(2)}=0$，并且对于 k=2,3,4，$l_{3,k}^{(1)}$ 和 $l_{k,3}^{(3)}$ 中至少有一个等于−1，因此 K={1}。$l_{3,3}^{(3)}$ 的值为

$$l_{3,3}^{(3)}=\max_{k\in\{1\}}[-1,l_{3,k}^{(1)}+l_{k,3}^{(2)}]=\max(-1,5+0)=5$$

计算 $\boldsymbol{L}^{(3)}$ 和 $\boldsymbol{L}^{(4)}$ 中的剩余部分，可得

$$\boldsymbol{L}^{(3)}=\begin{bmatrix}5 & 4 & -1 & 0\\ 8 & 5 & 4 & -1\\ 9 & 5 & 5 & -1\\ 9 & -1 & 5 & -1\end{bmatrix}$$

$$\boldsymbol{L}^{(4)}=\begin{bmatrix}8 & 5 & 4 & -1\\ 9 & 8 & 5 & 4\\ 10 & 9 & 5 & 5\\ 10 & 9 & -1 & 5\end{bmatrix}$$

一旦矩阵 $\boldsymbol{L}^{(m)}$ 计算出之后，迭代边界可以用下式确定。

$$T_{\infty}=\max_{i,m\in\{1,2,\cdots,d\}}\left\{\frac{l_{i,i}^{(m)}}{m}\right\}$$

所以

$$T_{\infty}=\max\left\{\frac{4}{2},\frac{4}{2},\frac{5}{3},\frac{5}{3},\frac{5}{3},\frac{8}{4},\frac{8}{4},\frac{5}{4},\frac{5}{4}\right\}=2$$

另外一个例子，考虑图 5.6 中的 DFG。矩阵 $\boldsymbol{L}^{(m)}$（m=1,2）为

$$\boldsymbol{L}^{(1)}=\begin{bmatrix}4 & 4\\ 8 & 8\end{bmatrix}$$

$$\boldsymbol{L}^{(2)}=\begin{bmatrix}12 & 12\\ 16 & 16\end{bmatrix}$$

迭代边界为

$$T_{\infty}=\max\left\{\frac{4}{1},\frac{8}{1},\frac{12}{2},\frac{16}{2}\right\}=8$$

因为 $l_{i,j}^{(m)}$ 表示包含有延时单元 d_i，并且有 m 个延时的所有路径中的最长运算时间，

所以 LPM 算法是正确的。对所有的 i 和 m，选择 $l_{i,j}^{(m)}/m$ 的最大值，可以找到 DFG 中所有环路的最大环路边界，这就是迭代边界。

因为在 $\boldsymbol{L}^{(k+1)}$ 中有 d^2 个元素，并且每次运算的时间复杂度为 $O(d)$，所以利用 $\boldsymbol{L}^{(1)}$ 和 $\boldsymbol{L}^{(k)}$ 计算 $\boldsymbol{L}^{(k+1)}$ 所需的时间复杂度为 $O(d^3)$。因此从 $\boldsymbol{L}^{(1)}$ 计算 $\boldsymbol{L}^{(d)}$ 的时间复杂度为 $O(d^4)$，计算迭代边界的 LPM 算法的时间复杂度为 $O(d^4+de)$。

5.4　流　水　线

流水线是数字系统设计的一个很重要的技术。流水线变换可有效地缩短关键路径时间，从而可以提高采样速度或时钟速度或者在相同速度的条件下有效地降低系统功耗。在流水线设计中，除了在关键路径上加入新的寄存器，在其他所有的路径上也都要加入寄存器，这些新增加的寄存器会增加系统的迟滞，并且也会导致芯片面积的增加和时钟信号的加载。因此，在必要时才考虑进行流水线的设计。

考虑三阶有限冲激响应数字滤波器有

$$y(n)=ax(n)+bx(n-1)+cx(n-1) \tag{5.8}$$

一个三阶 FIR 滤波器如图 5.8 所示。

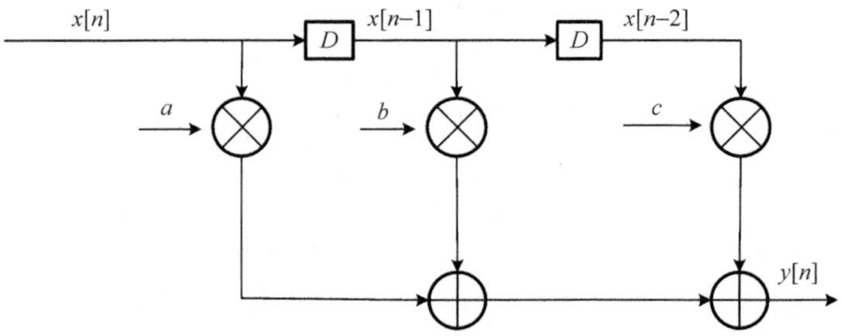

图 5.8　一个三阶 FIR 滤波器

上述所讨论的 FIR 滤波器，其关键路径(或者处理一个新样点所需要的最小时间)有 1 个乘法器与 2 个加法器，因而其运算时间就是由加法器和乘法器所耗费的时间所限定的。即如果 T_m 是乘法所用时间、T_a 是加法操作需要的时间，那么采样周期 T_s 由式 (5.9)给出。

$$T_s \geqslant 2T_a+T_m \tag{5.9}$$

因而，采样频率 f_s (也称为吞吐速率或迭代速率) 由式(5.10)给出。

$$f_s \leqslant \frac{1}{2T_a+T_m} \tag{5.10}$$

需要注意的是，图 5.8 所示的直接形式结构(direct-form structure)仅当不等式(5.9)满足时才可以使用。对于某些要求较快的输入速率(采样率)的实时应用情形，这个结构就不能使用了。在这种情况下，有效关键路径时间的减小，就需要利用流水线或者并行处理。流水线设计一般是在数据通道上引入流水线锁存器，以此来减小有效关键路径时间。并行处理技术则是采用硬件复制的方法，以使几个输入能够并行地处理，而几个输出能够在同一时间产生出来，进而达到提高采样率的目的。考虑图 5.9(a)中的数据通道的简单结构，其关键路径的计算时间为 $2T_a$。图 5.9(b)给出了数据通道的两级流水线结构，其中一个锁存器插入两个加法器之间，从而使关键路径减少了一半。它的两级并行处理结构如图 5.9(c)所示，其中相同的硬件复制为两套，使得两个输入信号能同时进行处理，因此可以同时产生两个输出信号。因此采样率变为原来的两倍。

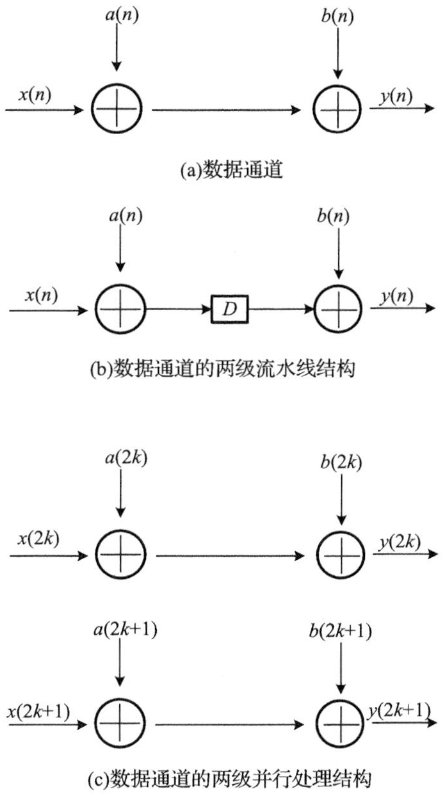

图 5.9 数据通道结构变换

考虑式(5.8)所表示的三阶 FIR 滤波器，其流水线结构的实现是通过引入两个附加锁存器而得到的，如图 5.10 所示。

关键路径现在由 T_a+2T_m 减小为 T_a+T_m。在这种系统架构下，当左边的加法器启动当前的迭代计算的同时，右边的加法器正在完成前次迭代结果的计算。

值得注意的是，在一个 M 级流水线系统中，从输入到输出的任一路径上的延时单元的数量是 $M-1$，这个数量要远大于在没有加流水线时的时序电路中同一路径上的延时单元的数量。不过尽管采用流水线技术来减少关键路径时间，但也是以增加迟滞

(latency)作为代价的。迟滞现象从实质上看，就是流水线系统第一个输出数据的时间与原来时序系统第一个输出数据时间相比的滞后时间。例如，如果迟滞为一个时钟周期，那么在一个 L 级流水线系统中，第 k 个输出在第 $k+L$ 个时钟周期可用。由此可见，流水线技术还存在两个主要不足：一是增加了锁存器数目，二是增加了系统的迟滞时间。

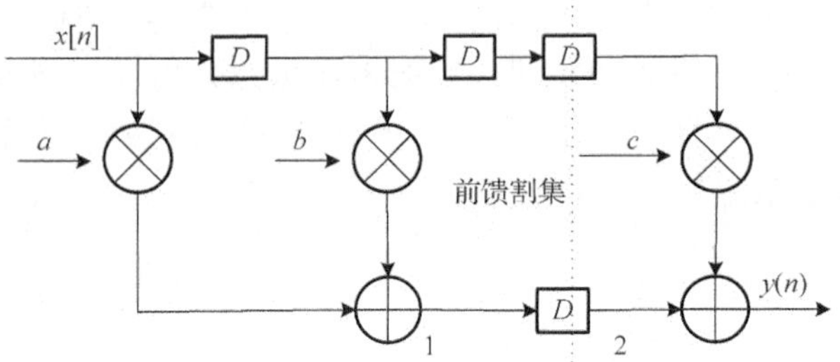

图 5.10　流水线 FIR 滤波器

在流水线的设计过程中，速度的提升取决于一个架构的速度(或时钟周期)，这个速度是由任意两个锁存器间或一个输入与一个锁存器间或一个锁存器与一个输出间或输入与输出间最长的路径所决定的。而这个最长的路径或关键路径可以通过在架构中的适当位置插入流水线锁存器来减小。流水线锁存器的插入，不是简单随意地插入而是要符合数学中有关图的前馈割集的理论。

在如图 5.11(a)所示的信号流图中，假定每个节点的计算时间为 1u.t.，关键路径(任意两个锁存器间的最长路径)是 $A_1 \to A_3 \to A_5 \to A_4 \to A_6$，其计算时间为 4u.t.；而在图 5.11(b)中，插入三个额外的延时元件，使关键路径计算时间减小为 2u.t.。但这不是一个有效的流水线。虽然关键路径比原来的系统减少了一半，但是功能已经变化了。为了得到一个合适的流水线电路，流水线锁存器应该插入前馈割集的所有边，图 5.11(c)给出了一个有效的流水线电路，其关键路径计算时间为 2u.t.。在图 5.11(c)的前馈割集上加延时元件会产生一个两级流水线。在两级流水线系统中，从输入到输出的任一路径中的延时元件数目都增加了 1 个。

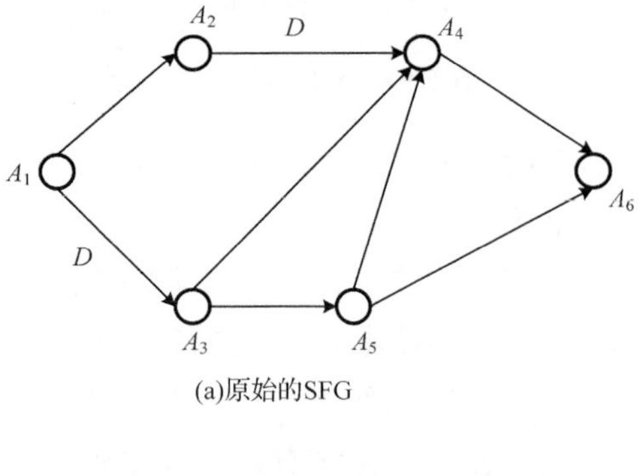

(a)原始的SFG

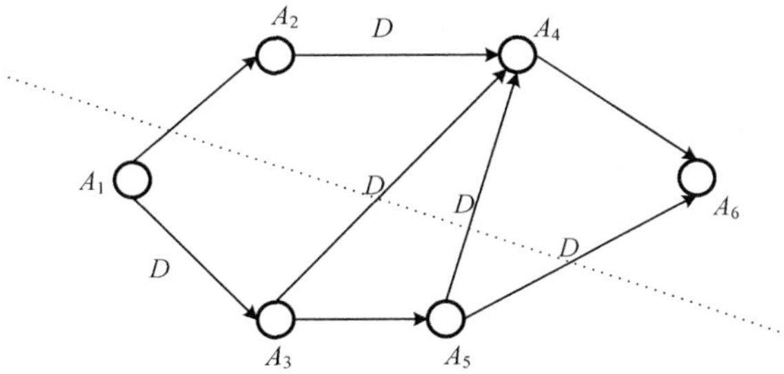

(b)不正确的前馈割集

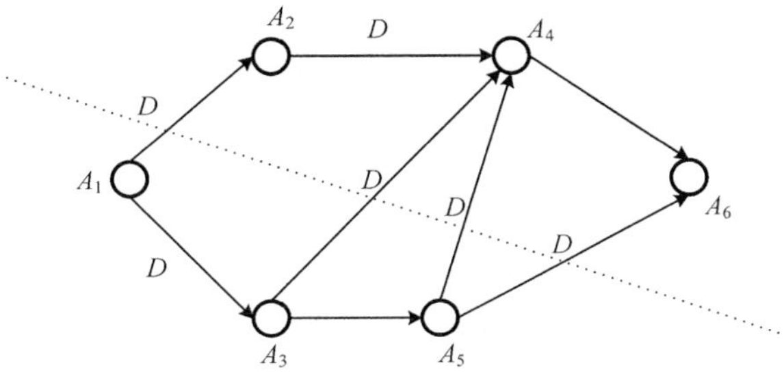

(c)正确的前馈割集

图 5.11　六个节点的信号流图

5.4.1　数据广播结构

转置结构能够减小直接形式的三阶 FIR 滤波器的关键路径，并且不需要引入任何的流水线。转置定理表述如下：对于一个给定 SFG，改变其中所有边的方向并且将输入与输出端口互换，系统的功能保持不变。一个三阶 FIR 滤波器的 SFG 表示如图 5.12 所示。

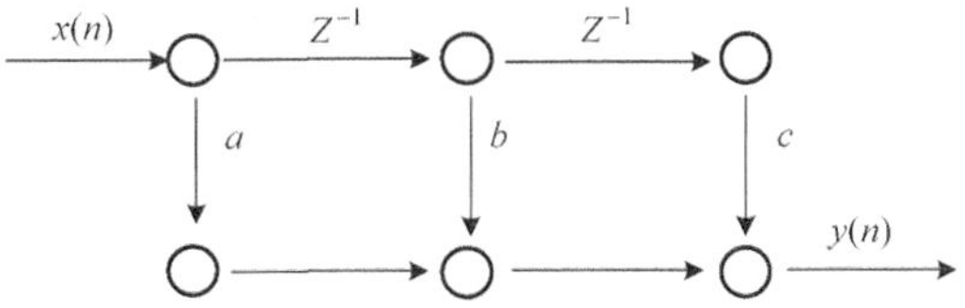

图 5.12　一个三阶 FIR 滤波器的 SFG 表示

FIR 滤波器转置结构的 SFG 表示如图 5.13 所示，FIR 滤波器的数据广播结构如图 5.14 所示。

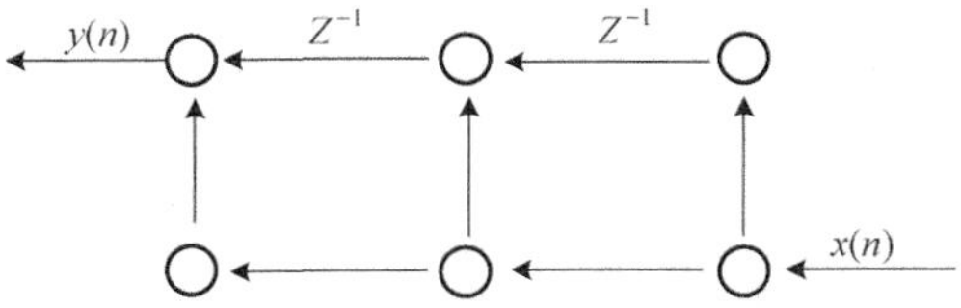

图 5.13　FIR 滤波器转置结构的 SFG 表示

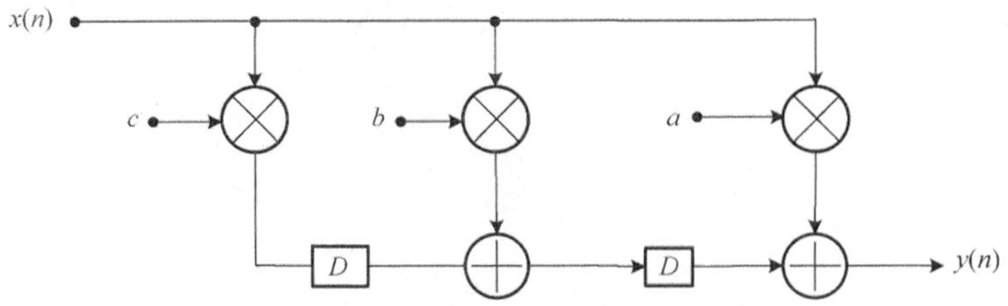

图 5.14　FIR 滤波器的数据广播结构

滤波器的转置结构导致了数据广播结构，输入数据不是存储下来，而是同时广播到滤波器中所有的乘法器。注意，此时得到的关键路径计算时间为 $T_a + T_m$，与图 5.10 中的关键路径相同。

5.4.2　细粒度流水线

令 $T_m = 14\text{u.t.}$，$T_a = 2\text{u.t.}$，所希望的时钟周期为 $(T_a + T_m)/2 = 8$，即 8 个单位时间。在这种情况下，将一个规模较大的乘法器结构分拆为两个较小的乘法器单元，其处理时间分别为 8u.t.和 6u.t.。通过在穿过乘法器的水平割集上插入锁存器的方法，将该乘法器切割成两个部分，就可以达到所期待的时钟速度，这种方法称为细粒度流水线技术。三阶数据广播 FIR 滤波器的细粒度流水线结构如图 5.15 所示。

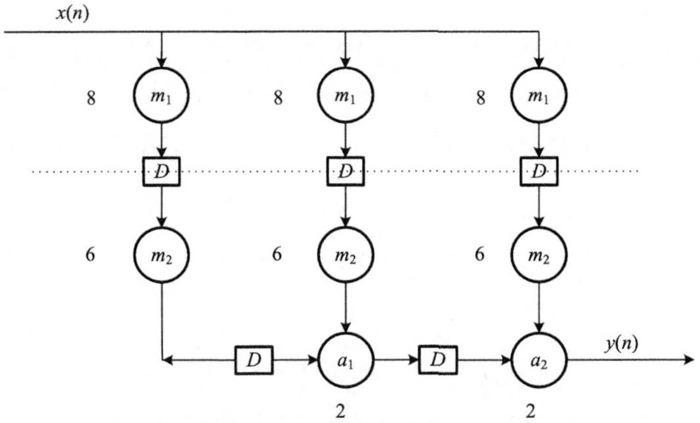

图 5.15　三阶数据广播 FIR 滤波器的细粒度流水线结构

5.5　并 行 处 理

并行处理与流水线技术互为对偶，这一特点是十分有趣的。如果一个运算能够用流水线进行处理，它必定也能用并行处理技术进行处理。两种技术都可发掘计算中的并发性，只是采用的方式不同。当一组互不相关的计算能够在一个流水线系统中以交替方式同时计算时，它们也能够利用复制硬件的方式，使这些硬件同时进行并行处理的模式计算。

考虑式(5.11)所描述的三阶 FIR 滤波器，这个系统是一个单输入单输出(SISO)系统，可描述为

$$y(n) = ax(n) + bx(m-1) + cx(n-2) \tag{5.11}$$

为了得到一个并行处理结构，SISO 系统必须转换为多输入多输出(MIMO)系统。例如，下列方程组描述一个并行系统，它的每个时钟周期有三个输入(并行处理的级数 L=3)。

$$\begin{cases} y(3k) = ax(3k) + bx(3k-1) + cx(3k-2) \\ y(3k+1) = ax(3k+1) + bx(3k) + cx(3k-1) \\ y(3k+2) = ax(3k+2) + bx(3k+1) + cx(3k) \end{cases} \tag{5.12}$$

其中，k 表示时钟周期数。可以看出，第 k 个时钟周期有三个输入[$x(3k)$、$x(3k+1)$ 和 $x(3k+2)$]被批量处理，同时输出产生三个样点。并行处理系统也称为块处理系统，每个时钟周期内处理的输入采样信号的个数称为块尺寸。由于 MIMO 的结构，在任意一条线处插入一个锁存器会产生一个有效延时，等于 L 个对应于采样率的时钟周期。每个延时元件称为一个块延时(L-slow)，也称为 L 级减慢。例如，信号 $x(3k)$ 延迟一个时钟周期信号将变成 $x(3k-3)$ 而非 $x(3k-1)$，因为 $x(3k-1)$ 已经是另一条输入线的输入。三级并行 FIR 滤波器的架构框图如图 5.16 所示，块尺寸为 3 的三阶 FIR 滤波器的并行处理构架如图 5.17 所示。

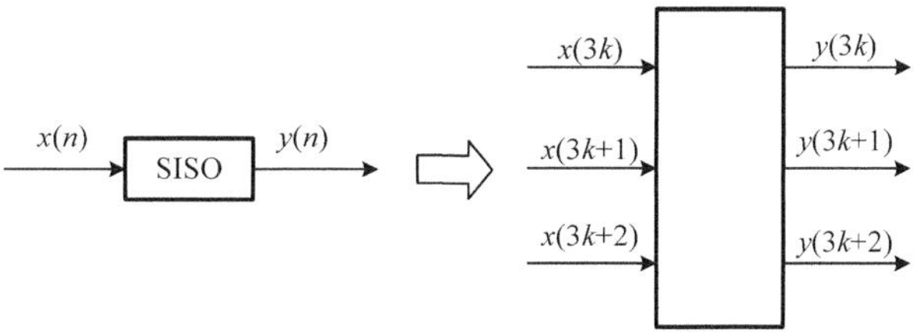

图 5.16　三级并行 FIR 滤波器的架构框图

注意，块或并行处理系统的关键路径保持不变，而且时钟周期 T_{clk} 必须满足以下关系。

$$T_{\text{clk}} \geqslant T_m + 2T_a \tag{5.13}$$

考虑到三个样点是在一个时钟周期内而不是三个时钟周期内处理的，因而迭代周期可以由式(5.14)确定。

$$T_{\text{iter}} = T_s = T_{\text{clk}} \geqslant \frac{1}{3}(T_m + 2T_a) \tag{5.14}$$

要理解到一点，即在并行系统中有 $T_{\text{clk}} \neq T_s$，而在流水线系统中有 $T_{\text{clk}} = T_s$。图 5.18 给出了一个块尺寸为 4 的完全并行处理系统，它包含串-并转换器和并-串转换器。这两种电路的结构细节分别如图 5.19 和图 5.20 所示。

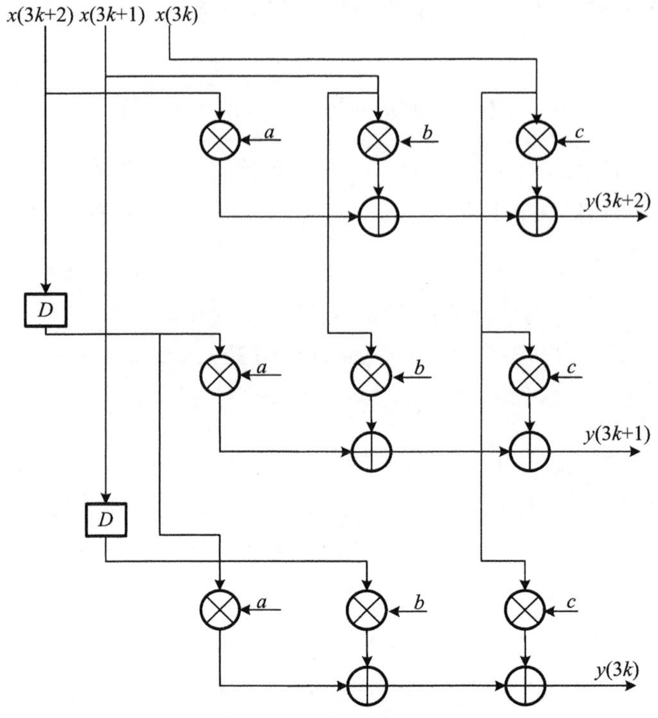

图 5.17　块尺寸为 3 的三阶 FIR 滤波器的并行处理构架

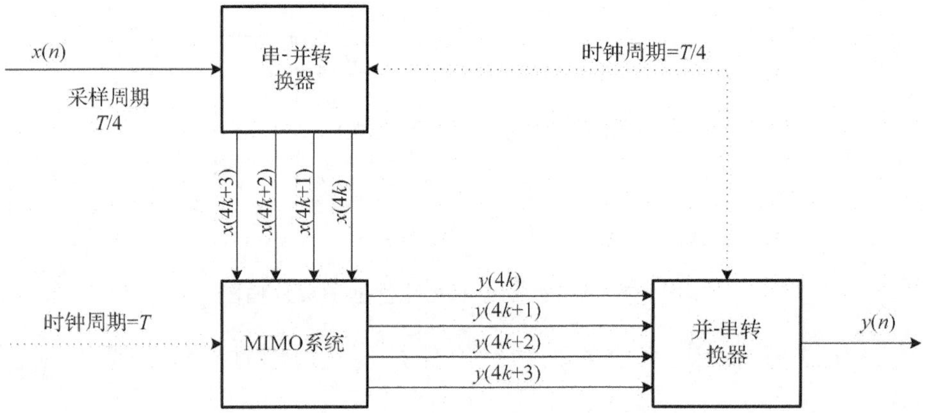

图 5.18　块尺寸为 4 的完全并行处理系统

读者可能会有一个疑问，如果用流水线也可以达到同样好的效果，为什么还要采用并行处理呢？并行处理的复制和使用含这么多硬件是否合理？这主要是因为流水线存在着一个基本的限制，就是输入/输出(I/O)的瓶颈问题。

考虑图 5.21 中由处理器 A 和 B 所组成的芯片组。如果输出管腿、输入管腿和两个芯片之间连线的延时总和为 10ns，那么 T_{clk} 必须大于或等于 10ns。如果关键路径的运算时间小于 10ns，则 I/O 延时的限制将占据主导地位，该系统变为通信受限的系统。

这就意味着，流水线技术仅能在关键路径计算时间大于通信或 I/O 延时边界时才可以使用，一旦达到此边界后，采用流水线也无法进一步提高系统的速度了。此时，流水线技术必须结合并行处理才能进一步提高该架构的系统速度。

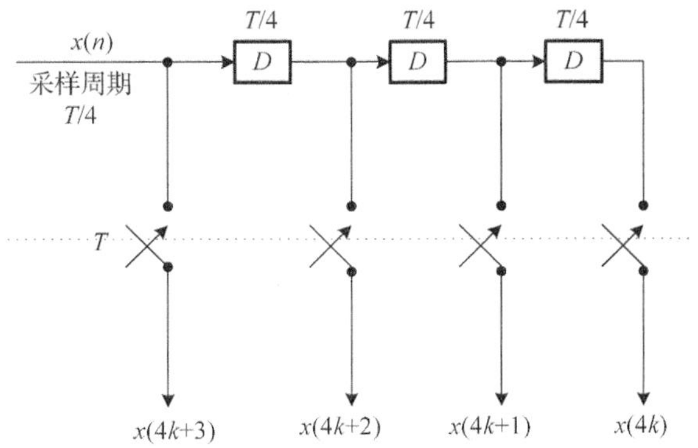

图 5.19　串-并转换器电路的结构细节

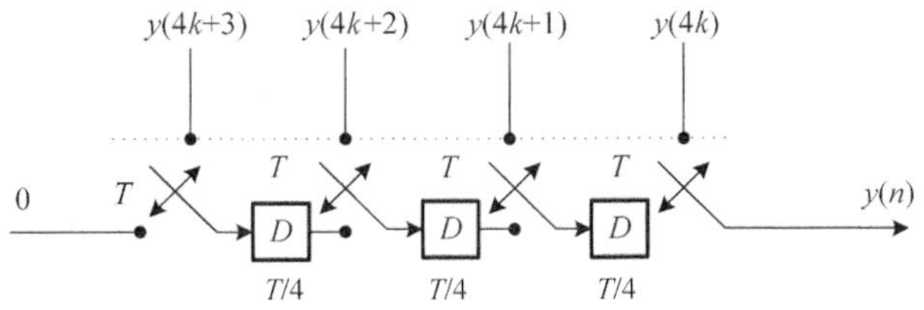

图 5.20　并-串转换器电路的结构细节

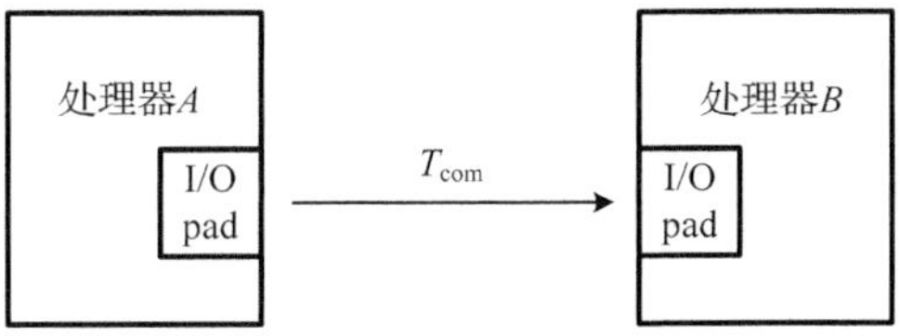

图 5.21　一个芯片组间的通信时间

流水线寄存器插入到穿越乘法器的水平割集上，如图 5.22 所示。虽然这些水平割集从表面上看起来似乎是无效的，但去掉这些割集的边，有些元件间的连接就被切断了。于是通过并行处理与流水线的结合，采样周期减少至

$$T_{\text{iter}} = T_s = \frac{1}{LM} T_{\text{clk}} = \frac{1}{6}(T_m + T_a) \tag{5.15}$$

并行处理也可用于低功耗设计。系统功耗的减少主要是通过减慢时钟频率来达到的。相比之下，流水线设计则需要工作在更快的时钟下，才能保持等价的吞吐率或采样速度。换句话说，有时也不希望使用细粒度流水线，如位级流水线等，这是因为硬件开销与迟滞时间都会由于锁存器的显著增加而增加。

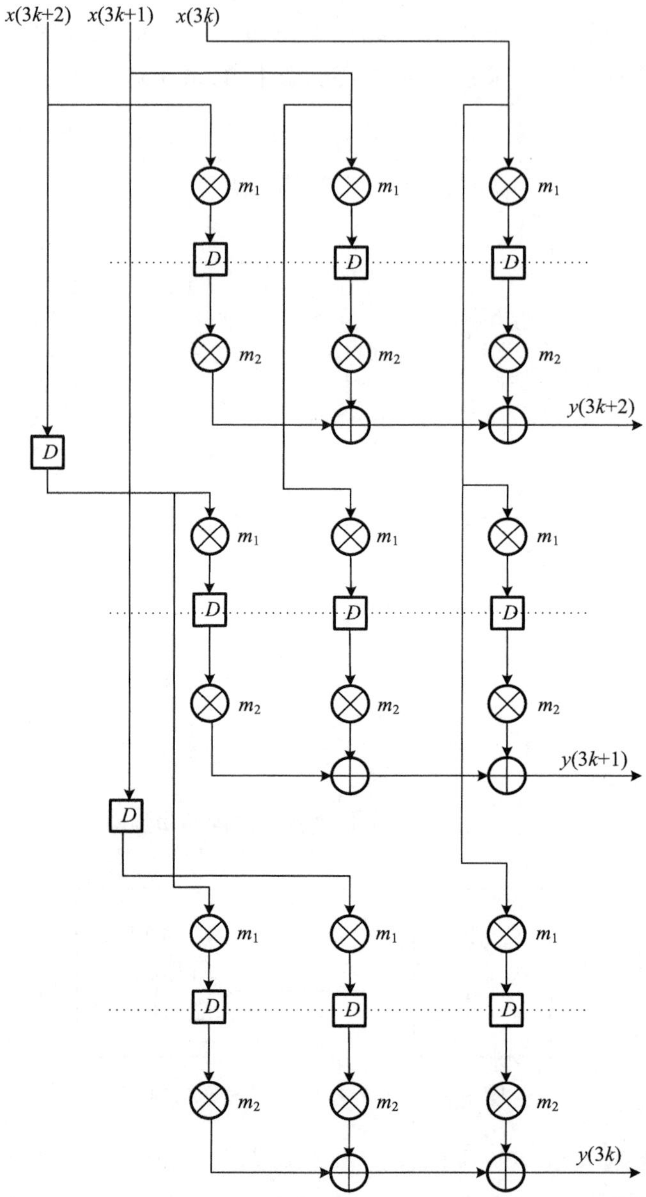

图 5.22　三阶 FIR 滤波器细粒度流水线与并行处理相结合的架构

5.6　本章小结

本章给出了迭代边界的概念。迭代边界反映了 DFG 的内在周期性。寻找 DFG 图中的迭代边界，最直接的办法就是找出所有的环路，然后利用式(5.2)直接计算。但是随着 DFG 中节点数目的增加，环路数目会以指数形式增加，这种方法需要很长的运行时间，因而需要更加高效的迭代边界的算法。本章主要讨论迭代周期的两种主要算法：最小环均值算法及最长路径矩阵算法。

采用流水线结构，可以有效地减小关键路径时间，进而减小迭代边界，提高 DSP 系统的运行速度。对于规模较大的乘法器电路，可以采用细粒度的流水线设计来提高系统的速度。并行处理与流水线技术是互为对偶关系的两种技术，并行处理通过采用复制多套硬件，在同一时间内对输入数据进行 MIMO 处理，以提高系统速度。对于通信受限的系统，则必须采用流水线与并行处理相结合的方法来处理。

第6章　低功耗设计

6.1　概　　述

在改进工艺技术、增加单位面积上晶体管的密度，以及提高晶体管速度方面，人们已经做了很多工作。SoC 器件平台的出现也极大地推动了 FPGA 技术的发展。这种技术演变在很大程度上推动了 FPGA 技术的成功。可编程电路允许用户开发具有高度并行和采用流水线技术的系统架构，非常适合 DSP 应用。这种对电路设计深度的控制程度允许用户设计出高性能处理器而无须诉诸高的时钟速率。

值得特别关注的一个问题是功耗。功耗会随着技术的发展等比例减小，这表明它应该不是一个问题。但问题是，与单个芯片设计实现相关联的晶体管数量也在增加，从而单个芯片的功率消耗增加。然而，这仅仅是问题的一个方面。其主要问题是硅芯片在功率消耗方面的性质随着技术的发展正在发生变化，这对 FPGA 产生了严重的影响。在过去的十年中，一个曾被视为微不足道的能量泄漏，现在已经成为影响功耗的主要因素。这对所有的微电子器件来说都是个问题。然而，与晶体管所需的能量相比，对芯片中的互连进行充电和放电所需的能量，在过去十年中也日渐成为一个重要的需要考虑的问题，尤其是对提供可编程互连的 FPGA 器件。这种功耗称为动态功耗。随着半导体工艺技术的发展，动态功耗在不断增加。这将意味着互连上所产生的功耗，在 FPGA 实现或等同的 ASIC 电路中要作为非常重要的一个因素来考虑。当然，FPGA 的可编程特性意味着可以采取某种技术方式来减少这种功耗；不过，对便于编程而开发的底层架构处理器来说情况并非如此，在这种情形下尤其不适合进行低功耗设计。

有许多重要原因促使我们降低功耗。功耗增加会导致器件温度升高，如果温度不受控制会对器件可靠性产生严重影响。较低的功耗具有降低散热的影响，从而降低在热管理方面的成本。Xilinx 公司 2007 年的研究工作表明：器件工作温度降低 10℃可以使元件寿命延长 2 倍。较低功率的 FPGA 实现对整个系统的电源设计具有直接的好处，使得系统可以采用更少和更便宜的组件。因此，降低 FPGA 实现的功耗对成本降低和可靠性提高有明显的影响。

由于电源技术并未实现真正意义上的重大创新，增加能效而不增加系统成本或重量是不可能的，因此便携式设备现在在很大程度上依赖于降低设备功耗。随着移动硬件中引入新服务，系统性能负担不断增加，设备必须在现有的或更现实的情况下实现降低功率消耗。为降低设计风险，使用可编程硬件解决方案的同时就意味着高功耗。

本章的目的是对功耗的来源以及可用于降低功耗的设计技术进行阐述。

6.2　电路功耗来源

CMOS 电路包括静态功耗和动态功耗。静态功耗主要是指在电路接通但不处理数据时消耗的功率。动态功耗即当芯片主动处理数据时所消耗的功率。静态损耗电路包括许多部分，如图 6.1 所示。栅极泄漏是从栅极流向基极的电流泄露；源极-漏极泄漏，也称为亚阈值电流；栅极-源极电压，V_{GS}，也是从漏极到源极在沟道中流动的电流(小于阈值电压晶体管 V_t)；反向偏置 BT 电流是当源极和漏极处于比衬底高的电位时流过晶体管的源极-衬底和漏极-衬底结的电流。静态功耗对于待机模式下的电池工作时间很重要。动态功率与电路工作时的电池工作时间密切相关。

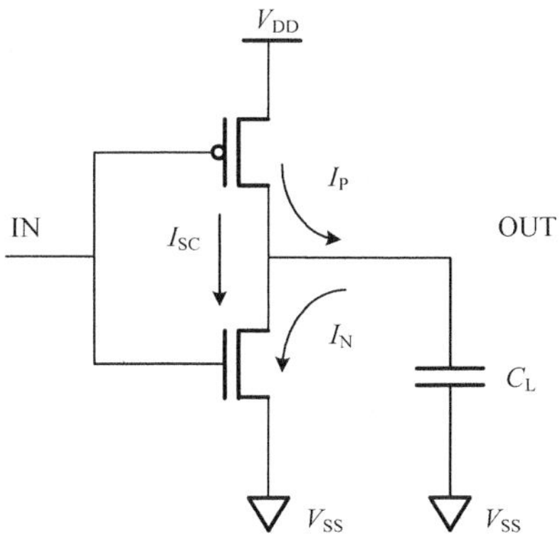

图 6.1　简单的 CMOS 反相器电路的损耗

6.2.1　静态功耗

半导体工艺技术的进步为许多芯片产品的设计发展提供了动力，因为它意味着晶体管尺寸可以按照等比例原则进行缩小，如图 6.2 所示。简单来说，按 k 缩放意味着图 6.2(b)中所示的新尺寸为

$$L' = 1/k(L), \quad W' = 1/k(w), \quad t'_{ox} = 1/k(t_{ox})$$

很明显，晶体管数量将以 k^2 倍的速率增加。晶体管速度增加、电流减小，导致晶体管功率有减小的预期。

然而，预计的功耗降低并未发生。为了避免过高的电场，有必要调整电源电压 V_{DD}，这又要求阈值电压 V_t 等比例减小，否则晶体管将无法正常关闭。降低系统电压 V_{DD} 的同时，还存在 V_t 的减小，这将导致亚阈值电流的增加。为了应对短沟道效应，氧化层

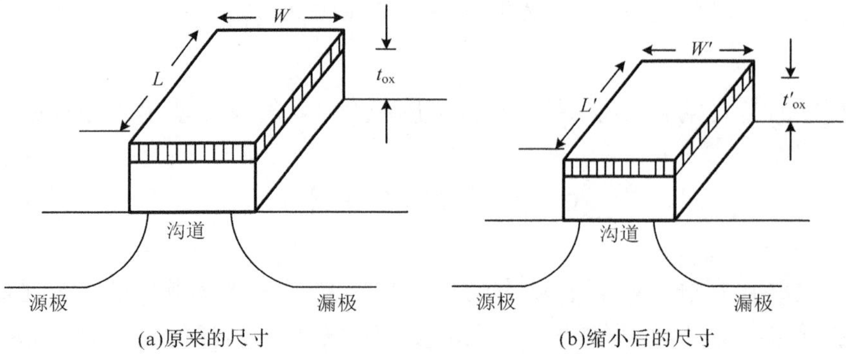

图 6.2　晶体管尺寸缩小带来的影响

厚度减小，导致有非常高的隧穿电流通过栅极绝缘层，进而导致栅极泄漏。栅极泄漏电流与栅极氧化层的厚度成反比。氧化层厚度减小，高隧穿电流通过栅极绝缘层，栅极氧化层厚度继续减少，该问题加剧。

器件尺寸缩小还需要提高源-衬底和漏-衬底结附近的衬底区域的掺杂浓度，以减少耗尽区的厚度。然而，反向偏压高时，会导致非常大的 BT 电流通过这些 PN 结。结果是器件等比例缩小会导致这些引起泄漏的组成项中的每一项都显著增加，并且随着结温的增加，泄漏变得更为严重。

晶体管数量不断增加带来的主要问题是，它们对静态功耗的贡献也在增长。图 6.3 给出了静态功耗随着电路规模的增加不断增加的趋势。在 65nm 处，晶体管的静态功

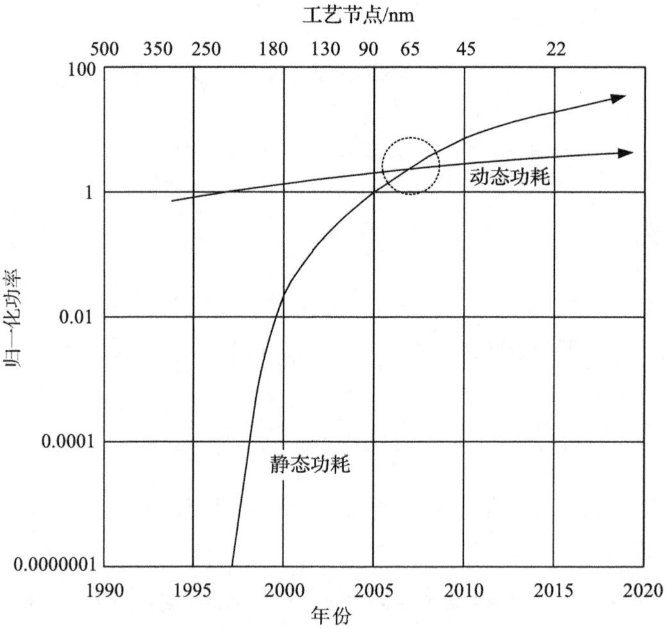

图 6.3　随着工艺技术的进步，静态功耗与动态功耗的变化情况

耗与动态功耗发生交叉。在更小的技术节点，静态功耗已经超越动态功耗。现在的功耗设计与前十年有很大的不同，以前的功耗问题很大程度上受到器件操作的影响，设计人员能够降低动态功耗的影响。正常的待机操作模式下的功耗是可以预测的。这将对系统设计产生影响，尤其是无线应用领域的设计。

6.2.2　动态功耗

对于动态功耗。可以观察如图 6.1 所示的简单的 CMOS 反相器电路的损耗。假定一个脉冲数据注入晶体管，电荷被注入晶体管或从晶体管中释放出来。当晶体管的栅极驱动着输出值到一个新的值时，功耗就产生了，并且这个功耗取决于 CMOS 反相器中 P 管及 N 管的电阻值。流经电容的电流 $i_c(t)$ 为

$$i_c(t)=\frac{V_{DD}-V_{SS}}{R_P}e^{(-t/R_PC_L)} \tag{6.1}$$

其中，V_{DD} 为电源电压；V_{SS} 为接地电压；R_P 为 P 管的电阻；C_L 为负载电容。负载电容上的电压为

$$v_c(t)=V_{DD}-V_{SS}\left[1-e^{(-t/R_PC_L)}\right] \tag{6.2}$$

因此，对该电容充电所需的能量 E_C 为

$$\begin{aligned}E_C&=\int i_C(t)V_C(t)\mathrm{d}t\\&=C_L(V_{DD}-V_{SS})^2\left(e^{-t/R_PC_L}-\frac{1}{2}e^{-2t/R_PC_L}\right)\Bigg|_0^{\infty}\\&=\frac{1}{2}C_L(V_{DD}-V_{SS})^2\end{aligned} \tag{6.3}$$

当该电容放电时，同样的电荷会通过 n 型晶体管进行释放。因而在晶体管一个运行周期内，电容器上消耗的总的能量为 $C_L(V_{DD}-V_{SS})^2/2$。在进行电路设计时，这一能量消耗会与电路的时钟频率 f 进行同步，这样就可以对总的功耗进行定义，即 $C_L(V_{DD}-V_{SS})^2f/2$。然而，这是建立在每一个晶体管的充电和放电频率均与时钟频率一致的条件下的，而这种情形基本上不会发生。因此，定量描述晶体管的某一部分发生改变的因子 α (开关活跃程度)，被引入分析过程中。对于不同的应用场景，其大小不同，典型的开关活跃程度如表 6.1 所示。

一个电路的动态功耗可以表示为

$$P_d=\frac{1}{2}C_L(V_{DD}-V_{SS})^2f\alpha \tag{6.4}$$

如果接地电压 V_{SS} 为 0，则式(6.4)可简化为

$$P_d=\frac{1}{2}C_LV_{DD}{}^2f\alpha \tag{6.5}$$

在不考虑因子 α 时，动态功耗表示为

$$P_d = \frac{1}{2} C_{\mathrm{L}} V_{\mathrm{DD}}^2 f \tag{6.6}$$

表 6.1　典型的开关活跃程度

信号	活跃度 α
时钟	0.5
随机数据信号	0.5
被随机数据驱动的简单逻辑电路	0.4～0.5
有限状态机	0.08～0.18
视频信号	0.1(msb)～0.5(lsb)

除此之外，短路电流可以归为动态功耗。当在门级输入端的信号上升/下降的时间比输出端的信号上升/下降时间大时，便会产生短路电流。这会导致不平衡，也就意味着电源电压在很短的时间内处于短路的状态。这种需要避免的情形通常发生在晶体管去驱动一个非常重的容性负载时。在某种程度上来看，短路功耗是可以控制的。

6.3　FPGA 中的功耗

Xilinx 采用三重氧化物解决了 Virtex-5 和后续器件中高静态功耗的影响。三重氧化物用于表示 FPGA 中使用的三种氧化层厚度。薄型氧化层用于 FPGA 内核中的小型快速晶体管。厚型氧化层用于 I/O 中的高压摆幅晶体管，对速度的要求不高，称为第三种或中度型氧化层，用于配置存储器单元和互连传输晶体管。

与薄型氧化层相比，中度型氧化层稍厚的栅极氧化物显著降低了漏电流，因为 V_t 降低了源极-漏极泄漏和栅极泄漏。中度型氧化层的晶体管用于 FPGA 中的非关键区域，如用于存储用户设计配置存储器、路由晶体管等。中度型氧化层使 FPGA 中数百万个晶体管的漏电流显著降低，从而大幅降低了 FPGA 的总体功耗。

除了采用三重氧化物外，一些系统架构上的设计也起到降低功率的作用。Virtex-5 大多采用六输入 LUT，这导致每个 LUT 的逻辑容量增加了 50%，Altera 的八输入 LUT 的转换也是如此。关键的作用是在 LUT 内局部映射更多逻辑并使用更小的晶体管。由于是以每单位宽度的电流测量晶体管泄漏，因此较小的晶体管将具有较少的泄漏。

Xilinx7 系列使用 TSMC 的高性能、低功耗 28nm 工艺(28HPL)，是第一个使用高 K 金属栅极(HKMG)工艺的产品。与 Xilinx 7 系列 FPGA 相比，UltraScale™ 向 20nm 的工艺转移应该可以节省 40%的器件级功耗，采用 16nm 工艺更是可节省高达 60%的成本。这表示静态功耗的指示性降低，如 Artix-7 移动回传网络中的估计功率数字(图 6.4)。

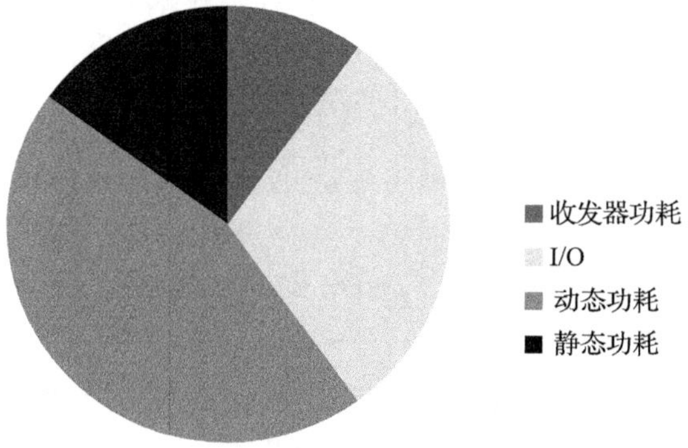

图 6.4　Artix-7 用于移动回传网络应用时的功率估计

Altera 利用英特尔的 14nm 三栅极工艺。它可以提供 3D 三栅极晶体管，并通过 22nm 工艺提供良好的尺寸缩放。晶体管“鳍片”更高、更薄、间距更紧密，因而器件的密度更高、电容的容值更低，导致 SRAM 单元尺寸几乎是 22nm 的一半。

对于 Arria 10 器件，由于采用可编程电源技术(PPT)这一专利技术，用户设计的速度关键路径中逻辑元件的开关速度可进行调整。这种调整技术允许将较高速路径中的晶体管阈值电压设置为较低值，从而提高其开关速度；可以将低速路径中的晶体管调谐到更高的阈值电压，从而将静态功耗降低 20%。

其他改进包括使用具有较低电压阈值和较短沟道长度的晶体管，以便在 DSP 模块和逻辑元件中实现高速运行。在要求较低的区域使用低功耗晶体管，即配置 RAM 和存储器模块。

虽然解决静态功耗对于开发低功耗 FPGA 解决方案至关重要，但在某种程度上，我们上面讨论的技术是由半导体工艺技术所预先确定的。在固定架构下，设计人员几乎没有太大的改进空间。然而，可以从动态功耗设计的角度来降低功耗。

6.4　低功耗设计

在设计一个功耗尽可能低的电路时，最为关键的是了解功耗的来源。6.1 节对电路的功耗进行了分析，介绍了动态功耗和静态功耗的概念。在 CMOS 电路中，功耗可以总结为

$$\begin{aligned} P_{\text{avg}} &= P_{\text{switch}} + P_{\text{short}} + P_{\text{leakage}} \\ &= \frac{1}{2} C_{\text{L}} V_{\text{DD}}^2 f + I_{\text{SC}} V_{\text{DD}} + I_{\text{leakage}} V_{\text{DD}} \end{aligned} \tag{6.7}$$

其中，等号右边前两项为动态损耗，主要是由电路内部各个不同节点的开关行为所引起的；而等号右边第三项则是由静态泄漏所引起的静态功耗。在 6.1 节已经提到，静态功耗来源于反向偏置的二极管泄漏电流，如漏极和部分二极管、晶体管中的亚阈值

电流。当栅源极电压降低到阈值电压之下时，亚阈值电流以指数级下降，但阈值电压很低但泄漏电流依然很高。

由式(6.7)，可以看出，要降低电流的开关功耗，可以从以下三个方面着手：一是降低电路的电源电压 V_{DD}；二是减小电路的开关电容 C_L；三是降低电路的转换频率 f。

6.5 降低电源电压

在这些技术中，由于电源电压和电流存在的二次方关系，降低电源电压效果最明显。不过这是以牺牲运行速度为代价的。基于对电路中的节点充电和放电所花费的时间，本节给出了对运行速度的影响的简单近似估计。

$$T_D \approx \frac{C_L V_{DD}}{I_{max}} = \frac{C_L V_{DD}}{k(W/L)(V_{DD}-V_t)^2} \tag{6.8}$$

其中，T_D 为开关时间；I_{max} 为最大开关电流。从式(6.8)可以看出，当 $V_{DD} \gg V_t$ 时，开关时间与电源电压近似成反比。当 V_{DD} 接近 V_t 时，开关时间增加很快。

简单的一阶模型未考虑载流子速度饱和的影响。随着晶体管特征尺寸远小于 1μm，高电场强度导致器件中的电荷载流子(空穴或电子)达到极限速度。因此，器件中的电流与电压不再是二次方关系，而是大致成比例，因此工作速度大致与电源电压无关。

$$T_D = \frac{C_L V_{DD}}{W C_{ox}(V_{DD}-V_t)v_{max}} \tag{6.9}$$

其中，C_{ox} 为工艺相关的单位面积的栅极电容；v_{max} 为载流子饱和速度。对于亚微米集成电路，电源电压从 5V 下降到 3.3V，这种速度饱和效应使功耗降低了 60%而运行速度几乎没有损失。然而，当电源电压接近阈值电压时，根据式(6.9)的近似，速度损失值基本保持不变或稍微有所降低。

在系统中，电路中各个节点的充放电时间，也就是电路的信号传播延时，与在关键路径上各种晶体管栅极和杂散电容的充放电荷密切相关。对 CMOS 电路而言，总的传播延时 T_{pd} 可写为

$$T_{pd} = \frac{C_L V_{DD}}{k(V_{DD}-V_t)^2} \tag{6.10}$$

式(6.10)表明，通过降低电路中晶体管的阈值电压，应该可以在降低电源电压的情形下保持给定的工作速度。然而，这会导致静态漏电流的增加并且可以降低一些逻辑结构的噪声容限。在某种程度上，低功率电路可以容忍降低的噪声容限，因为切换电流的大小也会按比例减少。对于低功率设计而言，增加的漏电流是更严重的问题，因此必须在漏电流的增加和开关功率的降低之间进行折中。对具有典型特性(如活动水平和布线长度)的深亚微米电路的功耗分析表明，在开关和泄漏功率大致相等的点处达

到最小功耗。然而，这在移动通信设备中显然是不可接受的。设备的大部分时间用于空闲状态。

该问题的一种解决方案是在 N 和 P 堆叠逻辑门中的任意一个或两个中放置一个额外的晶体管，用来防止漏电流。在多电压 CMOS(MVCMOS)中，这些额外的晶体管由“休眠”信号驱动，该信号位于正常电源电压范围之外。这意味着 P 管的驱动电压略大于 V_{DD}，并且 N 管的驱动电压略低于 V_{SS}，从而确保器件被硬关断。另一种解决方案是将降低的阈值电压器件用于处理逻辑，使用更高的阈值电压器件来阻止漏电流。在这种情况下，还可以将高阈值器件集成到逻辑功能的非关键部分(如动态设计中的预充电晶体管)，从而消除额外串联晶体管的面积和速度损失，并避免需要单独导出的“休眠”信号。另外还有一种不依赖于额外串联晶体管的技术是双 V_{DD} 双 V_t(DVDV)方法，其中使用了不同阈值电压和电源电压的组合。关键路径上的器件使用阈值电压更高的器件和高电源电压以提供最佳性能，而性能要求稍低的器件使用较低的电源电压和较低的阈值电压，性能最低的器件使用较低的电源电压和较高的阈值电压以最大限度地降低漏电功率。

在 FPGA 设计时，最低电源电压要在电路运行时估计并相应调整。逻辑延迟测量电路(LDCM)与外部监视电路一起使用，可以用 200 ms 的间隔调整 FPGA 内部电压。在许多设计实验中，使用 Xilinx Virtex 300E-8 的 FPGA 实现了 20%～30%的典型功耗节省。Nunez-Yanez 等在 2007 年提出了一种类似的方法，通过调节电压，然后用 LDCM 搜索合适的工作频率来应用动态电压调节(DVS)。通过把电源电压从 1.2V 降至 0.9 V，XC4VSX35-FF668-10C FPGA 节能高达 60%。

Nunez-Yanez 在 2015 年通过提出自适应电压调节(AVS)扩展了这项工作，AVS 使用电压调节以及动态重配置和时钟管理。通过利用与应用相关的时序余量，可以实现系统在 0.58V(与标称 1V 相比)工作时，功率降低 85%。与标称电压相比，系统 0.58V 的能量需求比 1V 的能量需求低 80%。这是通过开发 AVS 单元来实现的。这些技术基于特定应用的设计，并需要采用专用电路以实现功率降低。

6.6　减小开关电容

降低开关功耗的第二个物理参数是电路节点的电容，这是设计人员可以改变的。应该注意的是，降低开关电容和降低电源电压是互补技术：降低节点电容会增加开关速度，这可以在一定程度上补偿降低的电源电压。集总节点电容 C_L 实际上由许多不同的物理电容组成，如图 6.5 所示。

一个晶体管的集总栅极电容(图 6.5 中的 C_{g3} 和 C_{g4})由下列三项构成：栅极-体电容 C_{gb}、栅极-源极电容 C_{gs} 及栅极-漏极电容 C_{gd}。这些电容的值与晶体管的运行模式存在着非线性关系，但总的电容值依然接近 $C_{ox}WL_{eff}$(L_{eff} 是有效沟道长度)。这一个计算值可以用来估算负载电容。

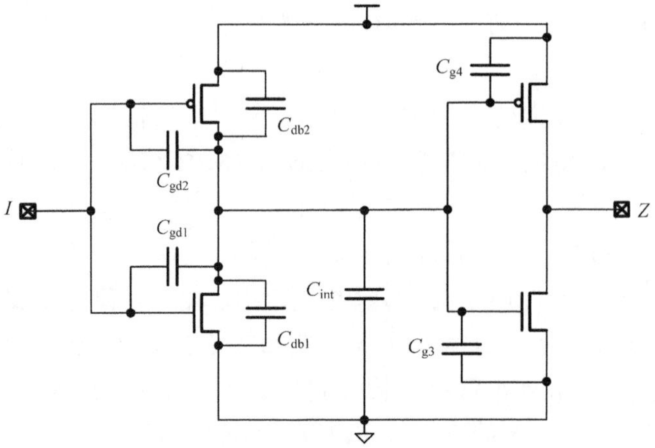

图 6.5　集总节点电容 C_L 的构成

在实际晶体管中，源极和漏极区域在一定程度上与栅极重叠。这些重叠区域减小了栅极的有效长度，并导致栅极-漏极和栅极源电容的形成。这些电容对 C_{g3} 和 C_{g4} 有贡献，同时产生栅极-漏极电容 C_{gd1} 和 C_{gd2}，如图 6.5 所示。由于米勒效应，有效的栅极-漏极电容增加：因为栅极电压在与漏极电压相反的方向上移动，所以电容器在接地时可以被视为本身所具有电容值的两倍。

晶体管的源极连接到供电轨，供电轨被视为 AC 地。然而，在漏极扩散区和体之间存在电容，用 C_{db1} 和 C_{db2} 表示，由漏极和轻掺杂体之间的反向偏置 PN 结构成。因此，电容取决于电压(取决于结耗尽层的宽度)。电容由两部分组成：漏极区域底部和体之间的平行板电容和侧壁电容(由于边缘周围的高掺杂阻挡层的注入，单位面积的电容值更大)。

节点电容的最后一个分量是各级之间互连的电容 C_{int}。这种电容是由金属连线和衬底之间跨(厚)场氧化物的电容、在同一路由层的相邻金属连线之间的电容和相邻的两个金属层的金属连线之间的电容组成的。衬底的电容由平行板电容和边缘电容组成。平行板电容与金属连线的宽度和长度成正比，而边缘电容仅与金属连线的长度成正比。衬底的电容也取决于路由级别：较低级别的金属连线离衬底较近，因而电容值较高。

串联反相器电路的电容，可以在一定程度上进行简化分析。在更复杂的逻辑门电路的下拉和上拉网络中存在更多的内部节点。在逻辑函数的计算过程中，只有部分节点的电容可以充电或放电。这种充电或放电过程及由此产生的功率损耗取决于栅极和输入的组合的具体函数。

晶体管特征尺寸等比例缩小会导致电容减小。晶体管所有的尺寸将会按照同一因子 S 缩小。栅极电容可由 $C_{ox}WL_{eff}$ 近似表示，其中，W 和 L_{eff} 均按照因子 S 减小，不过栅极单位面积电容 C_{ox} 与栅氧层的厚度 t_{ox} 成反比，而 t_{ox} 也同样按照因子 S 减小。这样一来，栅极电容总的减小还是按照因子 S 进行的。漏极-体电容 C_{db} 和源极-体电容 C_{sb} 均与栅氧层厚度无关，缩小因子为 S^2，而侧壁电容的缩小没有达到同样的程度。

很明显，晶体管特征尺寸缩小对降低栅极电容非常有益。然而，考虑到金属连线电容，情况就不那么乐观了。为了使金属互连的 RC(传输线效应)延迟保持在一个合理的水平，金属连线的尺寸不能缩放到相同的程度(即使是使用低电阻率的金属，如铜)。为了补偿密度越来越大的门级电路，金属连线的距离和金属连线的宽度越来越小。为了保持低电阻，导线必须做得越来越高，如图 6.6 所示。这导致相邻导线之间的电容增大，串扰增多，而金属连线到体半导体的电容受边缘效应支配，不能通过使导线变窄来降低。随着栅极电容的减小、栅极密度的增大和互连线密度的增大，可以看出互连线电容在整个节点电容中占据越来越大的主导地位。这也将导致它成为限制电路运行速度的主要因素，特别是当考虑到传输线效应的影响时。

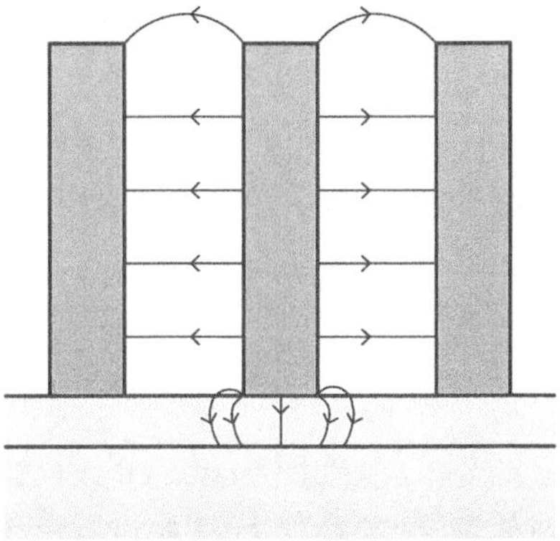

图 6.6　在深亚微米电路中金属连线电容

布图设计对功耗也有很重要的影响，因而有必要对布图设计进行优化。显然，随着金属连线电容在深亚微米设计中占据主导地位，电路布局和路由的选择将同时决定设计的功耗与性能。对于全局通信通路，如总线电路，可以清楚地进行识别，并用各种方法来减少功耗，如减少电压摆动信号。实现所需的局部连接仍然是非常重要的，尤其是当本地连接通路的路由层级比较低时，电路会产生较高的相邻金属连线间的电容及金属连线与衬底间的电容。

电路级只有与最接近的金属互连，使得其连接长度最小，才能得到最小的连线电容。一项对许多不同乘法器拓扑结构的研究发现，其中金属连线的平均净长度有近 6 倍的变化。对于所有电路，必须优化电路的布局和布线，无论是手动优化还是使用具有适当智能的设计工具。其中一种方法是在设计中利用层次化的布局和布线，可以将金属连线的平均净长度减少 28%。但是，功耗与金属连线的平均净长度的关联度没有那么强。这是由各种信号的切换特性造成的，那些频繁变化的信号是在优化过程中最需要重点考虑的。

6.7　减小电路开关频率

式(6.7)中，第三个可以改变的、用以降低总功耗的分量是电路中每个节点的切换频率。电路中发生的开关活动可分为两部分：计算所需结果所产生的活动和作为电路中其他活动的副产物而发生的不必要的活动。显然，要产生给定的结果，电路中必须有一定的最小活动量。然而，这个最小值很难定义，而且在实践中，开关活动的数量取决于广泛的设计决策，如电路结构的选择、系统架构和所需的运行速度。

要减小电路中不必要的开关活动。电路中不必要的开关活动可以分为两个部分。

第一部分是由处理单元(如 ALU)的输入经过许多电路结构后，在显示正确的数据之前造成的。一个典型的情况是，当一个输入比另一个输入早一点到达时，在后一个正确的输入到达之前，ALU 错误地计算一个正确输入和一个错误输入的操作结果，这些不正确的结果可以从 ALU 的输出传播到后续的电路。根据 ALU 中处理逻辑的复杂性和 ALU 后续电路的性质，这可能导致大量的功率被浪费掉。

第二部分来自逻辑门的输出在输入更改时生成的中间状态。一个典型的例子是一个二输入 NAND 门，它的输入几乎同时从 1,0 变化到 0,1。根据电路真值表，输出应保持在逻辑 1。然而，根据输入信号的确切相对时序变化，可能会在输出端出现短暂的不需要的脉冲。在回到稳定状态之前，这些毛刺的大小可以从一个完整过渡区变化到一个小的局部摆动，这些毛刺也能在电路中传播，并在后续电路引起更多不必要的开关活动。如果没有电学模拟，这些故障的影响很难准确评估，因为它们严重依赖于通过电路的信号的时序。在给定逻辑门精确时序模型的情况下，对毛刺产生进行合理准确的评估是可能的，但对毛刺传播的影响进行评估是一个难题。毛刺的传播严重依赖于后续电路的电性能，电学模拟中的任何误差都有被放大的趋势。统计分析显示，产生毛刺的开关活动，报告的错误约为 6%。然而，这种分析依赖于将时间细分为离散的时间块，基于单元库中最小的门延迟。时序的选择似乎取决于所分析的电路，这可能是这种方法的限制特性。

有许多技术可以防止不需要转换的产生和传播。平衡从不同输入到输出的路径长度可以减少处理块中生成的中间状态的数量。如果已知某个电路处理级的输出未使用，那么可以在该处理级的输出处对总线驱动器进行门控，以防止不必要的开关活动在电路中传播。

动态逻辑本质上阻止了不必要的开关活动的传播，因为其在预充电阶段不能传递信号，并且不会产生毛刺活动，因为每个输出在评估阶段最多只能经历一次转换。然而，对每个节点进行预充电的需求增加了整体的切换活动，并消除了利用数据之间相关性的可能性，使得动态逻辑通常不适合低功耗设计。尽管动态逻辑具有高速的特点，但只有降低节点电容和消除短路电流才能使动态逻辑在特定的情况下更加具有吸引力。

当操作数在到达时间上有偏差时，可以使用不透明的锁存器来延迟计算，直到两个操作数都是有效的，这也可以阻止与新操作数的计算相关的任何毛刺现象的产生。然而，这增加了额外的延迟和少量的额外芯片面积。当所讨论的电路偏离关键路径时，使用不透明锁存器是有充分理由的。否则，增加的延误是不可接受的。

为了研究不同数字表示方法对电路功耗的影响，考虑一个对一段 5.4s 的采样语音进行模拟 64tap 的 FIR 低通滤波器。该 FIR 滤波器采用二进制补码，有 24 位操作数和 56 位累加器。在二进制补码表示中，语音数据和 FIR 滤波器系数的精度均为 16 位。

作为初始研究，使用了如图 6.7 所示的乘法器-累加器单元电路模型，其中只测量乘法器的输入和输出端以及累加器输出端的信号变化。所采用的数制分别为二进制补码表示、有符号数值表示和改进的有符号数字量表示。每次操作的平均开关时间如表 6.2 所示。

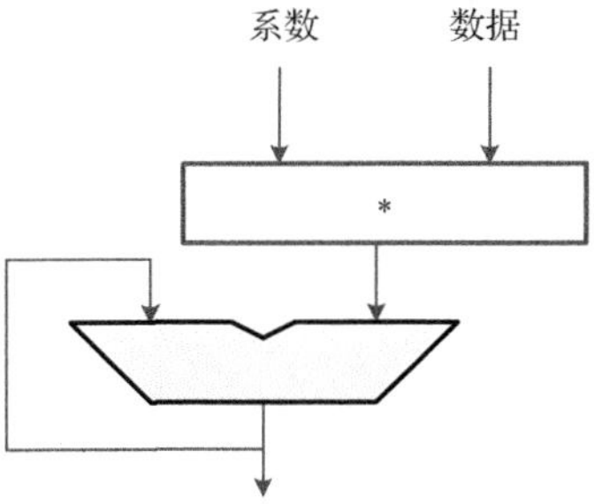

图 6.7　乘法器-累加器单元电路模型

表 6.2　每次操作的平均开关时间　　　　单位：ns

位置	二进制补码表示	有符号数值表示	改进的有符号数字量表示
数据输入	7.5	5.8	6.4
系数输入	8.3	5.7	6.5
乘法器输出	20.7	10.9	15.5
累加器输出	14.8	11.5	17.0

可以看出，在乘法器输入端，二进制补码表示比有符号数值表示或改进的有符号数字量表示具有更强的活性。额外的转换是由符号扩展位的波动造成的，这在另外两种表示中被消除了。然而，改进的有符号数字量表示比有符号数值表示显示更大的开关切换活动，并且在乘法器和加法器的输出端，转换次数甚至更大。这是因为表示每个数字需要额外的位。还可以看出，累加器的平滑效果减少了二进制补码表示的开关次数。

该项研究的结论是，冗余有符号数字量表示法不是非常合适的系统数值表示方法。这是由于整个系统减少开关切换活动是不确定的，并且所需的存储数据量更大。该表示法在电路中要起到一个作用，即避免进位传播延迟或减少电路的复杂性，例如乘法器内部的表示。结果表明，如果考虑到乘法器和加法器在两种数值表示的实现细节，有符号数值表示比二进制补码表示更具有整体上的优势。

6.8　基于流水线的低功耗设计

一种有效的降低功耗的方法是使用流水线和对功耗影响较大的元件的布局设计相

结合的方式。流水线将原始电路切割为若干个短的电路，从而提升了电路运行速度，但与此同时也增加了电路的延迟，具体视时钟周期的数量而定。

除了提升电路的运行速度，流水线还提供了一种非常有用的机制来降低功耗，特别是在 FPGA 中。在 FPGA 设计中，布局和布线工具的目标是实现最佳的设计，以达到所需的速度以及最佳的能耗优化。流水线为设计提供了更严格的结构，允许更快的设计，还减少了较长网络连线的数量。此外，流水线电路比非流水线电路的毛刺更少，这是因为它在寄存器之间的逻辑级别通常更少。因此，总体和平均网络长度会减少，开关切换活动也会减少，这导致动态功耗更低。流水线结构可以用来降低 FIR 滤波器的功耗。令

$$P_{\text{seq}} = C_{\text{total}} V_{\text{DD}}^2 f \tag{6.11}$$

表示原始滤波器的功耗。注意 $f = 1/T_{\text{seq}}$，其中 T_{seq} 是原始时序滤波器的时钟周期。现在考虑一个 M 级流水线系统，其关键路径缩短为原始路径长度的 $1/M$，一个时钟周期内充放电电容减少为 C_{L}/M，注意总电容并没有变化。如果时钟速度保持不变，即时钟频率 f 保持不变，在原来对电容 C_{L} 充放电的同样时间内，现在只需要对 C_{L}/M 进行充放电。这意味着，电源电压可以降低到 βV_0，其中 β 是一个小于 1 的常数。这样，流水线滤波器的功耗将为

$$P_{\text{pip}} = C_{\text{L}} \beta^2 V_{\text{DD}}^2 f = \beta^2 P_{\text{seq}} \tag{6.12}$$

因此，流水线系统的功耗降低为 $\beta^2 P_{\text{seq}}$。

功耗降低因子 β 可以通过考察原始滤波器和流水线滤波器传播延时的关系来确定。原始滤波器的传播延时是

$$T_{\text{seq}} = \frac{C_{\text{L}} V_{\text{DD}}}{k(V_{\text{DD}} - V_t)^2} \tag{6.13}$$

流水线滤波器的传播延时是

$$T_{\text{pip}} = \frac{\dfrac{C_{\text{L}}}{M} \beta V_{\text{DD}}}{k(\beta V_{\text{DD}} - V_t)^2} \tag{6.14}$$

应该注意的是，时钟周期 T_{clk} 通常被设置为等于电路中的最大传播延时 T_{pd}。因为对于这两个滤波器来说使用相同的时钟速度，根据式(6.13)和式(6.14)，从下列二次方程可以解出 β

$$M(\beta V_{\text{DD}} - V_t)^2 = \beta (V_{\text{DD}} - V_t)^2 \tag{6.15}$$

一旦得到了 β，流水线滤波器降低的功耗就可以由式(6.12)算出。

考虑图 6.8 所示三阶 FIR 滤波器的细粒度流水线。假设乘法操作需要 10u.t.，加法操作需要 2u.t.。假定乘法器的电容是加法器的 5 倍。在细粒度流水线结构的滤波器中，乘法器被分成两部分：m_1 和 m_2，它们的计算时间分别为 6u.t.和 4u.t.，它们的电容分

别为加法器的 3 倍和 2 倍。假设器件阈值电压为 0.6V。同时假定非流水线滤波器工作在 5V 电源电压下。我们可以计算在时钟周期保持不变时，流水线滤波器的电源电压及采用流水线结构后的功耗降低情况。

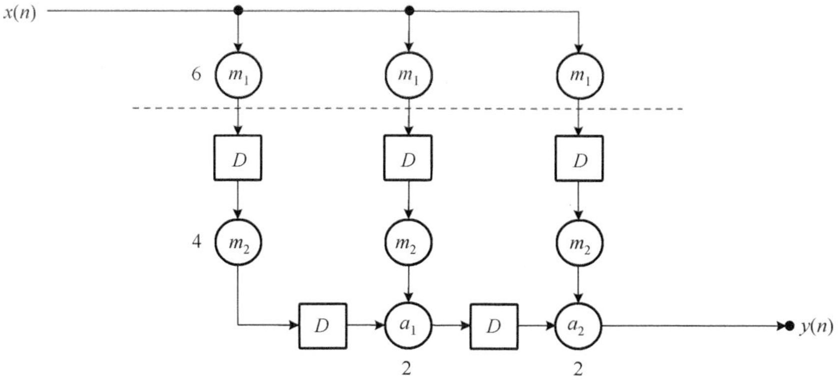

图 6.8 三阶 FIR 滤波器的细粒度流水线

令 C_m 为一个乘法器的电容，C_a 为一个加法器的电容。对于原始滤波器，关键路径上的充电电容为

$$C_{\text{L}} = C_m + C_a = 6C_a \tag{6.16}$$

对于流水线滤波器，关键路径上的充电电容为

$$C_{\text{L}} = C_{m_1} + C_{a_1} = 3C_{a_1} \tag{6.17}$$

C_{m_1} 和 C_{m_2} 分别是乘法器的 m_1 部分和 m_2 部分的电容。这里流水线级数 M=2，流水线滤波器的充电电容是原始滤波器的一半。假定流水线滤波器工作在电源电压 βV_0，将 M=2，$V_0 = 5.0$，$V_t = 6.0$代入式(6.15)，得

$$50\beta^2 - 31.36\beta + 0.72 = 0 \tag{6.18}$$

解式(6.18)得

$$\beta = 0.6033 \text{或} \beta = 0.0239 \tag{6.19}$$

注意，$\beta = 0.0239$是不可用的解，因为这种情况对应的电源电压为 0.1195V，低于阈值电压，器件在这种电源电压下永远是关断的。所以，流水线滤波器的电源电压应该是

$$V_{\text{pip}} = \beta V_0 = 3.0165\text{V} \tag{6.20}$$

因为流水线滤波器的总电容与原始滤波器的总电容相同，而且两个滤波器工作在同样的时钟频率下，根据式(6.12)，可以得到

$$\text{Ratio} = \beta^2 = 36.4\% \tag{6.21}$$

即通过采用流水线结构，FIR 滤波器的功耗降低到原有功耗的 36.4%。

考虑图 6.9 中 FIR 滤波器采用流水线结构降低功耗的情形。滤波器是一个简单的

延迟线滤波器结构。采用两级流水线结构，即在乘法器后放置一级流水线，如图 6.9 所示由 Cut2 和表 6.3 中的给定 PL1，而另一级流水线割集在加法器链上，Cut1 除了第一级流水线，在表 6.3 中给出了 PL2，如 PL2 包含 Cut1、Cut2。

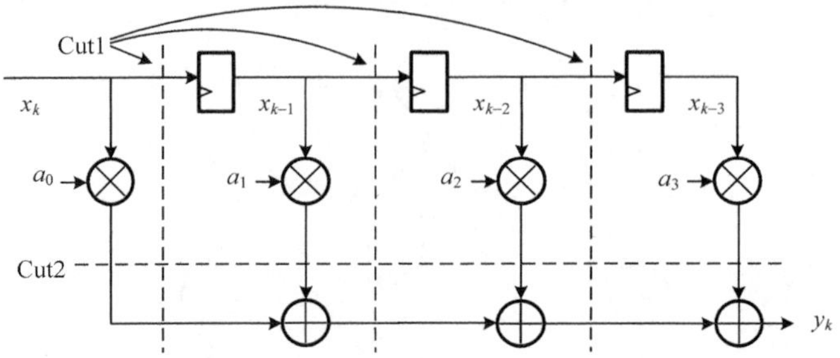

图 6.9　FIR 滤波器采用流水线结构降低功耗的情形

表 6.3　各种尺寸 FIR 滤波器的内部信号/逻辑功耗

技术	滤波器阶数			
	4	8	16	32
PL0	8.4	89.7	272.0	964.2
PL1	3.1 (−63%)	29.1 (−68%)	89.7 (−67%)	391.7 (−59.3%)
PL2	1.5 (−82%)	6.7 (−93%)	8.1 (−97%)	16.4 (−98%)

这种技术在基于 FPGA 的设计中特别有效，增加的设计灵活性是以功耗增加为代价的，这是由于在电路中存在着长路由布线和可编程开关。这些特性提供了可编程性，但是带有寄生电容。如图 6.10 为典型的 FPGA 互连路由模型。这种设计的一个特点是流水线使用了未充分利用的资源，即逻辑单元输出端的触发器，因此只需提供很小的额外的面积。

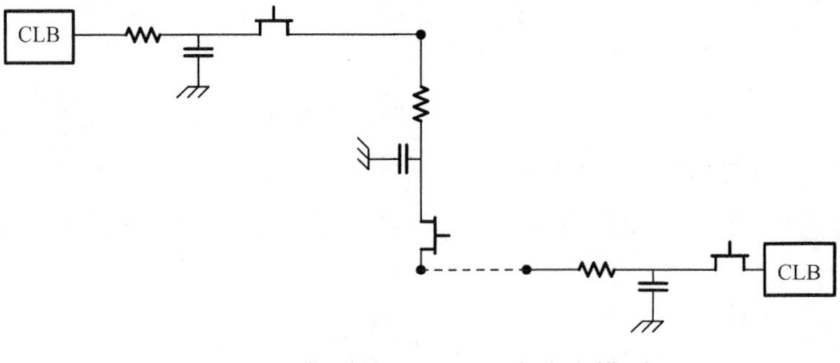

图 6.10　典型的 FPGA 互连路由模型

Wilton 等的研究结果更为全面。他们给出了一个 64 位无符号整数阵列乘法器、一个三态 DES 加密电路、一个 8 抽头浮点 FIR 滤波器和一个用于计算角度正弦与余弦的 CORDIC 电路的结果。表 6.4 给出了 FIR 滤波器和 CORDIC 电路的功率计算结果。他们在一个 0.13μm CMOS Stratix EP1S40F780C5 的 FPGA 器件上进行设计，用来产生原始的 FPGA 功耗结果。功率估计来自 Quartus 仿真器和功率估计器。

结果表明，不同级数的流水线结构的应用效果不同。他们引用了总体节省 40%～82%的数据，并指出，如果将准静态功耗从结果中剔除，动态逻辑块功耗的节省高达 98%。这表明较低层次的物理设计优化只能实现节省 23%的功耗，突出了系统级优化的重要性，也突出了流水线对功耗的影响。

表 6.4　基于 0.13μm 工艺的 FPGA 器件的流水线结果

基准电路	流水线级数	估计的功耗	FPGA 原始功耗
8 阶浮点数 FIR 滤波器	2	4420	7866
	4	2468	5580
	max	776	3834
计算函数 sin 和 cos 的 CORDIC 电路	4	971	5139
	8	611	4437
	16	365	4716
	max	567	4140

6.9　基于并行处理的低功耗设计

与流水线一样，并行处理同样可以通过降低电源电压来降低系统功耗。在一个 L 级并行系统中，由于负载电容通常不变，总电容增大 L 倍。为了保持同样的采样速率，L 级并行电路的时钟周期必须增加到 LT_{seq}，其中 T_{seq} 是由式(6.13)决定的时序电路的传播延时，这意味着 C_{L} 的充电时间是 LT_{seq}，而不是 T_{seq}。换句话说，对于同样的电容，其充电时间更长，电源电压可以降低到 βV_0。

系统的传播延时必须在设计时加以考虑，可以用来计算 L 级并行系统的电源电压。由 6.7 节的推导可知，原始系统的传播延时由式(6.13)给出，而 L 级并行系统的传播延时则可由式(6.22)给出。

$$LT_{\text{seq}} = \frac{C_{\text{L}}\beta V_{\text{DD}}}{k(\beta V_{\text{DD}} - V_t)^2} \tag{6.22}$$

根据式(6.13)和式(6.22)，可以得到下列二次方程。

$$L(\beta V_{\text{DD}} - V_t)^2 = \beta(V_{\text{DD}} - V_t)^2 \tag{6.23}$$

一旦求出 β，L 级并行系统的功耗计算如下。

$$P_{\text{par}} = LC_{\text{L}}(\beta V_{\text{DD}})^2 \frac{f}{L} = \beta^2 C_{\text{L}} V_{\text{DD}}^2 f = \beta^2 P_{\text{seq}} \tag{6.24}$$

其中，P_{seq} 是由式(6.11)给出的原始时序系统的功耗。所以，和流水线系统一样，L 路并行系统的功耗降低为原时序系统的 β^2。

考虑图 6.11(a)所示的四阶 FIR 滤波器，其两级并行四阶 FIR 滤波器如图 6.11(b)所示，面积优化的两级并行四阶 FIR 滤波器如图 6.11(c)所示。并行滤波器正好包含了两个复制的原始滤波器。图 6.11 中的虚线表示关键路径。假定乘法操作需要 8u.t.，加法操作需要 1u.t.。为计算功耗，假定乘法器的电容是加法器电容的 8 倍，两种结构都工作在同样的采样周期 9u.t.下，器件阈值电压为 0.45V。同时还假定原始的时序滤波器工作在 3.3V 原始电源电压下。

令 C_m 为一个乘法器的电容，C_a 为一个加法器的电容。对于原始滤波器，关键路径上的充电电容为

$$C_{\mathrm{L}} = C_m + C_a = 9C_a \tag{6.25}$$

对于两级并行滤波器，关键路径上的充电电容为

$$C_{\mathrm{L}} = C_m + 2C_a = 10C_a \tag{6.26}$$

假定流水线滤波器工作在电源电压 βV_0 下。注意到原始的时序滤波器和两级并行滤波器的充电电容不相等，所以不能直接使用式(6.23)。根据式(6.13)，两级并行滤波器的传播延时由式(6.27)决定。

$$T_{\mathrm{seq}} = \frac{9C_a V_{\mathrm{DD}}}{k(V_{\mathrm{DD}} - V_t)^2}, \quad T_{\mathrm{par}} = \frac{10C_a \beta V_{\mathrm{DD}}}{k(\beta V_{\mathrm{DD}} - V_t)^2} \tag{6.27}$$

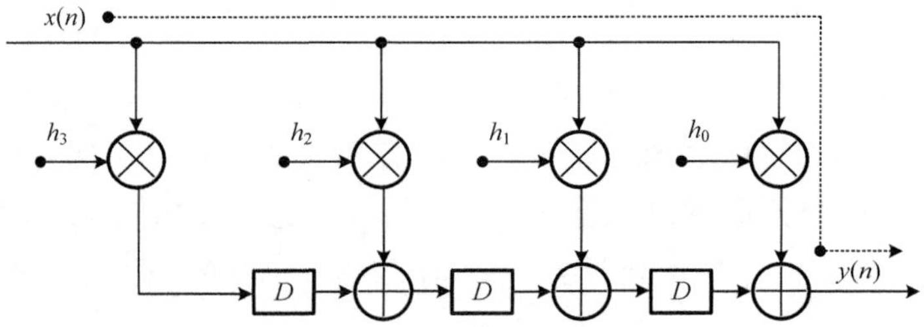

(a)一个四阶FIR滤波器

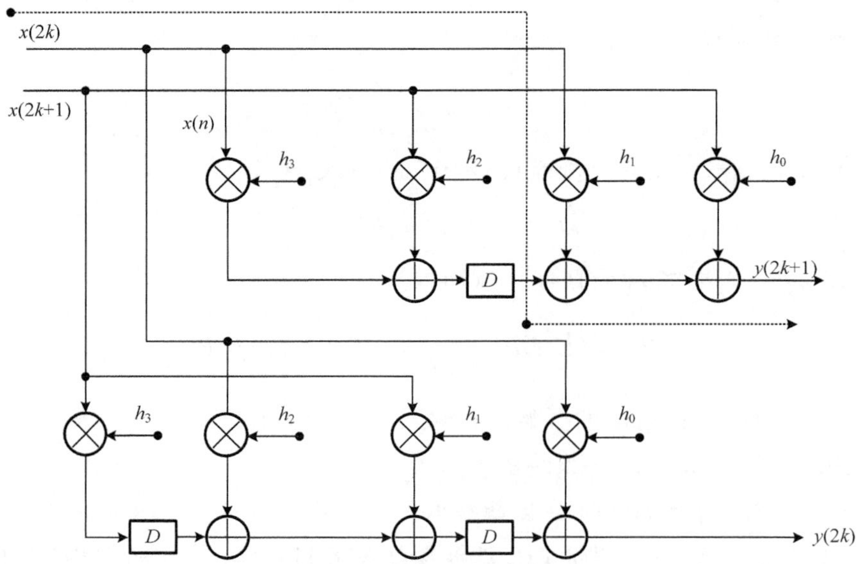

(b)两级并行四阶FIR滤波器

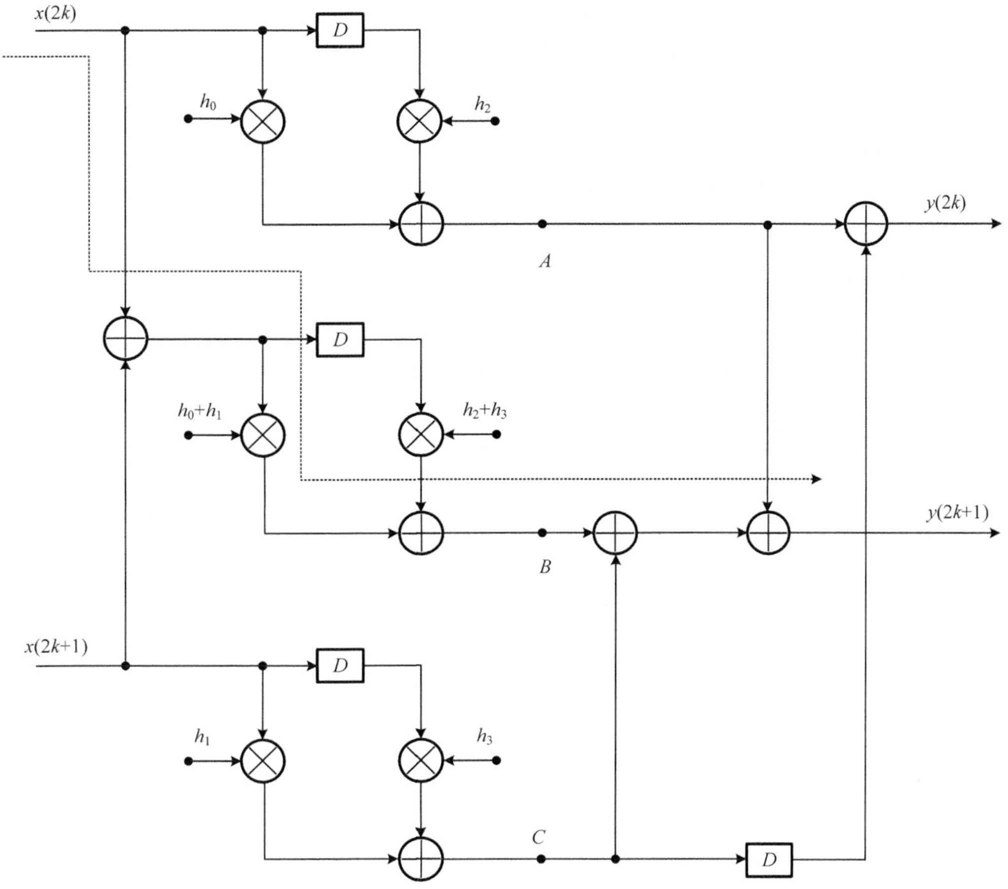

(c)面积优化的两级并行四阶FIR滤波器

图 6.11　一个四阶 FIR 滤波器的并行结构设计

原始的时序滤波器的关键路径是一次乘法和一次加法，即计算时间为 9u.t.，这意味着采样周期 $T_{\text{sample}} = T_{\text{seq}}$。将等式 $T_{\text{par}} = 2T_{\text{sample}} = 2T_{\text{seq}}$ 和式(6.27)结合起来，有

$$5\beta(V_{\text{DD}} - V_t)^2 = 9(\beta V_{\text{DD}} - V_t)^2 \tag{6.28}$$

将 $V_0 = 3.3\text{V}$、$V_t = 0.45\text{V}$ 代入式(6.28)得到

$$98.01\beta^2 - 67.3425\beta + 1.8225 = 0$$

求解上式，得到

$$\beta = 0.6589 \text{ 或 } \beta = 0.0282$$

对于两级并行滤波器，唯一可行的电源电压是 $\beta V_0 = 2.17437\text{V}$。另一个根 $\beta = 0.0282$ 被舍去，因为 $\beta V_0 = 0.09306\text{V}$，小于阈值电压。

根据式(6.24)得

$$\text{Ratio} = \beta^2 = 43.41\%$$

即采用并行处理，FIR 滤波器的功耗可以降低到原有值的 43.41%。

考虑图 6.11(a)中的四阶 FIR 滤波器，其两级并行结构如图 6.11(b)所示。图 6.11(c)中表示出的是另一个两级并行结构，其效率高于图 6.11(b)中的两级并行结构，因为它需要 6 个乘法器而不是图 6.11(b)中的两级并行结构所需要的 8 个。各项假定与上述的讨论一致，目标是比较在采样周期 9u.t.的情况下原始的时序滤波器和它的两级并行结构的功耗情况。其中，两级并行滤波器可以使用较低的电源电压，以达到 9u.t.的有效采样周期，但是电源电压必须大于或等于 0.9V。

给定的四阶 FIR 滤波器的系统方程如下。

$$y(n) = h_0x(n) + h_1x(n-1) + h_2x(n-2) + h_3x(n-3) \tag{6.29}$$

定义节点 A、B 和 C 的输出分别为 y_A、 y_B 和 y_C，得到

$$\begin{cases} y_A = h_0x(2k) + h_2x(2k-2) \\ y_B = (h_0 + h_1)[x(2k) + x(2k+1)] + (h_2 + h_3)[x(2k-2) + x(xk-1)] \\ y_C = h_1x(2k+1) + h_3x(2k-1) \end{cases} \tag{6.30}$$

那么

$$\begin{cases} y(2k) = y_A + [y_C \text{ after 1 block delay}] \\ \qquad = h_0x(2k) + h_1x(2k-1) + h_2x(2k-2) + h_3x(2k-3) \\ y(2k+1) = y_B - y_A - y_C \\ \qquad = h_0x(2k+1) + h_1x(2k) + h_2x(2k-1) + h_3x(2k-2) \end{cases} \tag{6.31}$$

很容易验证式(6.31)满足系统方程式(6.29)。

对于时序滤波器，关键路径上的充电电容由式(6.25)给出。对于两级并行滤波器，关键路径上的充电电容为

$$C_{\mathrm{L}} = C_m + 4C_a = 12C_a \tag{6.32}$$

已经知道 $T_{\mathrm{sample}} = T_{\mathrm{seq}} = 9\mathrm{u.t.}$。为了使两级并行滤波器在采样周期 9u.t.下工作，必须满足 $T_{\mathrm{par}} = 2T_{\mathrm{sample}} = 2T_{\mathrm{seq}}$，这导致

$$\frac{2.9C_AV_0}{k(V_0 - V_t)^2} = \frac{12C_A\beta V_0}{k(\beta V_0 - V_t)^2} \tag{6.33}$$

将 V_0=3.3V、 V_t=0.45V 代入式(6.33)，得到

$$32.67\beta^2 - 25.155\beta + 0.6075 = 0$$

求解上式，得到

$$\beta = 0.745 \text{ 或 } \beta = 0.025$$

两级并行滤波器应该工作在电源电压 $\beta V_0 = 2.4585\mathrm{V}$。另一个根 $\beta = 0.025$ 无效，因为 $\beta V_0 = 0.0825\mathrm{V}$ 小于阈值电压。

令 $C_{\text{total}}^{(\text{seq})}$ 为四阶 FIR 滤波器的总电容，令 $C_{\text{total}}^{(\text{par})}$ 为两级并行滤波器的总电容。根据式(6.11)，四阶 FIR 滤波器和两级并行滤波器的功耗如下。

$$P_{\text{seq}} = C_{\text{total}}^{(\text{seq})} V_0^2 f_{\text{seq}}, \quad P_{\text{par}} = C_{\text{total}}^{(\text{par})} V_{\text{par}}^2 f_{\text{par}} \tag{6.34}$$

其中，$C_{\text{total}}^{(\text{seq})} = 4C_m + 3C_a = 35C_a$；$C_{\text{total}}^{(\text{par})} = 6C_m + 7C_a = 55C_a$。由于有 $f_{\text{par}} = f_{\text{seq}}/2 = f_s/2$，其中 f_s 是采样频率。因此，有

$$\begin{cases} P_{\text{seq}} = 35C_A V_0^2 f_s \\ P_{\text{par}} = 55C_A \beta^2 V_0^2 \dfrac{1}{2} f_s \end{cases} \tag{6.35}$$

所以

$$\text{Ratio} = \frac{P_{\text{par}}}{P_{\text{seq}}} = \frac{0.5 \cdot 55\beta^2}{35} = 43.6\%$$

注意观察，虽然图 6.11(b)中和图 6.11(c)中的结构所消耗的功率相近，但是图 6.11(c)中的结构所需要的芯片面积却小得多。

流水线技术和并行处理技术可以结合起来降低功耗。原理是一样的，即流水线可减小 1 个时钟周期内充电放电电容的值，而并行处理则增加对原电容的充电放电时钟周期。并行流水线滤波器的传播延时如下。

$$LT_{\text{pd}} = \frac{(C_{\text{charge}}/M)\beta V_0}{k(\beta V_0 - V_t)^2} = \frac{LC_{\text{charge}} V_0}{k(V_0 - V_t)^2} \tag{6.36}$$

根据该方程，得到下列二次方程。

$$ML(\beta V_0 - V_t)^2 = \beta(V_0 - V_t)^2 \tag{6.37}$$

它可用来求解 β。作为一个例子，考虑 $L=M=2$，V_0=5V，V_t=0.6V 的情况。利用式(6.37)，得出 β 约等于 0.4，这表示功耗降低为原来的 16%。应该注意的是，电源电压并不能通过使用更多级的流水线和并行处理而无限地降低，因为存在一个由工艺参数和噪声容限决定的电源电压下限。

6.10　本 章 小 结

本章介绍了数字集成电路中的功耗来源功耗主要可以分为动态功耗和静态功耗。静态功耗主要是由晶体管的泄漏电流所引起的，而动态功耗则是由晶体管的开关活动所引起的。降低电路的功耗有以下方法：一是可以降低电路所使用的电源电压，减小电压信号的摆幅。二是可以减小电路的负载电容，如减小晶体管的特征尺寸，使得晶体管的寄生电容明显减小；通过对版图设计的优化设计减小电容。三是降低开关活动的频率，主要是避免不必要的开关活动，采用合理的 DSP 算法表示等；通过流水线设计和并行处理结构。

第7章 重 定 时

7.1 概　　述

重定时是一种电路等效变换技术，它可以改变电路中延时元件的位置，但不会影响电路的输入/输出特性。重定时在同步电路设计中有很多应用，包括缩短电路的时钟周期、减少电路中寄存器的数目、降低电路的功耗和逻辑综合。重定时的一些性质可由下面的例子给出。

考虑图 7.1(a)的 IIR 滤波器，用下式描述。

$$\begin{aligned} w(n) &= ay(n-1) + by(n-2) \\ y(n) &= w(n-1) + x(n) \\ &= ay(n-2) + by(n-3) + x(n) \end{aligned}$$

图 7.1(b)的滤波器用下式描述。

$$\begin{aligned} w_1(n) &= ay(n-1) \\ w_2(n) &= by(n-2) \\ y(n) &= w_1(n-1) + w_2(n-1) + x(n) \\ &= ay(n-2) + by(n-3) + x(n) \end{aligned}$$

虽然图 7.1(a)和(b)的延时元件在不同的位置，但是这两个滤波器的输入/输出特性都是相同的，二者可以利用重定时技术互相导出。

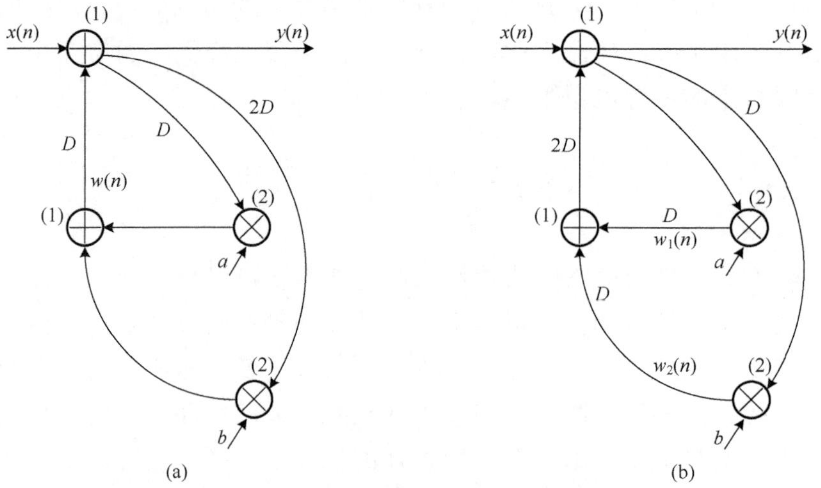

图 7.1　一个三阶 IIR 滤波器的两种结构形式
括号中的数字表示各节点的计算时间

重定时可以通过减少关键路径的计算时间来提高电路系统的时钟速率。我们已经知道，关键路径就是包括零延时在内的所有路径中具有最长计算时间的那条路径。而关键路径计算时间是电路的时钟周期的下界。图 7.1(a)滤波器的关键路径通过了一个乘法器和加法器，计算时间为 3u.t.，因此这个滤波器不能在低于 3u.t.上的时钟周期下工作。而图 7.1(b)中的经过重定时后的滤波器电路，其关键路径包含了两个加法器，计算时间为 2u.t.，因此这个滤波器能够工作在 2u.t.的时钟周期下。

重定时可以改变电路中的寄存器数目而不改变电路的特性。图 7.1(a)滤波器用了四个寄存器，而图 7.1(b)滤波器用了五个寄存器。重定时既能够改变时钟周期,又可改变寄存器数量，有时也可同时考虑这两个参数。

7.2 重定时的定义与性质

7.2.1 重定时的描述

重定时可定义为将一个电路 G 映射到一个重定时的电路 G_r。如图 7.2(a)所示，对于一个具有两个顶点 U 和 V，两个顶点间的延迟为 ω 的电路，经过重定时后，两个顶点间的延迟为 ω'，如图 7.2(b)所示。一个重定时的解用图 7.2 中每个节点 V 的值 $r(V)$ 来表征。令 $w(e)$ 表示在原始图 G 中边 e 的权重，$w_r(e)$表示在重定时后的图 G_r 中边 e 的权重。考虑到原始图中边的权重，重定时右图中边 $U \xrightarrow{e} V$ 的权重计算如下。

$$w_r(e) = w(e) + r(V) - r(U) \tag{7.1}$$

(a)FIR滤波器的SFG　　(b)重定时后滤波器的SFG

图 7.2 一个三阶 FIR 滤波器

为了说明重定时概念，图 7.1(a)中的滤波器表示为图 7.3(a)，而图 7.1(b)重定时后的滤波器表示为图 7.3(b)。重定时的值 $r(1)=0$, $r(2)=1$, $r(3)=0$, $r(4)=0$ 可以用来从图 7.3(a)的 DFG 得到图 7.3(b)重定时后的 DFG。例如，重定时后 DFG 中边 $3 \xrightarrow{e} 2$ 包含延时数为

$$\begin{aligned} w_r(3 \xrightarrow{e} 2) &= w(3 \xrightarrow{e} 2) + r(2) - r(3) \\ &= 0 + 1 - 0 = 1 \end{aligned}$$

而边 $2 \xrightarrow{e} 1$ 包含延时数为

$$\begin{aligned} w_r(2 \xrightarrow{e} 1) &= w(2 \xrightarrow{e} 1) + r(1) - r(2) \\ &= 1 + 0 - 1 = 0 \end{aligned}$$

如果 $w_r(e) \geq 0$ 的条件对所有边都成立，重定时的解就能成立。图 7.3 给出了将重定时应用在图 7.3(a)中的 FIR 滤波器的 DFG 结构上的例子。

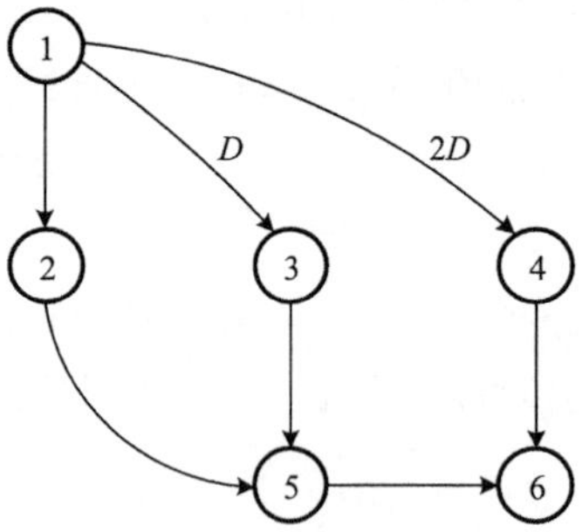

(a)原始的三阶FIR滤波器的DFG

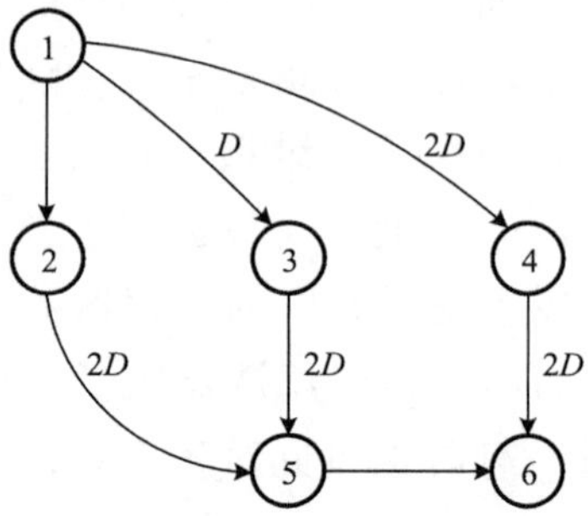

(b)FIR滤波器DFG重定时
$r(1)=-2$，$r(2)=-2$，$r(3)=-2$，$r(4)=-2$，$r(5)=0$，$r(6)=0$

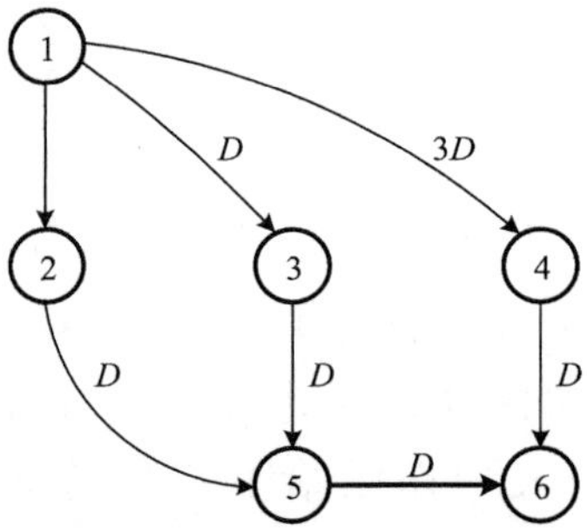

(c)FIR滤波器DFG重定时
$r(1)=-2$，$r(2)=-2$，$r(3)=-2$，$r(4)=-1$，$r(5)=-1$，$r(6)=0$

图 7.3　重定时的 FIR 滤波器

将式(7.1)应用到每条边，可以得到每条边的关系式为

$$\begin{aligned}
\omega_r(1\to 2) &= \omega(1\to 2)+r(2)-r(1)\\
\omega_r(1\to 3) &= \omega(1\to 3)+r(3)-r(1)\\
\omega_r(1\to 4) &= \omega(1\to 4)+r(4)-r(1)\\
\omega_r(2\to 5) &= \omega(2\to 5)+r(5)-r(2)\\
\omega_r(3\to 5) &= \omega(3\to 5)+r(5)-r(3)\\
\omega_r(4\to 6) &= \omega(4\to 6)+r(6)-r(4)\\
\omega_r(5\to 6) &= \omega(5\to 6)+r(6)-r(5)
\end{aligned} \tag{7.2}$$

将重定时顶点矢量 $r(1)=-2$，$r(2)=-2$，$r(3)=-2$，$r(4)=-2$，$r(5)=0$，$r(6)=0$ 代入式(7.2)，得到下列重定时值。

$$\begin{aligned}
\omega_r(1\to 2) &= 0+(-2)-(-2)=0\\
\omega_r(1\to 3) &= 1+(-2)-(-2)=1\\
\omega_r(1\to 4) &= 2+(-2)-(-2)=2\\
\omega_r(2\to 5) &= 0+(0)-(-2)=2
\end{aligned}$$

$$\omega_r(3 \to 5) = 0 + (0) - (-2) = 2$$
$$\omega_r(4 \to 6) = 0 + (0) - (-2) = 2$$
$$\omega_r(5 \to 6) = 0 + (0) - (0) = 0$$

图 7.3(b)给出了一个重定时后的 DFG。DFG 中每一个乘法器在其输出边有 $2D$ 的延时。一个重定时矢量可以使得每个乘法器的输出边有一个延时 D，理由将在后面给出。应用另外一个重定时矢量：$r(1) = -2$，$r(2) = -2$，$r(3) = -2$，$r(4) = -1$，$r(5) = -1$，$r(6) = 0$，得到如图 7.3(c)所示的全流水线结构的电路。可以看到，在加法器级需要增加一个额外的延时 D，用于连接节点 1 和节点 4。通过这两个例子可以看到，有多种不同的重定时操作可以应用在 FIR 滤波器上。重定时的解只有在所有边的重定时值 $\omega_r \geq 0$ 时才有效。

从图 7.2、图 7.3 可以清楚地看出，可以使用重定时向 DFG 引入迭代间约束，DFG 在最终 FPGA 实现中表现为流水线延迟。然而，主要的问题似乎是重定时矢量的值必须确定，这样它将延迟同时移动到 DFG 中的需要延时的有向边上，即 $\omega_r \geq 0$ 适用于所有边缘。确定重定时向量的一种方法是对 DFG 应用图形化方法，它表示应用重定时。这称为割集或割集定理，由 Kung 于 1988 年提出。

7.2.2　重定时的性质

重定时的性质可以从重定时方程式(7.1)导出。在考虑这些性质之前，我们先再熟悉一下路径和环路的概念。一条路径是一个由边和节点顺序排成的序列，对于一个有 k 个节点的路径，可表示为

$$V_0 \xrightarrow{e_0} V_1 \xrightarrow{e_1} \cdots \xrightarrow{e_{k-2}} V_{k-1} \xrightarrow{e_{k-1}} V_k$$

路径 p 的权重为 $w(p) = \sum_{i=0}^{k} w(e_i)$，而路径的计算时间是 $t(p) = \sum_{i=0}^{k} t(V_i)$。一个环路是一个封闭的路径，可表示为

$$V_0 \xrightarrow{e_0} V_1 \xrightarrow{e_1} \cdots \xrightarrow{e_{k-2}} V_{k-1} \xrightarrow{e_{k-1}} V_0$$

环路 c 的权重为 $w(c) = \sum_{i=0}^{k-1} w(e_i)$，而环路的延时为 $t(c) = \sum_{i=0}^{k-1} t(V_i)$。

性质 7.1： 重定时路径 $p = V_0 \xrightarrow{e_0} V_1 \xrightarrow{e_1} \cdots \xrightarrow{e_{k-2}} V_{k-1} \xrightarrow{e_{k-1}} V_k$ 的权重是 $w_r(p) = w(p) + r(V_k) - r(V_0)$。

重定时路径的权重是

$$\begin{aligned} w_r(p) &= \sum_{i=0}^{k-1} w_r(e_i) \\ &= \sum_{i=0}^{k-1} (w(e_i) + r(V_{i+1}) - r(V_i)) \\ &= \sum_{i=0}^{k-1} w(e_i) + \left(\sum_{i=0}^{k-1} r(V_{i+1}) - \sum_{i=0}^{k-1} r(V_i) \right) \\ &= w(p) + r(V_k) - r(V_0) \end{aligned}$$

性质 7.2：重定时不改变环路中的延时数。这是性质 7.1 的一个特殊情况。

性质 7.3：重定时不改变 DFG 中的迭代边界。

性质 7.4：每个节点的重定时值增加一个常数 j 不会改变从 G 到 G_r 的映射。

7.3 割集定理

割集是 DFG 中最小的一组边，可以把这些边从图形中移走，将 DFG 分割成两个不相连接的部分。这一过程基于两个简单的准则。

准则 7.1：延时伸缩。在原始的 DFG 上的每一条边的所有延时 D 都可以伸缩，如 $D' \to \alpha D$，α 为单值正整数，也称为 DFG 的流水线周期。相应地，输入和输出比例也要按照因子 α 进行伸缩。延时的改变不会改变整个 DFG 的时序。

准则 7.2：延时转移。对于任意 DFG 的割集，该割集可以将图形分割成两个不相连接的部分。我们可以将割集中的边进行分类，一类是流出(outbound)某个图形，另一类是流入(inbound)该图形，如图 7.4 所示。延迟转移准则表明：一定数量的延迟寄存器 k，可以由流入边转移到流出边或者相反，而不会影响整个系统的时序。

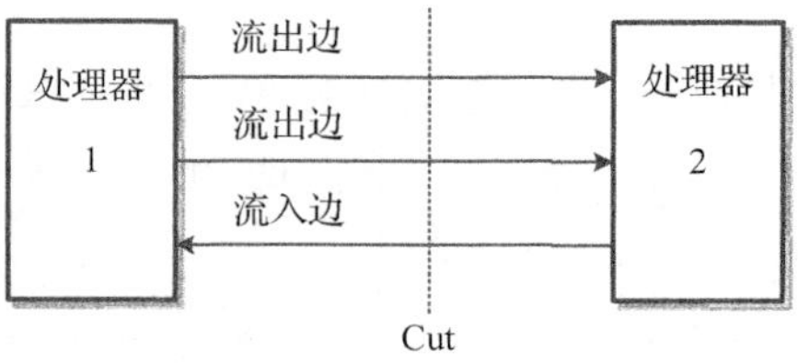

图 7.4　割集定理应用

我们先考虑准则 7.2 在图 7.5(a)的 FIR 滤波器 DFG 中的应用。第一类割集应用在图 7.5(a)，将 DFG 切割成两个分离的区域或子图，子图 1 包含节点 1、2、3 和 4，子图 2 包含节点 5 和 6。由于这个区域所有的边都是由子图 1 流入子图 2 的，因此可以在每条边上增加一个延迟。这就给出了图 7.5(b)。第二类割集将 DFG 分割成子图 3 和子图 4，子图 3 包含节点 1、2、3 和 5，子图 4 包含节点 4 和 6。再增加一个延时到两条边上，得到最终的流水线设计，如图 7.6(c)所示。

这些准则提供了在 DFG 上增加、移除及分散延时的系统性方法。因此，可以在电路中增加、移除及分散寄存器，而不会改变电路的特性和功能。割集重定时的应用，可以在 DFG 的适当的边上引入足够的延迟，使得一定数量的延迟可以从图形的边上被移除，并且被转移到处理模块内部，以便对处理器内的流水线建模。如果割集上所有边的延迟同时被移除，那么表示两个处理器之间存在流水线。

为了研究延迟缩放伸缩，我们考虑一个递归结构，如式(7.3)给出的二阶 IIR 滤波器部分。滤波器对应的 DFG 及割集分别如图 7.6(a)和 7.6(b)所示。图 7.6(c)是重定时后的 DFG。目标是在处理器级应用流水线，因此需要在每条边上有一个延迟 D。问题是

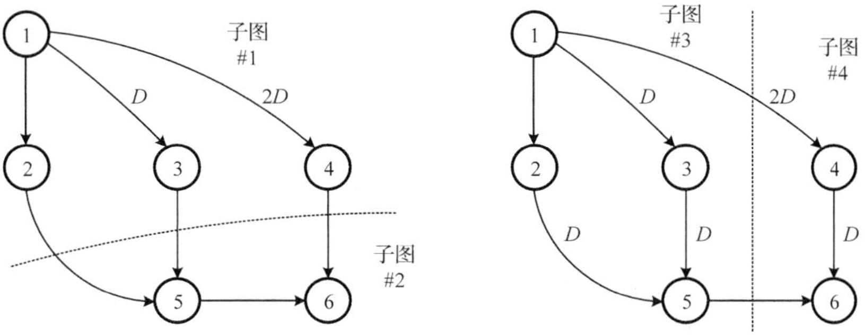

(a)第一类割集　　(b)第二类割集

图 7.5　应用在 FIR 滤波器上的割集重定时

在 2→3→2 环路中没有足够的延迟来应用重定时。例如，如果应用图 7.6 中所示的割集，则最终会将边 3→2 上的延迟移动到边 2→3 上。通过应用时间缩放，计算最坏情况下的流水线周期，如式(7.4)和式(7.5)所示。

$$y(n)=a_0x(n)+a_1x(n-1)+a_2x(n-2)+b_1y(n-1)+b_2y(n-2) \tag{7.3}$$

$$\alpha_c=\frac{B_c}{D_c} \tag{7.4}$$

$$\alpha=\max\{\alpha_c\} \tag{7.5}$$

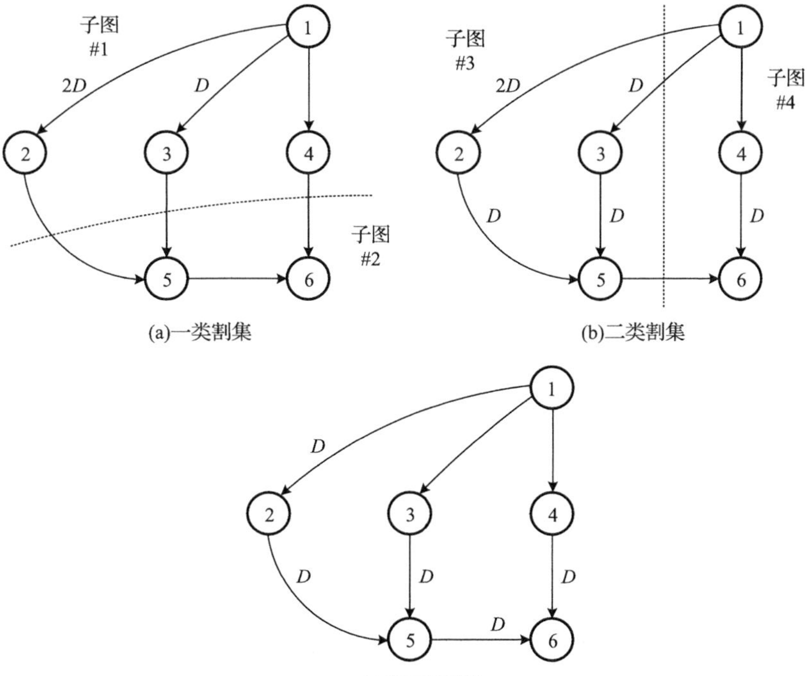

(a)一类割集　　(b)二类割集

(c)重定时后的DFG

图 7.6　FIR 滤波器的重定时

二阶 IIR 滤波器如图 7.7 所示。

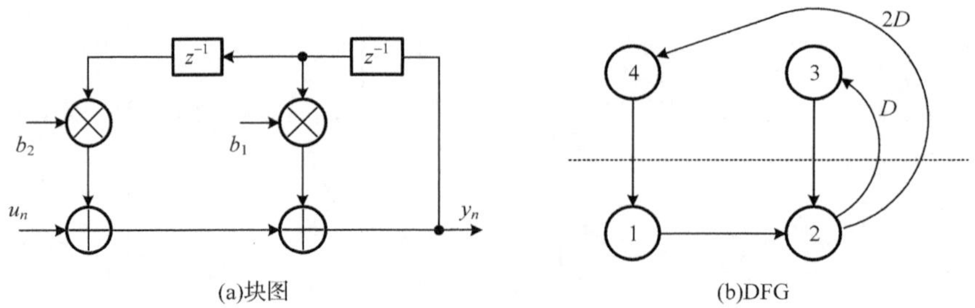

(a)块图　　(b)DFG

图 7.7　二阶 IIR 滤波器

式(7.4)中，B_c 为处理器流水线所需的延迟，D_c 为原始 DFG 中可用的延迟。利用式(7.5)计算最优流水线周期，并作为比例因子。如图 7.7 所示，有两个循环，最坏情况下的循环边界为 2。环路是根据单位时间步骤给出的。

$$1 \to 2 \to 4 \to 1\,(3\text{u.t.})$$
$$2 \to 3 \to 2\,(2\text{u.t.})$$
$$\text{环路边界\#1}\ (3/2=1.5\text{u.t.})$$
$$\text{环路边界\#2}\ (2/1=2\text{u.t.})$$

二阶 IIR 滤波器的流水线如图 7.8 所示。应用伸缩因子 2 得到图 7.8(a)中经过重定时的 DFG。应用图 7.8 中所示的割集，得到修改后的图 7.8(b)的 DFG，用另一个割集，得到图 7.8(c)的 DFG。将延迟映射到处理器，并添加数字来显示流水线级别，就得到了最终的流水线 IIR 滤波器(图 7.8(d))。

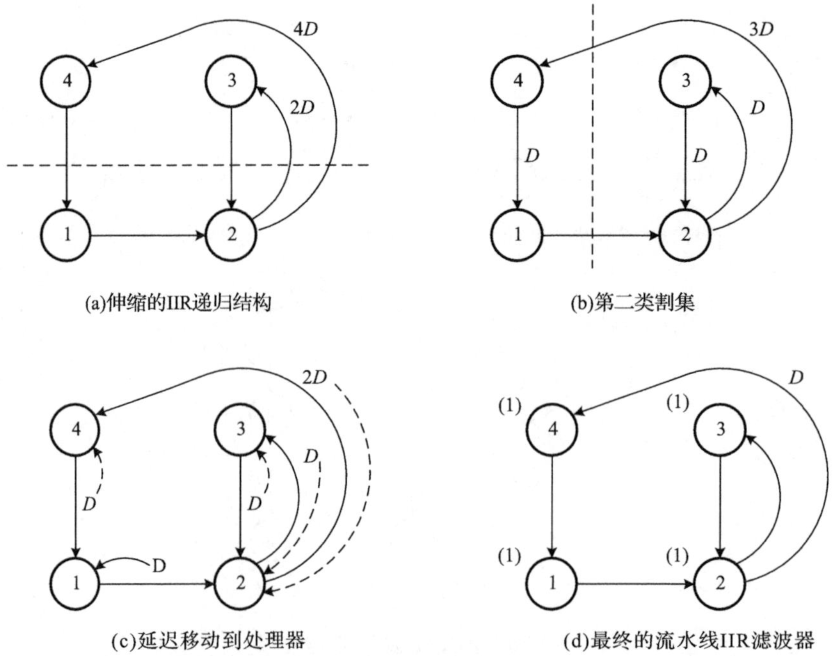

(a)伸缩的IIR递归结构　　(b)第二类割集

(c)延迟移动到处理器　　(d)最终的流水线IIR滤波器

图 7.8　二阶 IIR 滤波器的流水线

电路的最终实现使用 Xilinx Virtex-5 FPGA 进行了综合，综合结果见表 7.1。表 7.1 对图 7.7(b)和图 7.8(d)电路所使用的 FPGA 资源及包括时钟频率等性能指标进行了对比。

表 7.1 在 Xilinx Virtex-5 FPGA 上的重定时性能

电路	FPGA 资源		电路性能	
	DSP48	FFs	时钟/MHz	传输速率/MHz
图 7.7(b)	2	20	176	176
图 7.8(d)	2	82	377	188

7.4 重定时技术

前面的章节概述了重定时的过程，即首先确定流水线周期，然后对流水线周期进行伸缩调整，最后允许在处理器级别上设计流水线。这是 FPGA 技术中可能实现的最精细的流水线。然而，流水线周期的计算只在一个简单的二阶 IIR 滤波器上进行，因此需要更有效地计算流水线周期的方法，也就是重定时的算法。Parhi 在 1999 年就提出了许多不同的技术。本节首先考虑称为割集重定时和流水线的两种特殊情况，然后再考虑两个用于重定时的算法，一个使时钟周期最小化，另一个使寄存器数目最小化，二者都是实现电路所需要的。

7.4.1 割集重定时和流水线

割集重定时是重定时的一种特殊情况。割集是一组边，把它们从图 7.9(a)中移走而产生两个不相连的子图。割集重定时只影响割集中边的权重。若两个不相连的子图标为 G_1 和 G_2，则割集重定时包含两个内容：一个是从 G_1 到 G_2 的每条边都增加 k 个延时，另一个是从 G_1 到 G_2 的每条边都减去 k 个延时。例如，图 7.9(a)中虚线所示的一个割集，其三条边是 $2\to1$、$3\to2$ 和 $1\to4$。去掉该割集的这三条边后看到两个子图 G_1 和 G_2，如图 7.9(b)所示。对于 k=1，割集重定时的结果如图 7.9(c)所示。从 G_1 到 G_2 的边是 $3\to2$ 和 $1\to4$，每条边都加 1 个延时。从 G_1 到 G_2 的边是 $2\to1$，从这条边减 1 个延时。

割集重定时情况下子图 G_1 中每个节点重定时的值都为 j，而子图 G_2 中每个节点重定时的值为 $j+k$。根据性质 7.4，j 值是不重要的。在图 7.9 的例子中，由值 j=0 和 k=1 产生 $r(1)=0$，$r(2)=1$，$r(3)=0$，$r(4)=1$，这样，就将图 7.9(a)的 DFG 映射为图 7.9(c)的 DFG。任何 j 值都会产生与此相同的重定时图。

对于重定时图的可行性来说，$w_r(e)\geqslant 0$ 对于 G_r 中的所有边 e 都是必须保持成立的。令 $e_{1,2}$ 代表从 G_1 到 G_2 的一条边，而 $e_{2,1}$ 代表从 G_2 到 G_1 的一条边。因为割集重定时给从 G_1 到 G_2 的每条边 $e_{1,2}$ 都增加 k 个延时，所以 $w_r(e_{1,2})\geqslant 0 => w_r(e_{1,2})+k\geqslant 0$ 必须保持成立。类似地，因为要从 G_2 到 G_1 的每条边 $e_{2,1}$ 都要减去 k 个延时，所以 $w_r(e_{2,1})\geqslant 0 => w_r(e_{2,1})+k\geqslant 0$ 必须成立。把这两个不等式结合起来，并考虑割集的所有边，得到

$$-\min_{G_1 \to G_2}\{w(e)\} \leqslant k \leqslant \min_{G_2 \to G_1}\{w(e)\} \tag{7.6}$$

作为割集重定时给出可行解对 k 的要求。在图 7.9 中，若 $\min\limits_{G_1 \to G_2}\{w(e)\} = \min\{0,2\} = 0$ 和 $\min\limits_{G_2 \to G_1}\{w(e)\} = 1$，则 $0 \leqslant k \leqslant 1$ 必须成立。因为 $k=0$ 不产生任何效果，所以 $k=1$ 是能产生可行的重定时图的唯一 k 值，$k=1$ 的割集重定时图如图 7.9(c)所示。

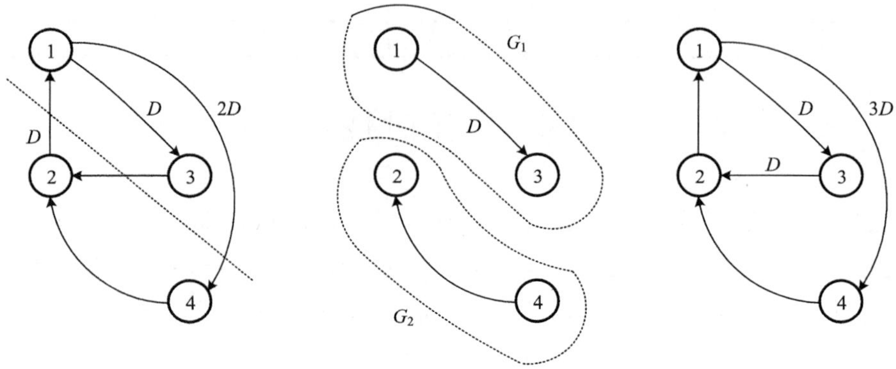

(a)图7.1的DFG　　(b)去掉割集的边，形成两个子集　　(c)k=1的割集重定时图

图 7.9　一个割集重定时的例子

割集重定时有一个特例称为节点重定时：选择一个割集，使子图 G_2 只有一个节点，而子图 G_1 包括其余节点并除去与 G_2 节点连接的那些边。这种割集的一个例子如图 7.10(a)所示，其两个子图如图 7.10(b)所示。子图 G_2 包含一个节点 2，而子图 G_1 包含了原图的其余部分，并除去与节点 2 相连接的那三条边。这种情况的割集重定时采用给指向节点 2 的边加上 1 个延时，而从节点 2 指向其他节点的边减去 1 个延时，结果如图 7.10(c)所示。因此，这种割集重定时的特殊情况包括选择一个节点作为一个割集，从该节点的每个出行边上减 1 个延时而给该节点的每个入行边上加 1 个延时。

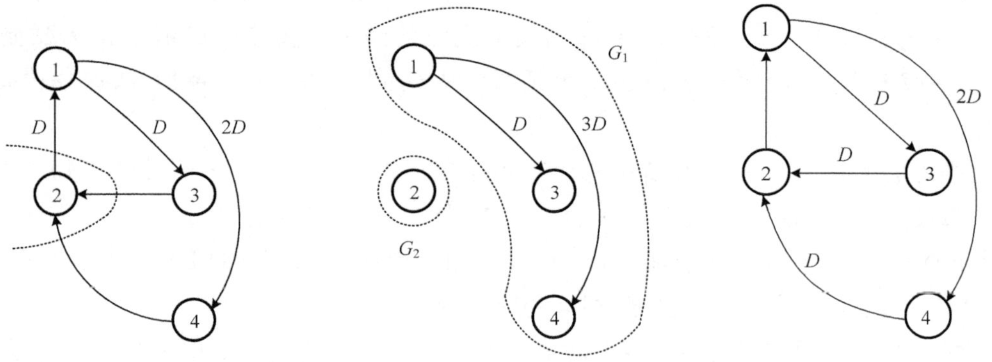

(a)原始DFG　　(b)去掉割集边得到的两个子图　　(c)重定时后的DFG

图 7.10　节点重定时

流水线也可以认为是割集重定时的一种特殊情形。在这种条件下，没有从子图 G_2 到子图 G_1 的边，即流水线应用到了一个无环路图的场景下。这些割集称为前馈割集

(forward cut-set)。原始的 FIR 滤波器如图 7.11(a)所示，该图分为两个子图，如图 7.11(b)所示。割集中所有三条边都从 G_1 指向 G_2，并且对它进行 $k=2$ 的割集重定时，使割集中每条边增加 2 个延时，产生如图 7.11(c)所示的重定时图。这表明流水线可以看成重定时的一个特殊情况。

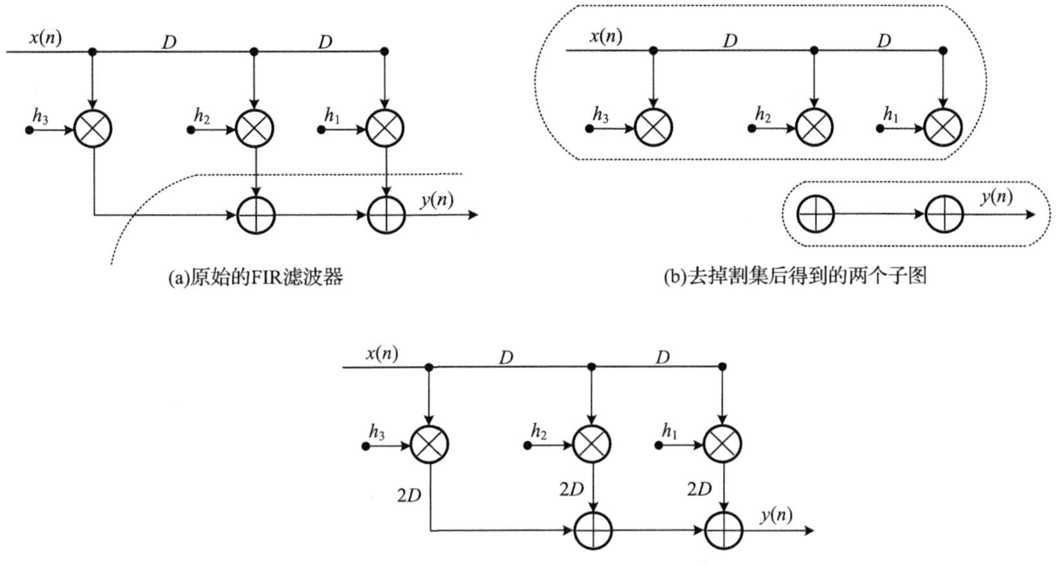

(a)原始的FIR滤波器

(b)去掉割集后得到的两个子图

(c)k=2的割集重定时图

图 7.11 割集重定时的特例：流水线结构

概括地说，割集重定时是重定时的一个特殊情况，流水线也是割集重定时的一个特殊情况。割集重定时和流水线都是图形化技术，可以用来以简单的方式完成复杂的重定时操作。

7.4.2 *C* 倍减速重定时

C 倍减速(C-slow)重定时技术是指用 *C* 个寄存器替换 DFG 中的每个寄存器。然后再采用重定时以减少关键路径延迟。结果是可以对 *C* 个不同的数据流进行操作。最佳的情况是，*C* 倍减速设计在输入端对 *C* 个数据进行多路复用，在输出端对各自的数据解除多路复用。

实现一阶差分方程的 DFG 的关键路径如图 7.12(a)所示。从图 7.12(b)可以明显看出，DFG 的关键路径延迟不能通过重定时进一步降低。

对于多个输入的 DFG，*C* 倍减速对于进一步减少递归型 DFG 的关键路径是非常有效的。该技术的工作原理是用 *C* 个寄存器替代 DFG 中的原有的每个寄存器，然后进行重定时以减少关键路径。*C* 倍减速技术需要 *C* 个输入数据流或者在 DFG 的每个有效输入之后周期性地输入 $C-1$ 个空操作。因此，每一路输入数据的有效吞吐量将不受 *C* 倍减速技术的影响，但是它提供了一种有效的方法来实现粗粒度运算的并行处理，而不添加任何冗余的组合逻辑。C 倍减速重定时如图 7.13 所示，采用 2 倍减速设计。改进 IIR 滤波器结构有两个独立的输入流。系统运行在完成所有步骤处理后，这两个输入数据流 $x(n)$ 和 $x'(n)$ 产生两个相应的输出数据流 $y(n)$ 和 $y'(n)$ 。

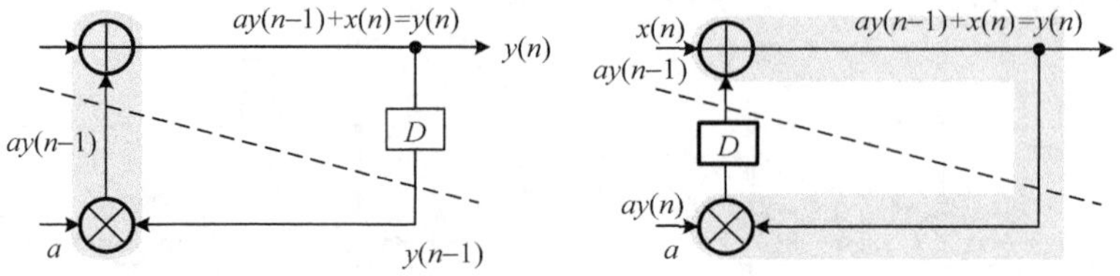

(a)一阶IIR滤波器的关键路径　　(b)重定时后的关键路径

图 7.12　重定时后的关键路径

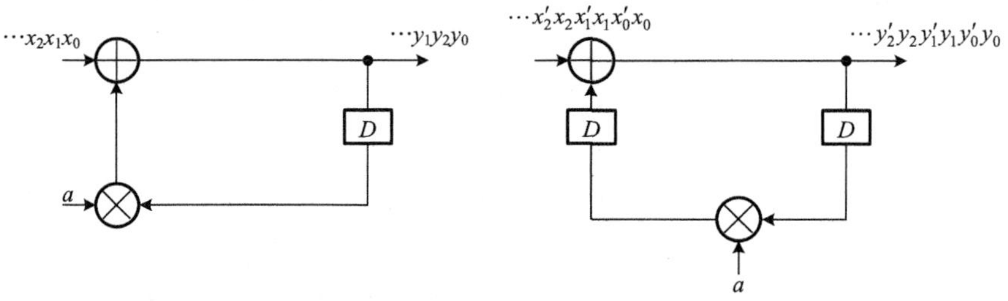

(a)一阶IIR滤波器的DFG　　(b)两倍减速重定时后的关键路径

图 7.13　C 倍减速重定时

虽然理论上一个电路可以采用的 C 倍减速中的 C 可以是任意值，但寄存器的启动时间和时钟到 Q 的延迟限制了可以添加与重新计时的寄存器的数量。另一个限制是设计中可能有一些位置需要许多寄存器来进行重定时设计，从而导致芯片面积急剧增大。对于时间复用的 C 倍减速重定时如图 7.14 所示。

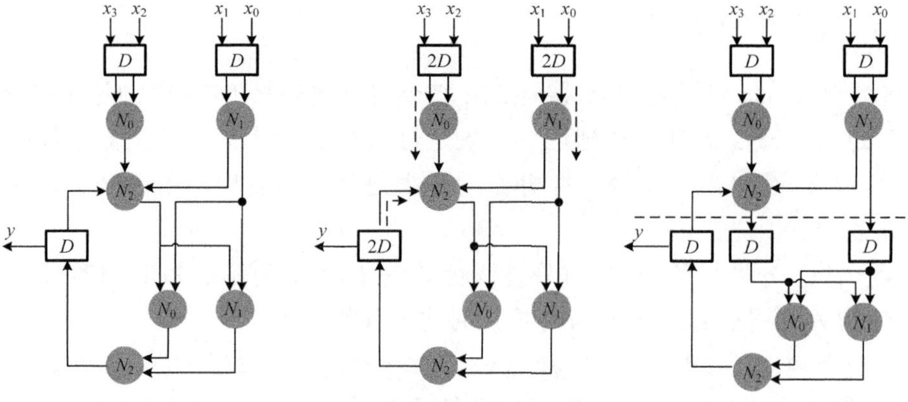

(a)原始的DFG图　　(b)两倍减速版DFG　　(c)节点重定时的DFG

图 7.14　对于时间复用的 C 倍减速重定时

对于长度 N=8 的 FIR 滤波器，其直接形式的 DFG 如图 7.15(a)所示。由图 7.15 可以看出，其关键路径时间为

$$T_{\mathrm{DR}} = T_m + (N-1)T_a$$

割集重定时的 DFG 如图 7.15(b)所示，其关键路径时间减小为

$$T_{\mathrm{DR}} = T_m + 2T_a$$

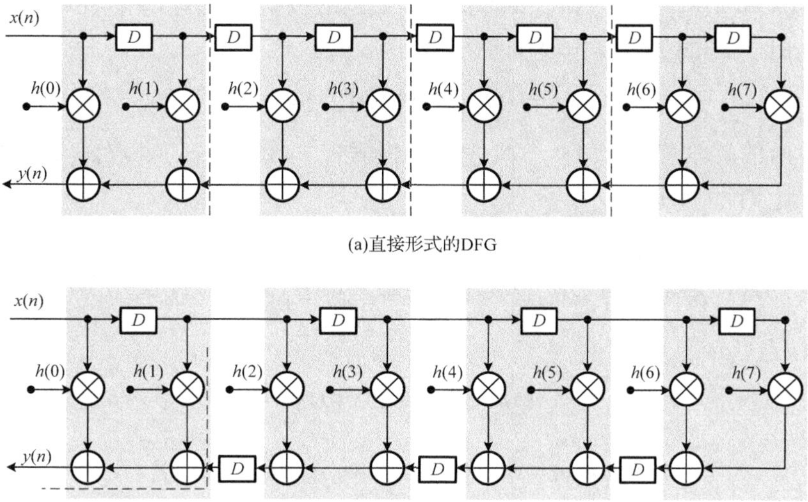

(a)直接形式的DFG

(b)割集重定时的DFG

图 7.15　长度为 8 的 FIR 滤波器

对于长度为 N 的格型滤波器(lattice filter)，其两倍减速版如图 7.16(a)所示,对其进行重定时，得到如图 7.16(b)所示的结果，其关键路径时间由最初的 $T_{\mathrm{L}} = T_m + (N+1)T_a$ 减小为 $T_{\mathrm{L}} = 2T_m + 2T_a$。

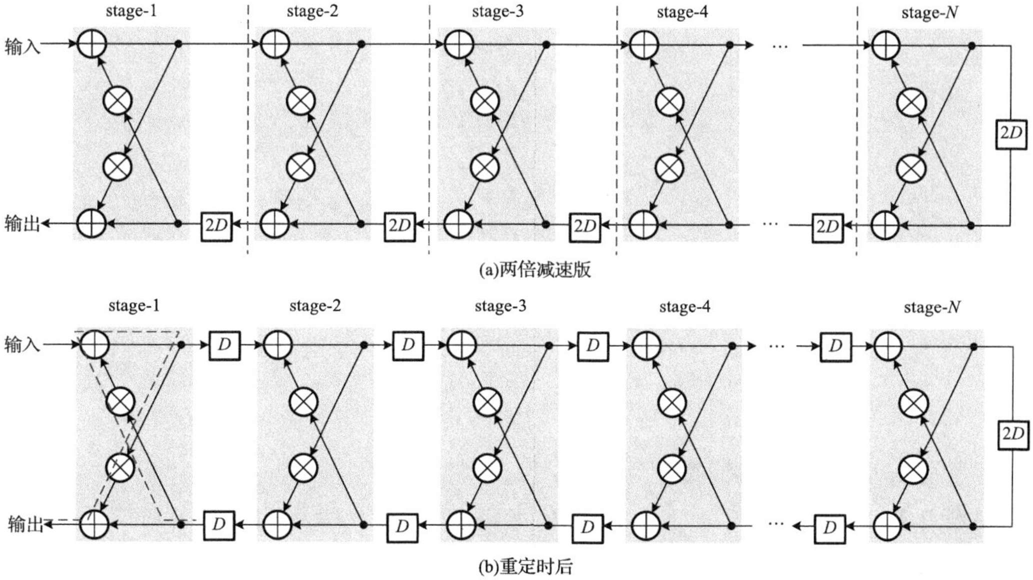

(a)两倍减速版

(b)重定时后

图 7.16　长度为 N 的格型滤波器

7.4.3　时钟周期最小化的重定时

本节提出一种重定时算法，使同步数字电路的时钟周期最小化。对于一个数字电路，最小时钟周期就是关键路径时间，而关键路径是在无延时路径中计算时间最长的路径。最小时钟周期 $\Pi(G)$ 定义为

$$\Pi(G)=\max\{t(p):w(p)=0\} \tag{7.7}$$

本节提出的算法就是找到一个重定时的解 r_0，使 $\Pi(G_{r0})\leqslant\Pi(G_r)$，$\Pi(G_r)$ 为任何一个其他重定时的解 r。

这个算法用到了 $W(u,v)$ 和 $D(u,v)$ 这两个量，$W(u,v)$ 是从节点 U 到节点 V 的任一路径上寄存器的最少数目，而 $D(u,v)$ 是从 U 到 V 以 $W(u,v)$ 为权重的所有路径中最长的计算时间。

$$W(u,v)=\min\{w(p):u\xrightarrow{p}v\} \tag{7.8}$$

$$D(u,v)=\max\{t(p):u\xrightarrow{p}v,w(p)=W(u,v)\} \tag{7.9}$$

在图 7.17 所示的有向图中，最小时钟周期 $\Pi=60$，其等于 $t(v_2)+t(v_3)+t(v_4)+t(v_1)$。然而，如果我们对节点矢量 $\{1,2,3,4,5\}$ 采用重定时矢量 $\{1,0,0,1,0\}$，重定时之后的图 G_r 如图 7.18 所示。

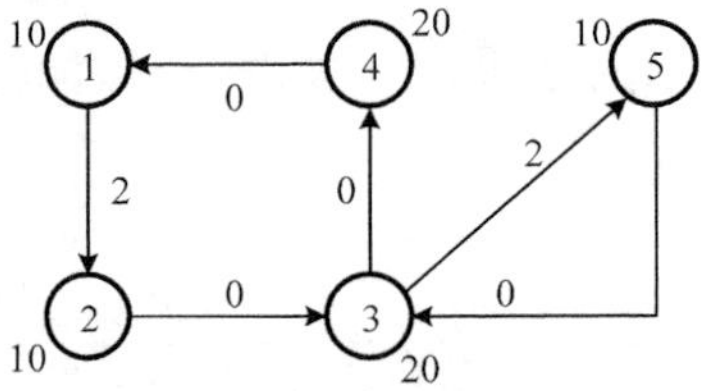

图 7.17　数字电路的有向图模型

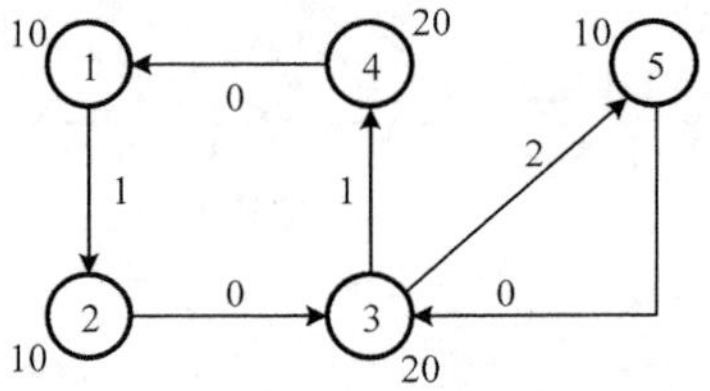

图 7.18　重定时后，最小时钟周期为 30

为了更好地讨论，我们提出下面定理。

定理 7.1：假定图 G 是一个时序数字电路，Π 是一个正的实数。对图 G 进行 r 重定时，使得重定时后的图 G_r 的时钟周期等于或小于 Π，只有在每个节点的 $r(v)$ 满足下列条件时才成立：① $r(u)-r(v)\leqslant w(e)$；② $r(u)-r(v)\leqslant W(u,v)-1$，使得 $D(u,v)>\Pi$。

定理 7.2：假定图 G 是一个时序数字电路，Π 是一个正的实数。对图 G 进行 r 重

定时，使得重定时后的图 G_r 的时钟周期等于或小于 Π，只有当存在一个函数 s，满足 $-s(v)\leqslant -d(v)$ 且 $s(u)-s(v)\leqslant -d(v)$， $w(e)=0$ 时才成立。

重定时后的图，可以具有相同的时钟周期，但每个边上的延迟数量可以不同。对于重定时后的边 e_r，假定 $m(e_r)$ 是一个在 0～1 的未知变量，其取值由下面的条件决定：当 $w_e(r)\geqslant 0$ 时， $m(e_r)$ 取 1；其他情形时， $m(e_r)$ 取 0。基于 $m(e_r)$ 的定义，可以得到

$$0\leqslant m(e_r)\leqslant 1 \tag{7.10}$$

$$m(e_r)\leqslant w_e(r) \tag{7.11}$$

利用式(7.1)，(7.11)可以写成

$$m(e_r)+r(u)-r(v)\leqslant w_e(r) \tag{7.12}$$

由定理 7.1，可以推导出下面的定理 7.3。

定理 7.3：假定图 G 是一个时序数字电路， Π 是一个正的实数。对图 G 进行 r 重定时，使得重定时后的图 G_r 的时钟周期等于或小于 Π，只有在式(7.10)、式(7.11)和式(7.12)均成立时，才能够成立。

定理 7.3 中包含的三个不等式有多个不同的解。为得到最大值 M，可以有

$$\max\left(\sum m(e_r)\right) \tag{7.13}$$

可以通过求解下列的方程组(式(7.14)～式(7.17))，得到满足式(7.13)的重定时的解，其中， $m(e_r)$ 和 r 均为非负的整数。

$$-m(e_r)\leqslant 0 \tag{7.14}$$

$$m(e_r)\leqslant 1 \tag{7.15}$$

$$m(e_r)+r(u)-r(v)\leqslant w_e(r) \tag{7.16}$$

$$r(u)-r(v)\leqslant W(u,v)-1 \tag{7.17}$$

寻找最小时钟周期重定时解的一般方法是，首先计算 $W(u,v)$ 和 $D(u,v)$，然后对 $D(u,v)$ 的值排序，再对这些值做二进制搜索(binary search),找出具有时钟周期的重定时解。计算 $W(u,v)$ 和 $D(u,v)$ 的值可以利用 Floyd-Warshall 算法在 $O(n^3)$ 时间内完成。$D(u,v)$ 不同值的最大数目是 n^2 个(当 $D(u,v)$ 所有值都不相同时)，所以二进制搜索，用掉 $O(\log_2 n)$ 步。利用 Floyd-Warshall 算法或 Bellman-Ford 算法检查这些值是否大于或等于最小时钟周期，用时 $O(n^3)$。因此，找到最小时钟周期的重定时电路所需要的时间复杂性是 $O(n^3\log_2 n)$。注意，如果迭代边界已知，那么仅需要考虑 $D(u,v)$ 中大于或等于迭代边界的值。

7.4.4 寄存器数最小化的重定时

本节提出一种重定时解的算法，电路中使用的寄存器数目最少，也仍能满足时钟周期的约束条件。

如果一个节点有几条输出边，每条边都输出相同的信号，那么实现这些边所需要的寄存器的数量是这些边中寄存器数最多的那个边上的寄存器的数量。利用这个概念，在重定时图中，实现节点 V 的输出边所需要的寄存器数目是

$$R_V = \max_{V \xrightarrow{e} ?} \{w_r(e)\} \tag{7.18}$$

在重定时后的电路中，总寄存器的数量是 $R_m = \sum R_V$ 。如图 7.19 所示，图 7.19(a)的实现方法使用了 1+4+9=14 个寄存器；而在图 7.19(b)中，实现方法则使用了 $\max(1,4,9) = 9$ 个寄存器。在图 7.19 重定时后的电路中，总寄存器的数量是 $R_m = \sum R_V$ 。

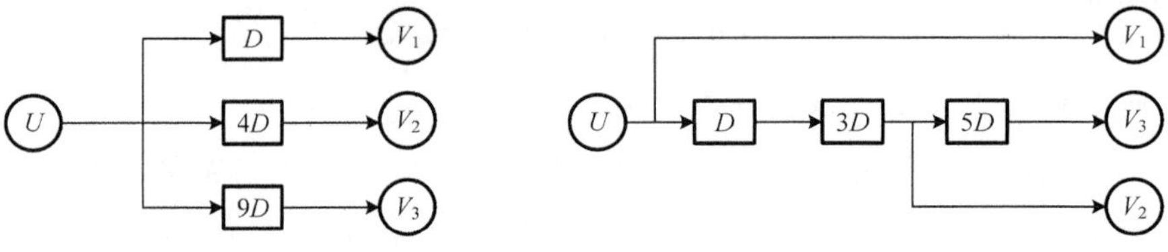

图 7.19　输出寄存器的设计

在时钟周期不大于 c 的约束条件下，寄存器数最小化的公式为 $R_m = \sum R_V$ ，满足条件：①(扇出约束)对所有的节点 V 和所有的边 $V \xrightarrow{e} ?$， $R_V \geqslant w_r(e)$； ②(可行性约束)对每条边 $U \xrightarrow{e} V$， $r(U) - r(V) \leqslant w(e)$； ③(时钟周期约束)对所有顶点 U、V，$r(U) - r(V) \leqslant W(u,v) - 1$，满足 $D(u,v) > c$ 。

7.5　本 章 小 结

重定时是一种很重要的电路变换技术。重定时有割集重定时和节点重定时，通过割集先将 DFG 分割成两个不相连的子图，再将两个子图连接起来，并改变连接边的延迟数量。同步时序数字系统可以利用重定时来减小关键路径时间或时钟周期、减少存储元件或延时元件数量、降低整个系统的功耗。如果重定时的解存在，最短路径算法可以得到重定时的解。重定时常与 C 倍减速同时采用，以减小滤波器的关键路径。

第 8 章　展开与折叠技术

8.1　概　　述

数字设计中的主要决策基于采样时钟与电路时钟的比值。一方面，采样时钟是特定于应用程序的，它是由奈奎斯特采样准则或带通采样约束导出的。另一方面，电路时钟主要取决于电路的设计和技术。在许多高端应用中，设计的主要重点是尽可能获得高的时钟速率，以获得所需的数据吞吐量。如果无法简单地将数据流图映射到硬件上，并以所需的时钟速率进行电路综合，那么要考虑采用其他的技术手段解决。

在前馈设计中，展开变换使并行处理成为可能。展开变换将导致吞吐量的增加。流水线是前馈设计中的另一个选择，可以获得更好的时间特性。流水线通常是一个选择，因为它比展开设计所占用的芯片面积更小。在反馈 DFG 中，由于需要降低电路时钟速率，展开变换不会导致真正的并行处理，因此不会给出任何潜在的迭代周期边界(IPB)改进。展开变换唯一的好处是电路可以在较慢的时钟周期下运行，因为寄存器的速度会比较慢，减慢的倍数为展开因子。在基于 FPGA 的设计中，使用固定数量的寄存器和嵌入式计算单元时，展开有助于优化算法寄存器的设计。

与专用或并行架构相比，时间复用架构的设计实例中，电路时钟的速度至少是采样时钟的两倍。该设计以电路时钟速度运行，输入数据对多个电路时钟保持有效，因此可以复用硬件资源。对于许多应用，可以轻松地提出时间共享体系结构，但设计一个最佳的时间共享架构可能并不简单。本章涵盖了时间复用架构中折叠的数学转换技术。这些转换首先采用同步数字信号处理算法的 DFG，表示一个折叠因子和折叠进度；然后系统地生成一个折叠架构，该架构将 DFG 映射到较少的硬件计算单元上；最后，分别使用由计算节点和基于有限状态机的控制器组成的数据通道，实现带有时间表的折叠体系结构。

8.2　展　　开

电路设计取决于采样率和电路时钟速度的比值。采样时钟是基于奈奎斯特采样标准的，对一个数字电路而言是确定的。这些采样率的下界就是采样时钟。采样时钟还对电路设计有吞吐量的约束。一方面，在许多工程应用中，采样信号要经过数字到模拟(D/A)转换器电路。另一方面，电路时钟取决于工艺技术和电路功率。在许多高吞吐量的应用中，考虑的重点是希望所设计的电路可以以最高的时钟速率运行。如果在将数据流图映射到完全专用架构(FDA)时，电路综合无法达到所需的时钟频率，则必须寻找其他的技术解决方案。

展开是可以应用于 DSP 算法的一种转换技术，由它产生的新算法可描述原有算法的多次迭代。具体而言，就是以展开因子 J 去展开一个 DSP 算法，原算法会变成一个连续迭代 J 次的新算法。展开也称为环路展开。

例如，考虑如下一个一阶 IIR 滤波器。

$$y(n)=x(n)+ay(n-1) \tag{8.1}$$

进行展开，展开因子 J 为 3，可以得到下面的表达式。

$$\begin{cases} y(3k)=x(3k)+ay(3k-1) \\ y(3k+1)=x(3k+1)+ay(3(k+1)-1) \\ y(3k+2)=x(3k+2)+ay(3(k+2)-1) \end{cases} \tag{8.2}$$

一阶 IIR 滤波器的 SFG 和 DFG 如图 8.1(a)所示，其中，加法器用 A 处理器表示，乘法器用 B 处理器表示。该滤波器的 DFG 展开如图 8.1(b)所示，其中，A_0、A_1 和 A_2 分别代表计算三次加法运算的硬件；而 B_0、B_1 和 B_2 分别代表计算三次乘法运算的硬件。采用这种环路展开的形式，每个延迟都等效于 3 个时钟周期。例如，处理器 B_0 需要的前一个值 $y(n-1)$，是由 A_2 的输出 $y(n+2)$ 经过 3 个延迟后得到的。与原始的 SFG 相比，延迟元件在不同的有向线段 A_0-B_0、A_1-B_1 和 A_2-B_2 间进行了重新分布。

在展开系统中，每个延迟是 J 倍降速的，这就是说，如果输入对一个延迟单元的信号是 $x(kJ+m)$，那么该延迟单元的输出是 $x((k-1)J+m)=x(kJ+m-J)$。式(8.1)对应的三阶展开程序如图 8.1(b)所示，运用 J 倍降速延迟的概念，图 8.1(b)描述了所希望的运算，如式(8.2)所示。

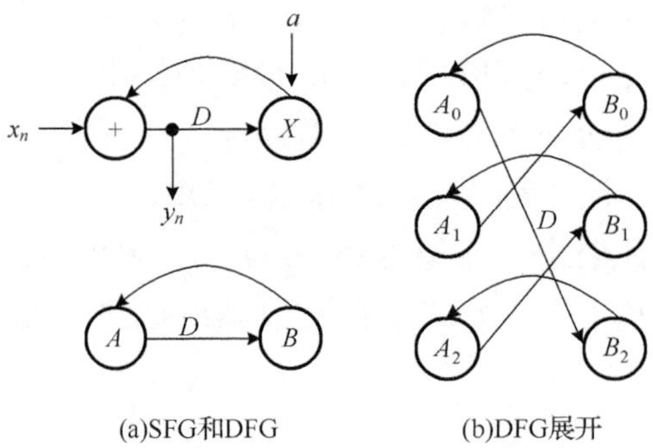

图 8.1　一阶 IIR 滤波器的展开

图 8.1(b)所示的三阶展开程序是通过代入 $n=3k$、$n=3k+1$、$n=3k+2$ 到式(8.1)中得到的。虽然这种方法可以得到正确的三阶展开，但是写出原始程序和它的 J 阶展开程序方程式，并进一步画出相应的展开数据流图通常是比较烦琐的。特别是展开因子 J 较大的情形。在此我们提出一种基于图形的技术，可直接展开 DFG 和生成 J 阶展开程序的 DFG，而无须写出原程序和展开程序的表达式。

8.2.1　展开算法

可以采用一种算法对 DFG 进行自动展开。这种算法主要是基于一个实际情况，即节点 $U(i)$ 在第 k 次迭代时，如果是采用 J 倍因子展开，那么 DFG 则会在原来 DFG 中的节点 U 的位置进行 $J(k+i)$ 迭代。展开算法如下。

(1) 对于原始 DFG 中的每一个节点 U，画出 J 个节点：$U_0,U_1,\cdots,U_{J-1}$。

(2) 对原始 DFG 中每一条有 w 延迟的边 $U \to V$，画 J 条有 $(i+w)/J$（向下取整）延迟的 $U_i \to V_{(i+w)\%J}$ 边，$i=0,1,\cdots,J-1$。其中，% 表示相除后取余数。例如，11%4=3，25%3=1。$(i+w)/J$ 表示 $i+w$ 与 J 相除后的最小整数，如 25/3=8。

对原始 DFG 中的每一个节点 U，在 J 阶展开时，DFG 中都有 J 个具有相同功能的节点 U。例如，对于图 8.1(a) 中的加法器，在图 8.1(b) 所示的二阶展开 DFG 中存在两个相同的加法器。类似地，图 8.1(b) 的两个乘法器与图 8.1(a) 中的乘法器相对应。

原始 DFG 的每一条边，在 J 阶展开 DFG 中都有 J 条相应的边。从图 8.1 中可以看到，原始 DFG 中从加法器到乘法器的一条边，导致了展开 DFG 中从加法器到乘法器的三条边。可以看出，J 阶展开程序的 DFG 总是包含节点和边，相当于原始 DFG 的 J 倍。

为了展示这种展开算法，构建了图 8.1(a) 中 DSP 程序的 DFG，这个 DFG 以 J=3 为展开因子展开，得到了图 8.1(b) 中的 DSP 程序。在这个 DFG 中，节点 A 和 B 分别表示相加和相乘。为了以 3 为展开因子展开这个 DFG，根据展开算法第一步，首先画出六个节点。

画出这些节点后，需要进行展开算法的第二步。对于没有延迟的边 $U \to V$，这一步简化为画出 J 个没有延迟的边 $U_i \to V_i$，$i=0,1,\cdots,J-1$。例如，由图 8.1(a) 中没有延迟的边 $B_i \to A_i$ 得到图 8.1(b) 中的三阶展开 DFG 中的没有延迟的三条边 $B_0 \to A_0$、$B_1 \to A_1$ 和 $B_2 \to A_2$。对图 8.1(a) 中具有 w=1 延迟的边 $A \to B$，画出具有 $(1+0)\%3=0$ 延迟的边 $A_0 \to B_{(0+1)/3}$、具有 $(1+1)\%3=0$ 延迟的边 $A_1 \to B_{(1+1)/3}$、具有 $(2+1)\%3=1$ 延迟的边 $A_1 \to B_{(2+1)/3}$，它们分别是对应于图 8.1(b) 中具有 0 个延迟的边 $A_0 \to B_{(1+0)/3}$、$A_1 \to B_{(1+1)/3}$ 和具有 1 个延迟的边 $A_2 \to B_{(1+2)/3}$。

如图 8.2 所示，因为原始 DFG 中的节点 C 表示相加，二阶展开 DFG 中的节点 C_0 和 C_1 表示相加运算。类似地，因为原始 DFG 中的节点 D 表示乘以常数 a，二阶展开 DFG 中的节点，D_0 和 D_1 表示与常数 a 相乘。原始 DFG 中的节点 A 表示输入 $x(n)$。展开 DFG 中节点的 A_i 的第 k 次迭代，执行在原始 DFG 中节点 A 的第 $Jk+i$ 次迭代，$i=0,1,\cdots,J-1$，k=0～∞。因此，节点 A_0 对应于输入样值 $x(2k+0)$，节点 A_1 对应于输入样值 $x(2k+1)$。类似地，节点 B_0 对应于输出样值 $y(2k+0)$，节点 B_1 对应于输出样值 $y(2k+1)$。由此得到如图 8.2(b) 所示的二阶展开后的 DFG。

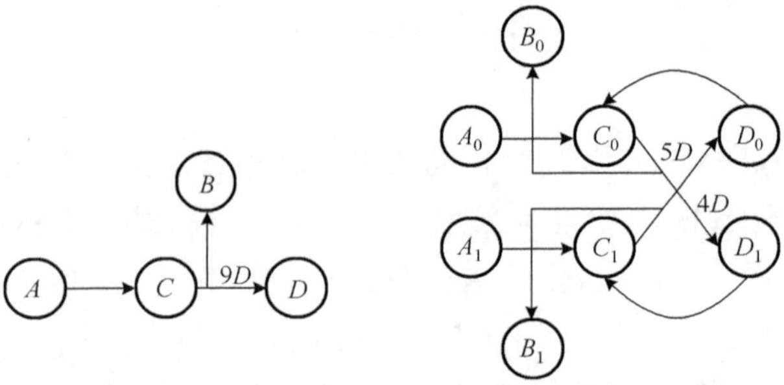

(a)原始的DFG　　(b)二阶展开后的DFG

图 8.2　DFG 图的二阶展开

图 8.3 和图 8.4 给出了另外两个展开的例子。图 8.3(a)中的 DFG 以展开因子 4 得到了如图 8.3(b)所示的四阶展开后的 DFG。图 8.4(a)中的 DFG 以展开因子 3 展开得到了如图 8.4(b)所示的三阶展开后的 DFG。

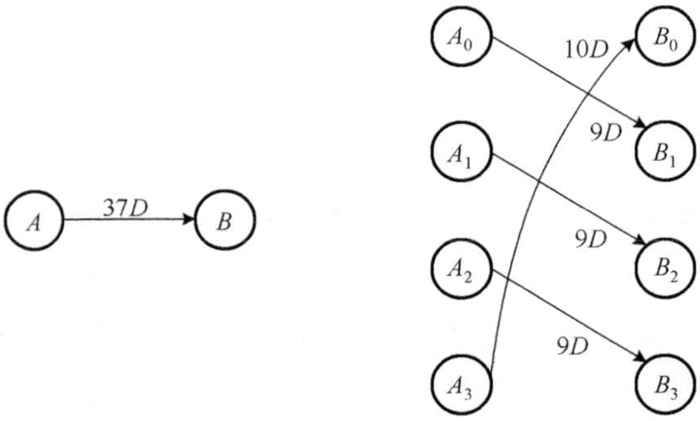

(a)原始的DFG　　(b)四阶展开后的DFG

图 8.3　DFG 的四阶展开

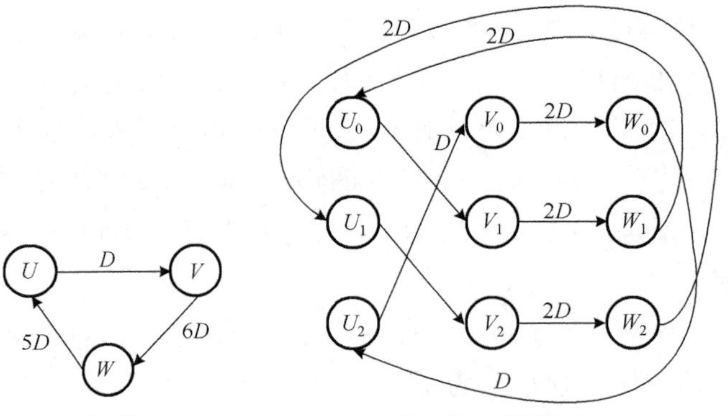

(a)原始的DFG　　(b)三阶展开后的DFG

图 8.4　DFG 的三阶展开

当 $w<J$ 时，展开原始 DFG 中一条延迟为 w 的边，相当于在 J 阶展开 DFG 中生成了 $J-w$ 条没有延迟的边和 w 条延迟为 1 的边。

展开的一个重要性质是展开保持 DSP 程序的优先约束不变。原始 DFG 的 e 条边清楚地表示出在原有程序一次迭代中的优先约束，而 J 阶展开 DFG 的 Je 条边则清楚地表示出程序的 J 次迭代有同样的约束。为了表明本节描述的展开算法的确在生成展开 DFG 时保持了与原始 DFG 相同的优先约束，我们需要证明：在展开 DFG 中延迟为 $\left\lfloor \frac{i+w}{J} \right\rfloor$ 的边 $U_i \to V_{(i+w)\%J}$ 对应于原始 DFG 中延迟为 w 的边 $U \to V$。其中，数学符号 $\lfloor\ \rfloor$ 表示向下取整数，如 $\lfloor 26/3 \rfloor = \lfloor 8.7 \rfloor = 8$。

展开变换是基于这样的一种事实，即 J 阶展开 DFG 中节点 U_i 第 k 次迭代执行的是原始 DFG 中节点 U 的第 $Jk+i$ 次迭代。在展开 DFG 中，由于边 $U_i \to V_{(i+w)\%J}$ 上的延迟为 $\left\lfloor \frac{i+w}{J} \right\rfloor$，节点 U_i 第 k 次迭代的输出被节点 $V_{(i+w)\%J}$ 第 $k+\left\lfloor \frac{i+w}{J} \right\rfloor$ 次迭代使用。节点 U_i 第 k 次迭代对应于节点 U 第 $Jk+i$ 次迭代，而节点 $V_{(i+w)\%J}$ 第 $k+\left\lfloor \frac{i+w}{J} \right\rfloor$ 次迭代对应于节点 V 第 $\left[J\left(k+\left\lfloor \frac{i+w}{J} \right\rfloor \right)+(i+w)\%J \right]$ 次迭代。因此，在原始 DFG 中，节点 U 第 $Jk+i$ 次迭代的输出被节点 V 第 $\left[J\left(k+\left\lfloor \frac{i+w}{J} \right\rfloor \right)+(i+w)\%J \right]$ 次迭代所使用，则 $U \to V$ 边的延迟为

$$J\left(k+\left\lfloor \frac{i+w}{J} \right\rfloor \right)+(i+w)\%J-(Jk+i) \tag{8.3}$$

它可以简化为

$$\left[J\left\lfloor \frac{i+w}{J} \right\rfloor +(i+w)\%J \right]-i \tag{8.4}$$

其中，$J\left(k+\left\lfloor \frac{i+w}{J} \right\rfloor \right)+(i+w)\%J$ 的值为 $i+w$。因此，边 $U \to V$ 的延迟正如预计那样为 $(i+w)-i=w$。

8.2.2 展开的属性

本节讨论展开算法的一些基本属性。这些属性对于讨论有关展开算法的应用是很有价值的。

属性 8.1：展开算法保持 DFG 中的延迟数目不变。

该属性基于以下事实，即 J 阶展开 DFG 中边 $U_i \to V_{(i+w)\%J}$（$i=0,1,\cdots,J-1$）的延迟之和与原始 DFG 中边 $U \to V$ 的延迟数相同。数学表达式为

$$\left\lfloor \frac{w}{J} \right\rfloor + \left\lfloor \frac{w+1}{J} \right\rfloor + \cdots + \left\lfloor \frac{w+J-1}{J} \right\rfloor = w \tag{8.5}$$

这个属性可由图 8.2～图 8.4 观察得到。

在观察展开环路时，可以发现一个十分有趣的现象。假定 l 是原始 DFG 中延迟为

w_l 的一个环路，A 为 l 中的节点。环路 l 可表示延迟为 w_l 的路径 $A \xrightarrow{l} A$。如果经过 l 环路 p 次 $(p \geqslant 1)$，就会得到延迟为 pw_l 的路径 $A \xrightarrow{l} A \xrightarrow{l} \cdots \xrightarrow{l} A$。开始于节点 $A_i (0 \leqslant i \leqslant J-1)$，展开后相对应的路径在 J 阶展开 DFG 中是 $A_i \to A_{(i+pw_l)\%J}$，而且如果 $i=(i+pw_l)\%J$，这个路径就形成了展开 DFG 中一个环路。找到 p 的最小值(即环路 l 所经过的最小次数)，以便使得展开 DFG 中的路径 $A_i \to A_{(i+pw_l)\%J}$ 是一个环路。

在下面的例子中，图 8.5(a)中的 DFG 包含一个延迟为 $w_l=6$ 的单环 $l=U \to V \to W \to U$。图 8.5(b)和(c)分别给出了一个三阶展开和四阶展开的 DFG。对于 J=3 的情况，式 $i=(i+pw_l)\%J$ 变成式 $i=(i+6p)\%3$，当 i=0,1,2，p=1 时成立。因此，展开该环路 p=1 次就得到三阶展开 DFG 中的一个环。从 U_0 开始展开环路 l 得到环路 $U_0 \to V_1 \to W_0 \to U_0$；从 U_1 展开环路 l 得到环路 $U_1 \to V_2 \to W_1 \to U_1$；从 U_2 展开环路 l 得到环路 $U_2 \to V_3 \to W_2 \to U_2$。三阶展开 DFG 包括三个这样的环路。对于 J=4 的情况，式 $i=(i+pw_l)\%J$ 变成式 $i=(i+6p)\%4$，当 i=0,1,2,3，p=2 时成立，而 p=1 时不成立。因此，展开该环路 p=2 次得到四阶展开 DFG 中的一个环。从 U_0 开始，展开环路 $l'=U \to V \to W \to U \to V \to W \to U$，进而得到环路 $U_0 \to V_1 \to W_3 \to U_2 \to V_3 \to W_1 \to U_0$；从 U_1 开始，展开环路 l' 得到环路 $U_1 \to V_2 \to W_0 \to U_3 \to V_0 \to W_2 \to U_1$。四阶展开的 DFG 包括这样两个环路。

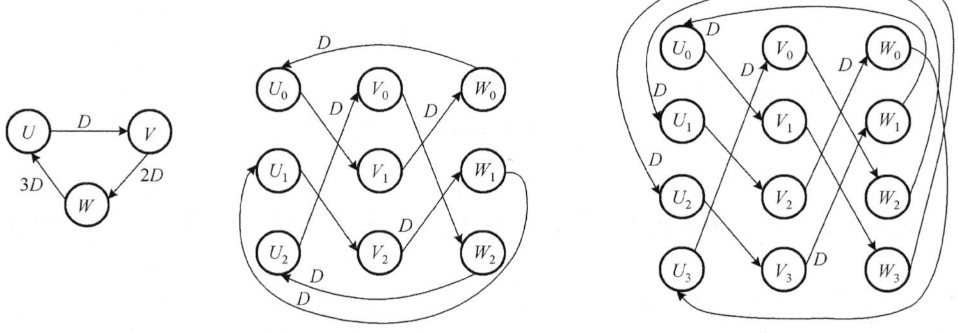

(a)包含一个环路的DFG　(b)包含三个环路的三阶展开DFG　(c)包含两个环路的四阶展开DFG

图 8.5　包含一个环路的 DFG 的展开

展开一个环路时，无须经过展开的过程，就可以确定展开环路的数目。这个数目可以由使路径 $U_i \to U_{(i+pw_l)\%J}$ 成为一个环路的最小 p 值来确定，即满足 $(i+pw_l)\%J$ 的最小 p 值。以下两个引理表明了这一点。

引理 8.1： $(i+pw_l)\%J \Leftrightarrow pw_l = qJ$，$q$ 为整数。

引理 8.2： 满足 $pw_l = qJ$ 的最小正整数 p 为 $J/\gcd(w_l, J)$。

引理 8.2 的证明：式子 $pw_l = qJ$ 可以写为 $\left(\dfrac{a}{w_l}\right)w_l = \left(\dfrac{a}{J}\right)J$。$p=\dfrac{a}{w_l}$ 和 $q=\dfrac{a}{J}$ 必须为整数，因为 $p=\dfrac{a}{w_l}$ 必须尽可能得小，所以 a 必须尽可能得小，因此，$a=\operatorname{lcm}\{w_l, J\}$。运用 $\operatorname{lcm}\{w_l, J\}\gcd\{w_l, J\} = w_l, J$，最小 p 值为

$$p=\frac{\operatorname{lcm}\{w_l,J\}}{w_l}=\frac{J}{\gcd\{w_l,J\}} \tag{8.6}$$

由引理 8.1 知，当且仅当 $pw_l=qJ$ 时，路径 $A_i\to A_{(i+nw_l)\%J}$ 才是一个环路。满足这一点的最小 p 值等于形成一个展开环路所需要经过环路 l 的次数，引理 8.2 表明这个数等于 $J/\gcd(w_l,J)$，其中，$\gcd\{a,b\}$表示 a 和 b 的最大公约数。因此，展开环路包含了环路 l 中每个节点的 $J/\gcd(w_l,J)$ 个复制，展开 DFG 总共包含了每个节点的 J 个复制，因此，一定有由于展开环路 l 而得到的 $J/(J/\gcd(w_l,J))=\gcd(w_l,J)$ 个展开后的环路。展开后的 DFG 包含了 w_l 个延迟(由属性 8.1 可得)，$\gcd(w_l,J)$ 个展开环路中的每一个都包含了 $w_l/\gcd(w_l,J)$ 个延迟。可总结为以下的属性。

属性 8.2：原始 DFG 中延迟为 w_l 的环路 l 的 J 阶展开得到展开后的 DFG 中的 $\gcd(w_l,J)$ 个环路，$\gcd(w_l,J)$ 个环路中的每个环路包含了 $w_l/\gcd(w_l,J)$ 个延迟以及环路 l 中出现的每个节点的 $J/\gcd(w_l,J)$ 个复制。

属性 8.3：对一个迭代边界为 T_∞ 的 DFG 的展开，会得到一个迭代边界为 JT_∞ 的 J 阶展开 DFG。

很明显，既然 J 阶展开 DFG 等同于原始 DFG 的 J 次迭代，那么 J 阶展开 DFG 的迭代边界就应该是原始 DFG 迭代边界的 J 倍。原始 DFG 的迭代边界为

$$T_\infty=\max_l\left\{\frac{t_l}{w_l}\right\}$$

利用属性 8.2，可以得到展开后的 DFG 的迭代边界为

$$T'_\infty=\max_l\left\{\frac{(J/\gcd(w_l,J))t_l}{w_l/\gcd(w_l,J)}\right\}=J\max_l\left\{\frac{t_l}{w_l}\right\}=JT_\infty \tag{8.7}$$

举例说明，假设图 8.2 中的加法和乘法分别需要 3 u.t.和 6 u.t.。图 8.2(a)中原有的 DFG 的迭代边界为 9/9=1u.t.，图 8.2(b)中的二阶展开后的 DFG 的迭代边界为 18/9=2u.t.。

属性 8.4：考虑原始 DFG 中延迟为 w 的路径。当 $w<J$ 时，该路径的 J 阶展开将得到 $J-w$ 个无延迟路径和 w 个延迟为 1 的路径。

推论 8.1：原始 DFG 中包含 J 个或更多个延迟的任何路径都能生成 J 个路径，并且每条路径至少具有 1 个延迟。因此，原始 DFG 中具有 J 个或更多个延迟的路径，不能生成一条在 J 阶展开 DFG 中的关键路径。

引理 8.3：任何通过重定时 J 阶展开 DFG 的 G_J 所能得到的时钟周期，都可以通过直接对原始 DFG 的 G 进行重定时和以 J 为展开因子的展开来得到。

8.2.3　展开的应用

1．采样周期缩短

迭代边界 T_∞ 是指一个递归 DSP 程序的迭代周期的下限。即使有无穷多个处理器，DSP 程序的实现绝不可能达到小于迭代边界的迭代周期。在某些情况下，当不用展开

时，DSP 程序不能实现等于迭代边界的迭代周期。本节讨论两种这样的情况，采用展开算法，使 DSP 算法可以用等于迭代边界的迭代周期实现。

第一种迭代周期不能等于迭代边界的情况是当 DFG 中存在某个节点的计算时间大于T_∞的情况。这种情况下，即使是采用重定时技术，也不能把 DFG 中关键路径的计算时间减少到T_∞。例如，图 8.6(a)中的 DFG 的迭代边界为$T_\infty=3$，但是，节点 S 和 T 都需要 4u.t.计算时间，因此重定时后的采样周期为 4u.t.。这个 DFG 可以以 2 为展开因子展开得到图 8.6(b)中的 DFG。这个展开后的 DFG 的迭代边界为$T_\infty=6$，它的关键路径计算时间为 6u.t.。展开后的 DFG 在 6u.t.内完成原有 DSP 程序的两次迭代，这样，展开后的 DFG 的采样周期为 6/2=3u.t.,它等于原始 DFG 的迭代边界。综上所述，由于节点计算时间大于迭代边界，图 8.6(a)中原始 DFG 的采样周期无法等于迭代边界，然而图 8.6(b)中展开后的 DFG 可以使得采样周期等于原始 DFG 的迭代边界。总而言之，如果节点 U 的计算时间t_U大于迭代边界T_∞，就需要使用$\lceil t_U/T_\infty \rceil$阶展开，$\lceil x \rceil$运算表示对 x 向上取整，即取大于或等于 x 的最小整数。在上述例子中，$t_U=4$和$T_\infty=3$，因此，采用了$\lceil 4/3 \rceil$阶展开(二阶展开)。

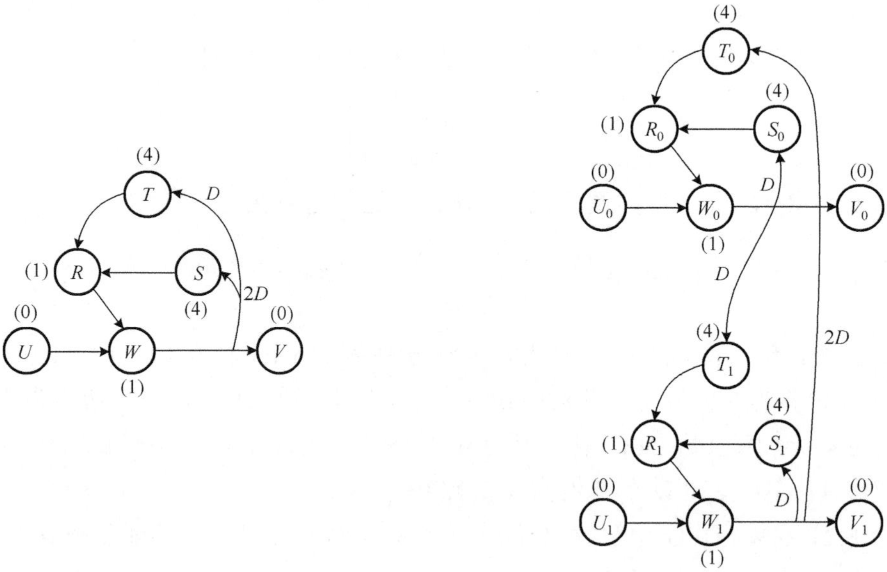

(a)原始DFG　　(b)二阶展开后的DFG

图 8.6　DFG 的二阶展开

第二种迭代周期不能等于迭代边界的情况是迭代周期不为整数时的情况。图 8.7(a)给出了这种情况的一个简单例子，其中 DFG 的迭代边界为$T_\infty=4/3$；然而，即使重定时也无法获得一条小于 2u.t.的关键路径。该 DFG 可以以 3 为展开因子展开得到图 8.7(b)中的 DFG。这个展开后的 DFG 的迭代边界为$T_\infty=4$，它的关键路径计算时间为 4u.t.。展开后的 DFG 在 4u.t.时间内三次迭代原有 DSP 程序，因此，展开后的 DFG 的采样周期为 4/3u.t.,即等于原始 DFG 的迭代边界。综上所述，由于迭代边界不为整数，图 8.7(a)

中原始 DFG 的采样周期不能等于迭代边界，然而图 8.7(b)中展开后的 DFG 可以使采样周期等于原始 DFG 的迭代边界。总而言之，如果关键环路边界的形式为 t_l/w_l，其中 t_l 和 w_l 互为素数，那么应采用 w_l 阶展开。例如，若 $t_l=60$，$w_l=45$，则可以写成 $t_l/w_l=4/3$，所以应采用三阶展开。

也可能会发生最长的节点计算时间大于迭代边界 T_∞ 而 T_∞ 不为整数的情况。这种情况下，使得迭代周期能够等于迭代边界的最小展开因子是能使 JT_∞ 成为整数(大于或等于最长节点计算时间的)时 J 的最小值。例如，若 $T_\infty=4/3$ 并且最长节点计算时间为 6u.t.，则使得迭代周期等于迭代边界的最小展开因子为 J=6，因为它是满足 $J(4/3)$ 为整数并且 $J(4/3)\geq 6$ 的最小 J 值。

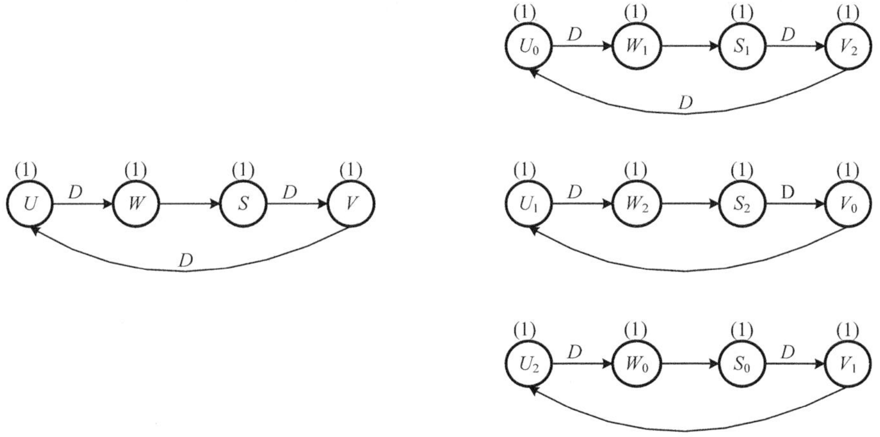

(a)原始的DFG　　(b)三阶展开后的DFG

图 8.7　一个 DFG 的三阶展开

每一条环路延迟都为 1 的 DFG 称为理想速率 DFG。一个理想速率 DFG 总是可以调整使得 DFG 的迭代周期等于迭代边界。如果一个 DFG 不是理想速率的，那么总可以展开它，使得展开后的 DFG 是理想速率的。属性 8.2 指出，J 阶展开一个延迟为 w_l 的环路 l 时，在展开之后的 DFG 中生成了 $\gcd(w_l,J)$ 个环路，而每一个这样的环路都包含了 $w_l/\gcd(w_l,J)$ 个延迟。因此，若 $\gcd(w_l,J)=w_l$ (J 为 w_l 的倍数)，则展开后的每条环路的延迟就为 l，并且展开后的 DFG 是理想速率的。因为 $\gcd(w_l,J)=w_l$ 对原始 DFG 中的所有环路 l 都成立，所以 J 必须是每一条环路 l 的延迟的倍数。选择 J 等于环路延迟数的最小公倍数(LCM)，就保证了 J 是每一条环路 l 的延迟 w_l 的倍数，从而保证了展开后的 DFG 是理想速率的。例如，图 8.6(a)中环路延迟的最小公倍数是 $l\mathrm{cm}\{2,3\}$=6，因而以 6 为展开因子展开这个 DFG 时，就能保证展开后的 DFG 的采样周期等于迭代边界。然而前面的例子表明，展开因子 2 也可用来使得采样周期等于迭代边界，因此，环路延迟的最小公倍数不是保证展开后的 DFG 的采样周期等于迭代边界所必需的最小展开因子(展开因子的下限)。

2. 并行处理

展开变换的一个直接应用就是从串行处理架构设计出并行处理架构。在字级层面，意味着字并行架构可以从字串行架构中设计出来。在位级层面，意味着位并行和数字串行的架构可以从位串行架构中设计出来。以下讨论采用展开技术来设计并行处理架构。

1) 字级并行处理

展开变换可以用于从字串行处理架构设计出字并行处理架构。由图 8.8(a)可以看出，原有的架构中每一个时钟周期处理一个输入样点，并计算出一个输出样点，而图 8.8(b)的二阶展开架构每个时钟周期处理两个输入样点，并计算出两个输出样点。通常，以 J 为展开因子展开字串行架构，会生成一个每个时钟周期处理 J 个字的字并行架构。

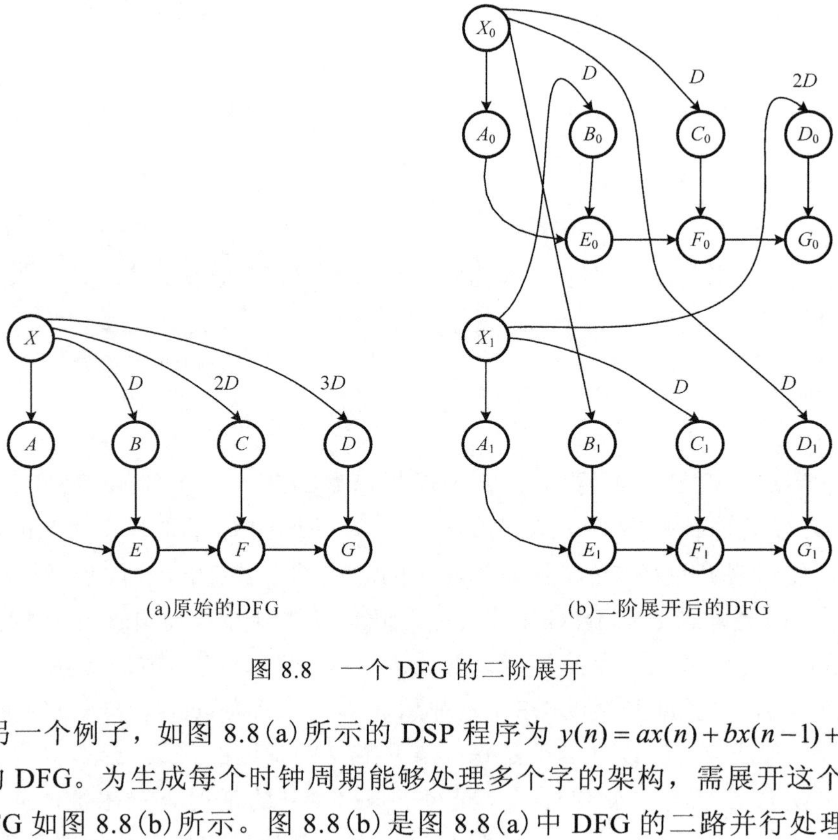

(a)原始的DFG　　(b)二阶展开后的DFG

图 8.8　一个 DFG 的二阶展开

考虑另一个例子，如图 8.8(a)所示的 DSP 程序为 $y(n)=ax(n)+bx(n-1)+cx(n-2)+dx(n-3)$ 的 DFG。为生成每个时钟周期能够处理多个字的架构，需展开这个 DFG。二阶展开 DFG 如图 8.8(b)所示。图 8.8(b)是图 8.8(a)中 DFG 的二路并行处理版本。

2) 位级并行处理

由位串行架构可导出位并行架构、数字串行架构。位串行处理、位并行处理和数字串行处理如下所述。假设 W 为数据的字长。

(1) 位串行处理(bit-serial processing)：一个时钟周期处理一位，一个完整的字在 W 个时钟周期内处理完成。

(2) 位并行处理 (bit-parallel processing)：一个 W 位的字在一个时钟周期内处理完成。

(3) 数字串行处理 (digit-serial processing)：一个时钟周期处理 N 位，一个字在 W/N 个时钟周期内处理完成。参数 N 称为数字尺寸 (digit size)。

图 8.9 给出了字长 W=6 的位并行、位串行和数字串行处理方式。对于数字串行结构，一个时钟周期处理 N 位或数字尺寸的比特数。我们假设 N 是 W 的因子开始。

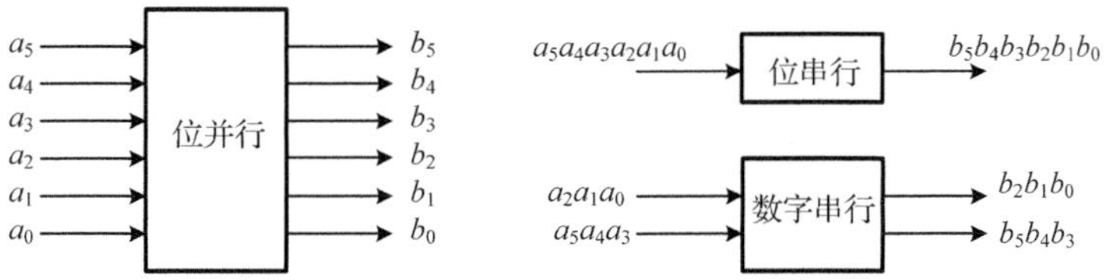

图 8.9　字长 W=6 的位并行、位串行和数字串行处理方式

考虑图 8.10 中开关的边 $U \to V$。为了让展开因子 J 展开这条边，做两个基本假设：①字长 W 是展开因子 J 的倍数，即 $W = W'J$；②所有进出开关的边都不含延迟。

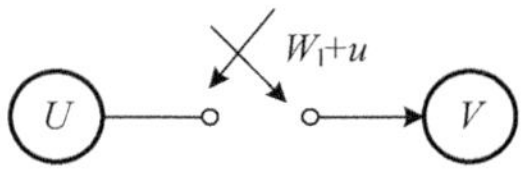

图 8.10　带开关的边的 DFG

基于上述两个假设，图 8.10 中的边就可以通过以下两个步骤进行展开。

步骤 1：将开关时刻写为

$$Wl + u = J\left(W'J + \left\lfloor \frac{u}{J} \right\rfloor\right) + (u\%J) \tag{8.8}$$

步骤 2：展开后，从节点 $U_{u\%J}$ 到节点 $V_{u\%J}$ 画一条不带延迟的边，它在 $W'J + \left\lfloor \frac{u}{J} \right\rfloor$ 时刻开关。

假定 W=12，u=7，考虑以 J=3 为展开因子展开图 8.10 中的开关。因为 $W = W'J => 12 = (4)(3)$，而且边不带延迟，开关时刻可以写为

$$12l + 7 = 3\left(4l + \left\lfloor \frac{7}{3} \right\rfloor\right) + (7\%3) = 3(4l + 2) + 1$$

在展开后的 DFG 中，展开后的边从节点 U_1 到节点 V_1，并且在 $4l$+2 时刻开关。

如果开关有多个开关时刻，那么每一个开关时刻都要单独处理。图 8.11 (a) 中的开关在 4 个开关时刻 $12l$+1、$12l$+7、$12l$+9 和 $12l$+11 闭合。为了以 J=3 展开 DFG，这些开关时刻写为

$$12l + 1 = 3(4l + 0) + 1$$
$$12l + 7 = 3(4l + 2) + 1$$
$$12l + 9 = 3(4l + 3) + 0$$
$$12l + 11 = 3(4l + 3) + 2$$

展开后的 DFG 如图 8.11(b)所示。

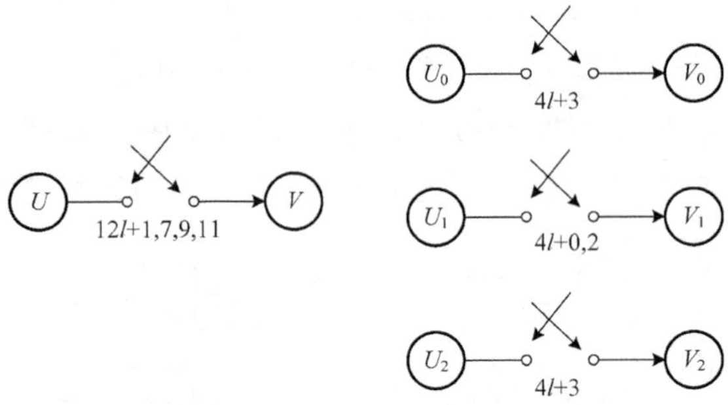

(a)原始的DFG　　(b)三阶展开后的DFG

图 8.11　一个开关电路的展开结构

如果一条边包含一个开关和一个正的延迟数，可以用一个虚节点将这个问题简化为该条边不带延迟的情形。图 8.12(a)中的 DFG 包含边 $A\to C$，它有一个开关和两个延迟。展开前，这个 DFG 可以用一个如图 8.12(b)所示的虚节点 H 重画。为了以 J=3 展开，这个 DFG 中的六个开关时刻可以写为

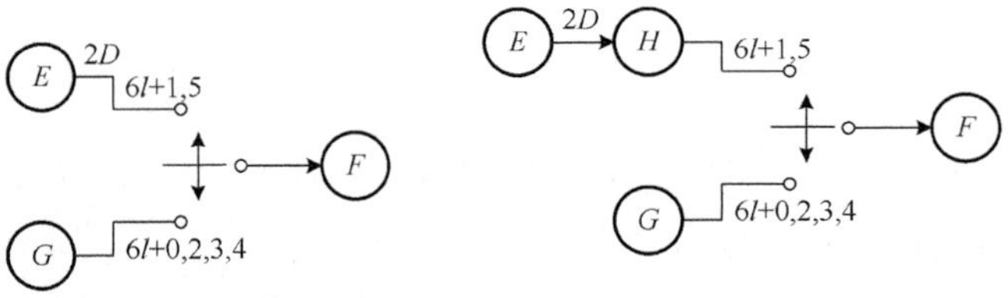

(a)原始的带开关边的DFG　　(b)加入一个虚假边之后的开关DFG

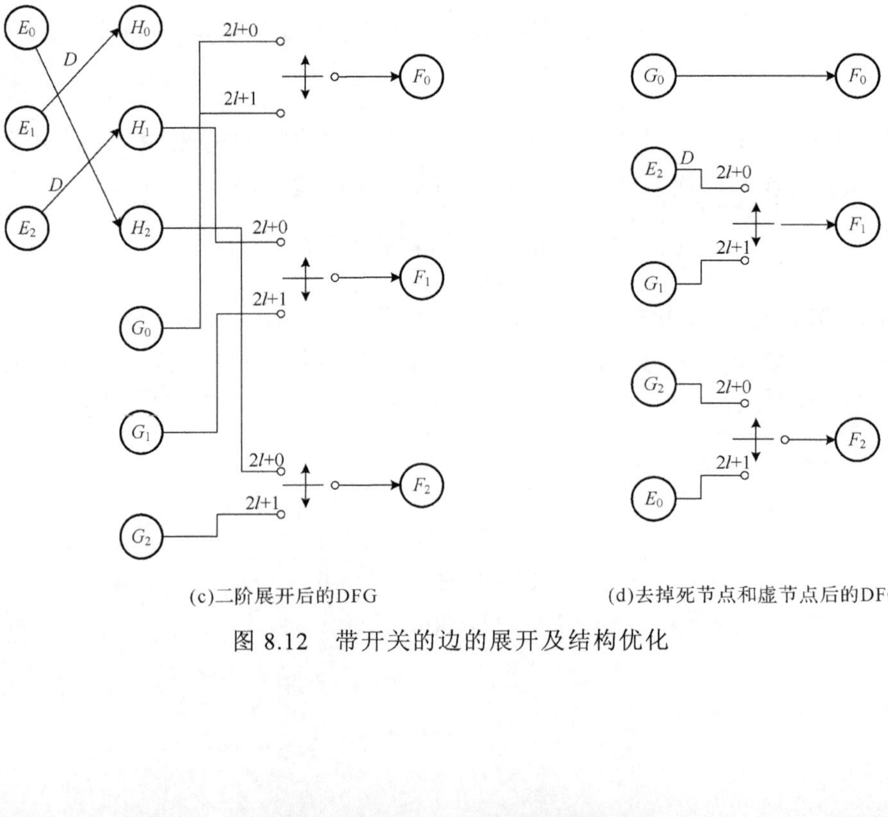

(c)二阶展开后的DFG　　(d)去掉死节点和虚节点后的DFG

图 8.12　带开关的边的展开及结构优化

$$6l+0=3(2l+0)+0$$
$$6l+1=3(2l+0)+1$$
$$6l+2=3(2l+0)+2$$
$$6l+3=3(2l+1)+0$$
$$6l+4=3(2l+1)+1$$
$$6l+5=3(2l+1)+2$$

展开后的 DFG 如图 8.12(c)所示。虚节点 $H_i(i=0,1,2)$，以及死节点 E_1 都可以消除，如图 8.12(d)所示。可以看到，展开包含开关的电路不再保留延迟。

运用这些技术展开开关 DFG，由位串行架构可以得到位并行构架和数字串行架构。用图 8.13(a)中的位串行加法器来表明这一点。给出了一个字长 W=4 时的位串行加法器架构。这个加法器把两个 4 位数 $a_3a_2a_1a_0$ 和 $b_3b_2b_1b_0$ 相加，得到和的 4 位数 $s_3s_2s_1s_0$，其中位 0 是最低位，位 3 是最高位。与这个加法器相对应的 DFG 如图 8.13(b)所示。为了得到数字串行构架或位并行加法器架构，位串行加法器必须展开。位串行加法器在字串行架构中算是一种典型架构，它包含一条带有开关(在硬件上对应于一个多路选择器)的边。

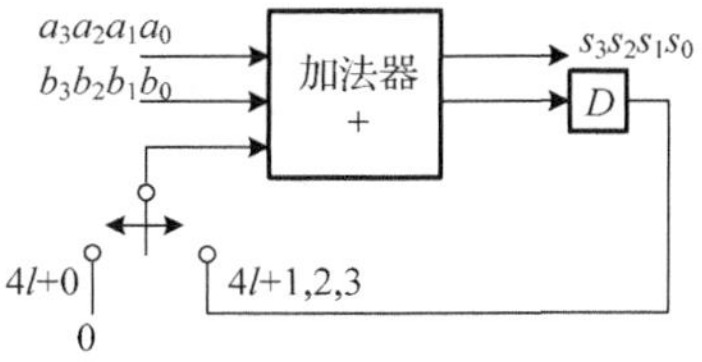

(a) W=4的位串行加法器

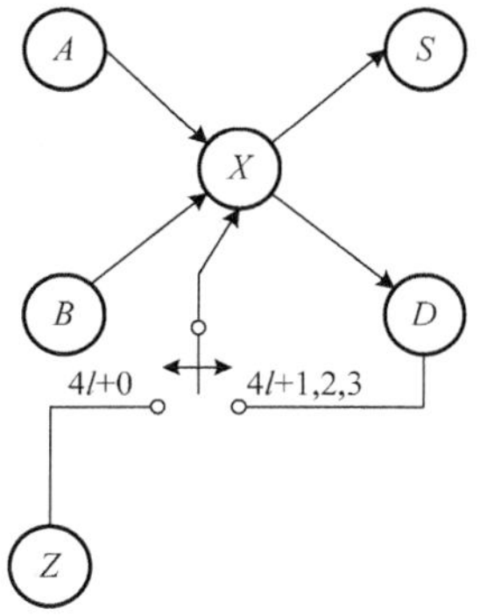

(b) W=4的位串行加法器对应的DFG

图 8.13　位串行加法器及 DFG

对于图 8.13(b)所示的 DFG，一种展开情形是字长 W 是展开因子 J 的整数倍。根据上述对开关展开的假定，该 DFG 的四阶展开和二阶展开如图 8.14 所示。展开后的 DFG 的架构如图 8.15 所示。图 8.15(a)中的四阶展开架构是一个简单的位并行串行进位加法器。图 8.15(b)中的二阶展开结构是数字尺寸等于 2 的数字串行加法器。

另一种展开情形是字长 W 不是展开因子 J 的倍数，DFG 仍然可以展开。此时要求 $L=\text{lcm}\{W,J\}$，并且将开关时刻 $Wl+u$ 替换为 L/W 个开关时刻 $Ll+u+wW$，$w=0\sim L/W-1$。现在，开关的周期从 W 变为 L，并且每次开关扩展了 L/W 倍。既然开关周期是展开因子的倍数，展开可以如前面所述那样进行。图 8.13(b)中的 DFG 以 J=3 为展开因子展开后如图 8.16 所示。因为 $L=\text{lcm}\{4,3\}=12$，所以所有的开关时刻都是 $12l+m$。请注意，开关时刻 $4l$ 等效于 $12l$、$12l+4$ 和 $12l+8$。类似地，开关时刻 $4l+1$ 扩展为 $12l+1$、$12l+5$ 和 $12l+9$；$4l+2$ 扩展为 $12l+2$、$12l+6$ 和 $12l+10$；$4l+3$ 扩展为 $12l+3$、$12l+7$ 和 $12l+11$。

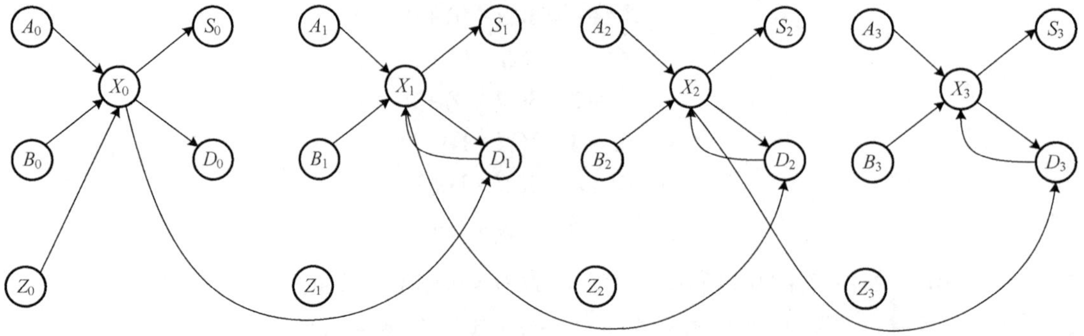

(a)展开因子J=4时，图8.13(b)DFG展开后得到的DFG

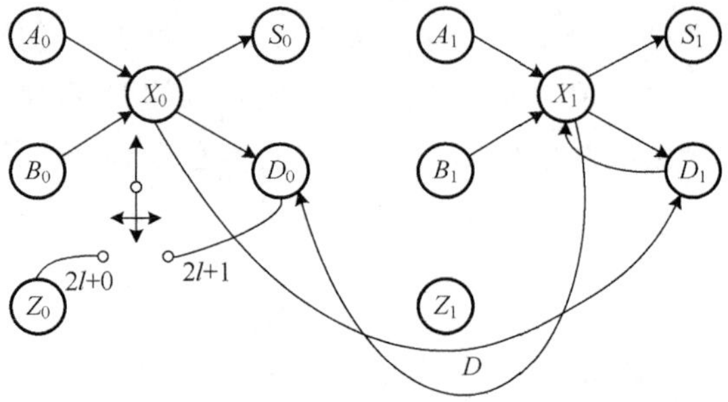

(b)展开因子J=2时，图8.13(b)DFG展开后得到的DFG

图 8.14　不同展开因子得到的展开结构

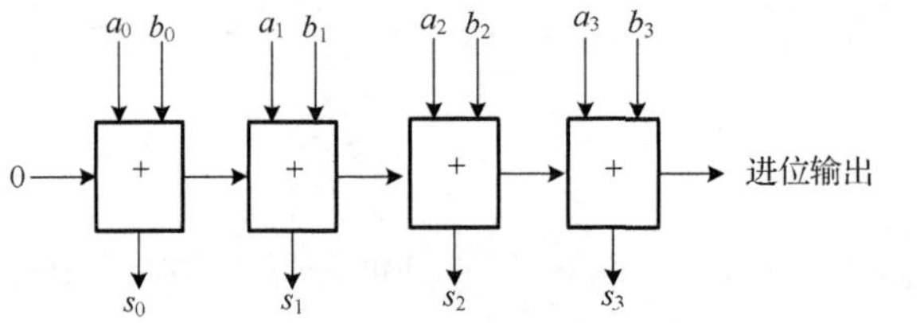

(a)展开因子J=4时，图8.13(b)DFG展开后得到的位并行串行进位加法器

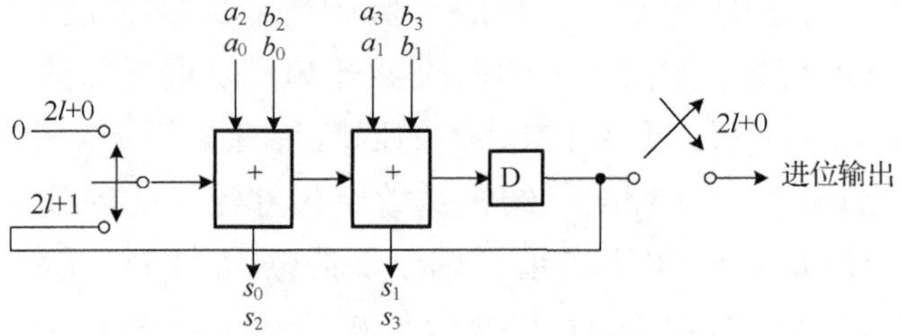

(b)展开因子J=2时，图8.13(b)DFG展开后得到的数字串行加法器

图 8.15　不同展开因子得到的加法器结构

三阶展开 DFG 示于图 8.17(a)，这就得到了图. 8.17(b)所示的数字尺寸为 3 的数字串行加法器。因为字长为 4，该加法器每四个时钟周期处理三个字。注意，这是一个字长不为数字尺寸倍数的数字串行架构的例子，说明使用不是字长因子的数字尺寸需要

更复杂的控制电路，该电路平均 4/3 个时钟周期处理一个字。如果数字尺寸限定为字长的因子，那么图 8.17 中字长需要扩展为六位(使用两个符号扩展位)，电路每两个时钟周期才能处理一个字。

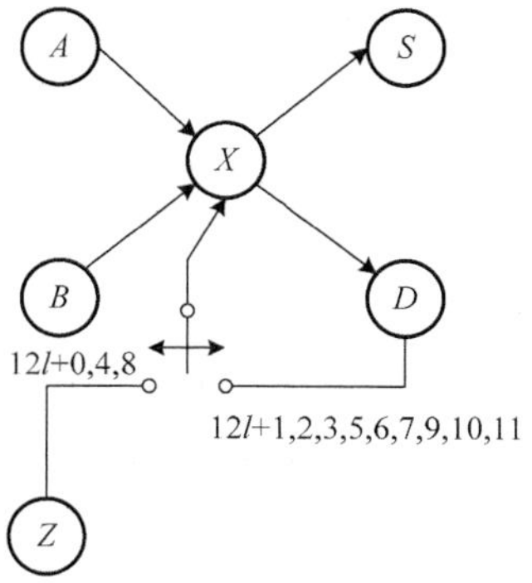

图 8.16　与图 8.13(b)等价的 DFG，使其兼容展开因子 J=3

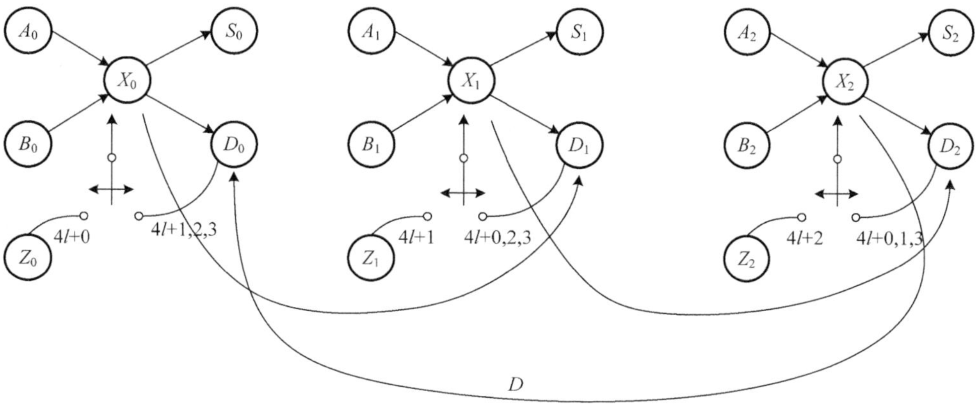

(a)展开因子J=3时，图8.13(b)DFG展开后得到的DFG

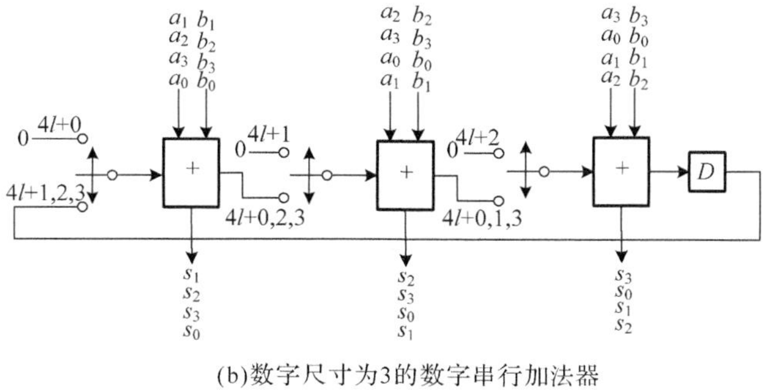

(b)数字尺寸为3的数字串行加法器

图 8.17　三阶展开时的串行加法器结构

8.3　折 叠 变 换

在对 DSP 架构进行综合时，通过减少功能单元(如加法器和乘法器)、寄存器、多路选择器和互连线的数量，使得集成电路的硅片面积最小是很重要的。硬件共享(hardware sharing)就是这样一种电路变换技术，其中，折叠变换是通过电路变频技术将 DSP 系统中的功能单元的数量减小 k 倍实现的。通过 DSP 架构中的控制电路，单个功能单元(如流水线加法器)能够分时复用于多个算法运算(如加法运算)。

折叠是一种数学上的手段。它通过寻找一种时间多路复用体系架构，将数据流图中多个操作映射到较少硬件计算单元的时间进度表中。折叠因子定义为映射到共享计算单元上的 DFG 中的最大操作数。折叠集或折叠调度程序是映射在单个计算单元上的 DFG 的操作序列。

在 DSP 系统架构中，折叠技术提供了一种以时间换取面积或空间的方法。在通常情况下，采用折叠技术可以将硬件功能单元的数目减少到原来的 $1/N$，不过付出的代价是计算时间增加了 N 倍。有两种极端的情况：一个是采用完全的并行处理的实现方式，即每个算法运算在硬件里都分配有属于自己的功能单元；另一个是只有一个处理单元，整个程序都在一个功能单元上执行。

折叠变换尽管可以减少体系结构中的功能单元数量以达到减小芯片面积的目的，但也有可能导致寄存器结构频繁大量的使用。为了避免采用过量的寄存器，需要使用一定的技术手段，计算出实现折叠 DSP 系统所需寄存器的最小数目，并将所需存储的数据分配给这些寄存器。这些技术将在本节中详细讨论。折叠变换和寄存器最小化技术一起使用时，不但可以减少功能单元的数目，也能保证折叠架构需要的存储器数量最小化。

折叠变换提供了一种系统化的设计技术，即用若干个算法运算分时复用于一个功能单元的硬件控制电路。折叠方程是该技术的基础。

考虑图 8.18(a) 中延迟为 $w(e)$ 的从节点 U 到 V 的边 e。分别调度节点 U 和 V 的 l 次迭代在 $Nl+u$ 和 $Nl+v$ 时刻执行。u 和 v 是节点 U 和 V 的折叠阶数，满足 $0 \leqslant u$，$v \leqslant N-1$。节点的折叠阶数是节点在硬件中调度执行的时间划分。节点 U 和 V 执行的功能单元分别表示为 H_U 和 H_V。N 表示折叠到一个功能单元的运算数目，称为折叠因子。如果 H_U 是 P_U 级流水线结构，那么节点 U 的 l 次迭代结果在 $Nl+u+P_U$ 时刻出现。$U \xrightarrow{e} V$ 边有 $w(e)$ 个延迟，节点 U 的 l 次迭代结果被节点 V 在 $N(l+w(e))+v$ 时刻执行的 $l+w(e)$ 次迭代运算所使用，因而中间结果须存储起来。折叠后的路径延迟 D_F 可由式(8.9)表示。

$$D_F(U \xrightarrow{e} V) = [N(l+w(e))+v] - (Nl+P_U+u) = Nw(e) - P_U + v - u \tag{8.9}$$

式(8.9)独立于迭代次数 l。$U \xrightarrow{e} V$ 边实现为结构中从 H_U 到 H_V 的一条带有 $D_F(U \xrightarrow{e} V)$ 延迟的路径，该路径上的数据是 $Nl+v$ 时刻 H_V 的输入，如图 8.18(b) 所示。

折叠集是由相同的功能单元所执行运算的有序集。每一个折叠集包含 N 个单元，其中一些可能是空运算。折叠集中处于第 $j(0 \leqslant j \leqslant N-1)$ 个位置的运算，由功能单元在

第 j 个时间段实行。例如，考虑 N=3 的折叠集 $S_1=\{A_1,0,A_2\}$。A_1 运算属于折叠集 S_1，其折叠序数为 0（也表示为 $(S_1|0)$）；A_2 运算属于折叠集 S_1，其折叠序数为 2（也表示为 $(S_1|2)$）。因为 S_1 中的位置 1 为空操作，执行 A_1 和 A_2 的运算功能单元在 $3l+1$ 时刻没有利用。

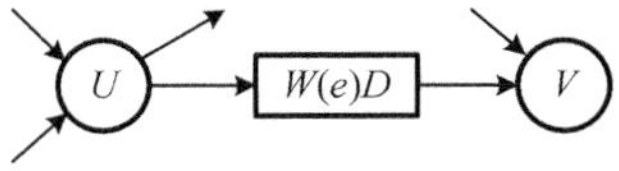

(a)带有 $w(e)$ 延迟的边 $U\xrightarrow{e}V$

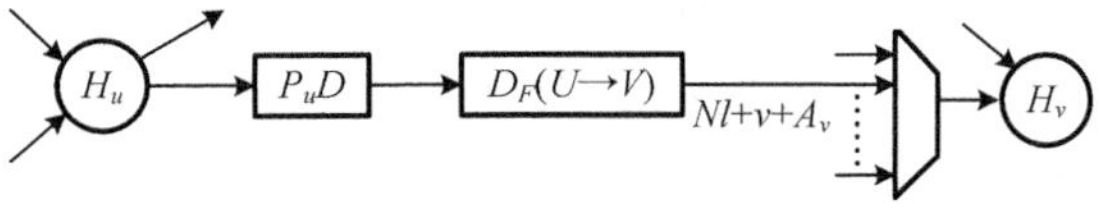

(b)对应的折叠结构(开关由多路选择器代替)

图 8.18

对于一个可实现的折叠系统，$D_F(U\xrightarrow{e}V)\geqslant 0$ 对 DFG 中的所有边都必须成立。一旦指定了合理的折叠集，就可运用重定时来满足这个属性或者决定该折叠集是否可实现。图 8.18(a) 中的边 $U\xrightarrow{e}V$ 用式(8.9)折叠。通过重定时，边 $U\xrightarrow{e}V$ 的延迟数由 $w(e)$ 变为

$$w_r(e)=w(e)+r(V)-r(U) \tag{8.10}$$

其中，$w_r(e)$ 是重定时后的 DFG 的边 $U\xrightarrow{e}V$ 的延迟数；$r(X)$ 表示节点 X 的重定时之值。令 $D_F(U\xrightarrow{e}V)$ 为通过重定时 DFG 的边 $U\xrightarrow{e}V$ 折叠得到的折叠延迟数目。为了保证折叠后硬件中的相应边具有非负延迟，约束 $D_F(U\xrightarrow{e}V)\geqslant 0$ 必须成立，这意味着

$$Nw_r(e)-P_U+v-u\geqslant 0 \tag{8.11}$$

这个约束条件保证了重定时后的折叠集是合理的。将式(8.10)和式(8.11)结合起来，就得到

$$N[w(e)+r(V)-r(U)]-P_U+v-u\geqslant 0 \tag{8.12}$$

将 $D_F(U\to V)$ 代入 $Nw(e)-P_U+v-u$，求解 $r(U)-r(V)$，得到

$$r(U)-r(V)\leqslant\frac{D_F(U\xrightarrow{e}V)}{N} \tag{8.13}$$

因为节点的重定时数值限定为整数，式(8.13)可重写为

$$r(U)-r(V)\leqslant\left\lfloor\frac{D_F(U\xrightarrow{e}V)}{N}\right\rfloor \tag{8.14}$$

其中，$\lfloor x\rfloor$ 表示 x 的整数部分，即小于或等于 x 的最大整数。

折叠技术的使用可以用图 8.19 中的重定时后的双二次节滤波器为例。假定加法和乘法运算需要的时间分别为 1u.t.和 2u.t.，并且在此应用一级流水线加法器和二级流水线乘法器（$P_A=1$ 和 $P_M=2$）。功能单元可以由 1u.t.周期来定时。该滤波器用图 8.19 中所示的折叠集，以 N=4 为折叠因子进行折叠。折叠因子 N=4 意味着折叠后的硬件的迭代周期为 4u.t.，即在折叠结构中的双二次节滤波器的每个节点恰好每 4u.t.执行一次。

这也意味着折叠后的硬件中的一个功能单元要执行 DSP 中的四次运算(节点)。为了证明这一点，图 8.19 中的折叠集可以写为 $A=\{4,2,3,1\}$ 和 $M=\{5,8,6,7\}$。折叠集 A 只包含加法运算，该折叠集中的节点由同一个硬件加法器执行。例如，折叠结构中的节点 3 于 $4l+2$ 时刻在折叠集 A 中完成该运算的加法器上执行。类似地，折叠集 M 只包含乘法运算，该折叠集中的节点由同一个硬件乘法器执行。折叠结构如图 8.20 所示，这是通过图 8.19 中的数据流图得到的。按照式(8.9)中的折叠方程，DFG 中 11 条边的的折叠方程是

$$
\begin{aligned}
D_F(1\to 2) &= 4(1)-1+1-3=1\\
D_F(1\to 5) &= 4(1)-1+0-3=0\\
D_F(1\to 6) &= 4(1)-1+2-3=2\\
D_F(1\to 7) &= 4(1)-1+3-3=3\\
D_F(1\to 8) &= 4(2)-1+1-3=5\\
D_F(3\to 1) &= 4(0)-1+3-2=0\\
D_F(4\to 2) &= 4(0)-1+1-0=0\\
D_F(5\to 3) &= 4(0)-2+2-0=0\\
D_F(6\to 4) &= 4(1)-2+0-2=0\\
D_F(7\to 3) &= 4(1)-2+2-3=1\\
D_F(8\to 4) &= 4(1)-2+0-1=1
\end{aligned}
\tag{8.15}
$$

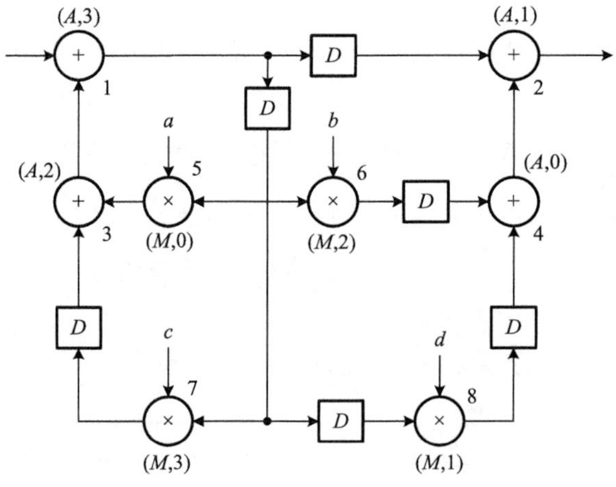

图 8.19　指定了合理的折叠集的重定时双二次节滤波器

例如，$D_F(1\to 8)=5$ 表示在折叠后的 DFG 中有一条延迟为 5，从加法器到乘法器的边。因为这条边终止于节点 8，该节点在图 8.19 中的折叠阶数为 1，折叠后的边在 $4l+1$ 时刻输入到折叠后的 DFG 的乘法器中，如图 8.20 所示。

想通过式(8.14)可以找到 DFG 的约束集(DFG 中的每条边都有一个这样的约束)，须先判断解是否存在。如果真的存在，就再找到这个解。例如，以图 8.21 中的双二次

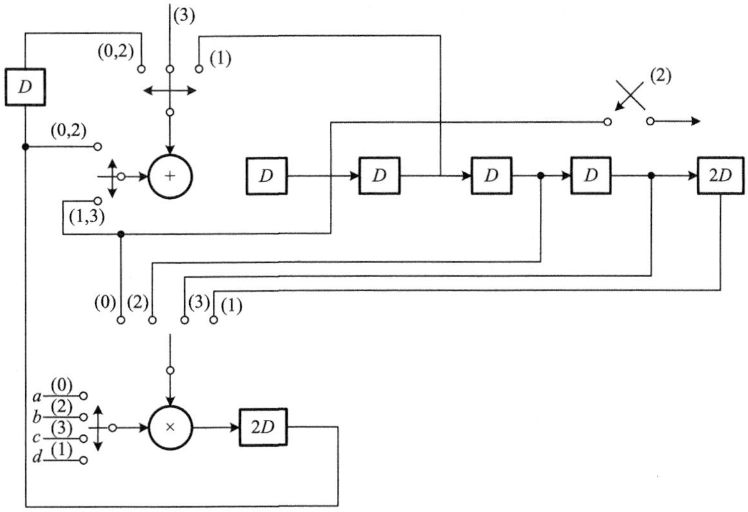

图 8.20　图 8.19 折叠后的双二次节滤波器
(p,q)表示 $4l+p,4l+q$

节 DFG 为例，假定一级流水线加法器和二级流水线乘法器($P_A=1$和 $P_M=2$)存在。根据图 8.21 中 DFG 的折叠方程(式(8.9))和折叠约束的重定时(式(8.14))，画出约束图。如果该约束图包含负环路，那么折叠约束的重定时无解。如果没有负环路，就存在一个解。它是节点间的最短路径。最短路径算法，如 Bellman-Ford 算法或 Floyd-Warshall 算法，可以判定是否存在负环路，并且在不存在负环路的情况下求得一个解。运用这些算法中的任何一个就可发现这个约束集有解，其中一个解是 $r(1)=-1,r(2)=0,r(3)=-1,r(4)=0,r(5)=-1,r(6)=-1,r(7)=-2$，$r(8)=-1$。重定时 DFG 如图 8.19 所示，重定时 DFG 的折叠方程由式(8.10)给出，折叠 DFG 如图 8.20 所示。

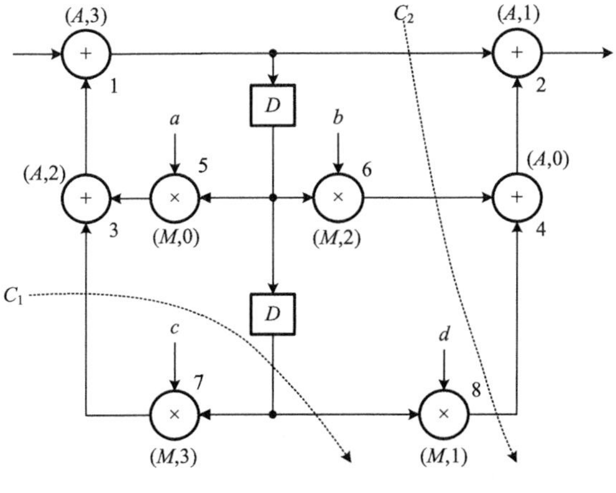

图 8.21　DFG 折叠后带有负的边延迟

对诸如双二次节滤波器这类简单 DFG 的折叠重定时，也可通过观察进行。图 8.21(a)中，有部分边经过折叠后的延迟为负，例如，$D_F(1\to 2)=4(0)-1+1-3=-3$，$D_F(6\to 4)=-4$。在边 $U\to V$ 上增加(减去) w 延迟，就会相应地增加(减少) N_w 于 $D_F(U\to V)$。可以通过在每条这样的边上增加一个延迟，该条边成为非负的边。这可以通过对图 8.21 中标为 C_1 和 C_2 的割集进行割集重定时得到。通过这种方式得到的重定时 DFG 与图 8.19 中的 DFG 完全相同。

对于如图 8.22 所示的四阶 FIR 滤波器的 DFG，通过一个加法器实现四个加法器的计算功能时，用折叠集表示调度 u 和 v 的时序。按照式(8.9)中的折叠方程，DFG 中 11 条边的折叠方程分别是

$$D_F(\mathrm{A}\to H)=4(0)-0+1-1=0$$
$$D_F(B\to E)=4(0)-0+2-2=0$$
$$D_F(C\to F)=4(0)-0+3-3=0$$
$$D_F(D\to G)=4(0)-0+4-4=0$$
$$D_F(H\to E)=4(1)-0+2-1=5$$
$$D_F(E\to F)=4(1)-0+3-2=5$$
$$D_F(F\to G)=4(1)-0+4-3=5$$

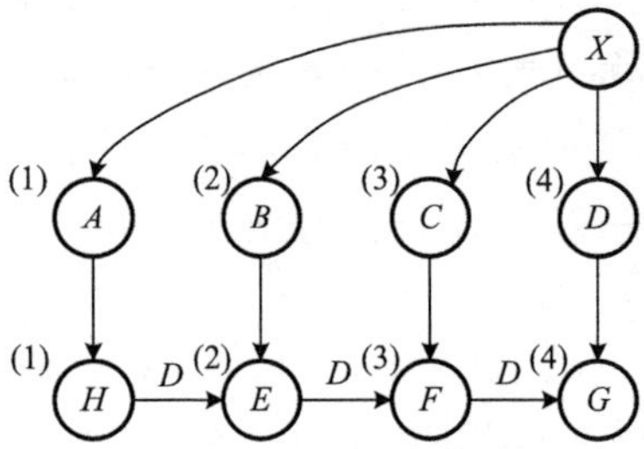

(a)原始的四阶FIR滤波器

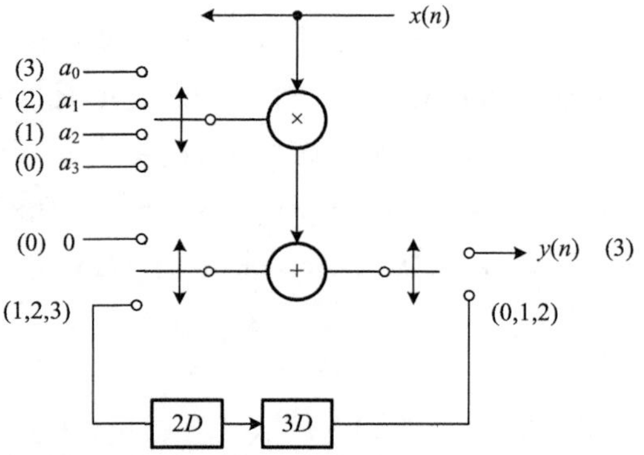

(b)折叠后的滤波器电路

图 8.22　FIR 滤波器的折叠结构

如图 8.23 所示的四阶 FIR 滤波器的 DFG，其时序与图 8.22 稍微有些差异，折叠后的电路也有所不同。两图反馈环路上的延迟发生改变且乘法器上的时序也发生改变。在加法器的输入和输出端有两条反馈环路，其带有的延迟分别是 3 和 6。这个例子说明改变计算时序对电路的影响。

$$D_F(\mathrm{A}\to H)=4(0)-0+1-1=0$$
$$D_F(B\to E)=4(0)-0+3-3=0$$
$$D_F(C\to F)=4(0)-0+2-2=0$$
$$D_F(D\to G)=4(0)-0+4-4=0$$

$$D_F(H \to E) = 4(1) - 0 + 3 - 1 = 6$$
$$D_F(E \to F) = 4(1) - 0 + 2 - 3 = 3$$
$$D_F(F \to G) = 4(1) - 0 + 4 - 2 = 6$$

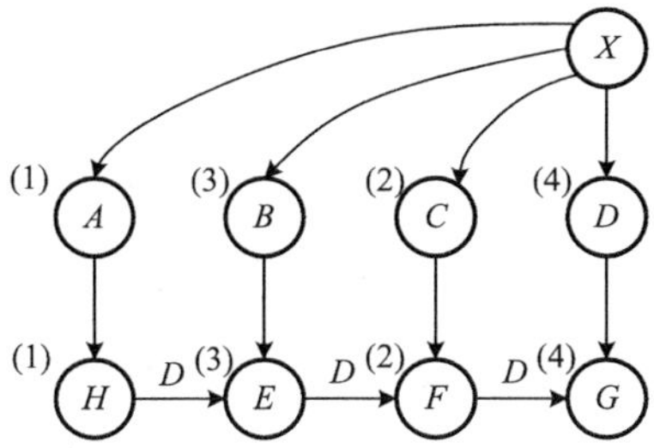

(a)调整后的四阶FIR滤波器

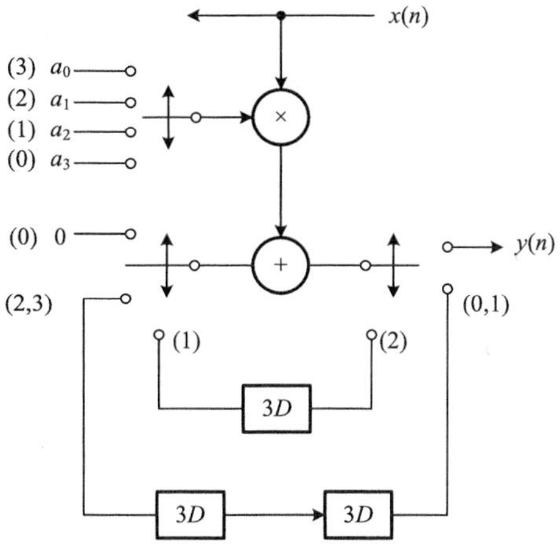

(b)折叠后的滤波器电路

图 8.23　改变计算时序对电路折叠结构的影响

8.4　寄存器数量分析技术

本节讨论 DSP 构架中寄存器数目最小化的设计技术。寄存器数目减少会使得其占用的芯片面积相应减小。在二进制加法器电路中，寄存器的芯片面占整个电路面积的 1/4～1/3。本节介绍用于计算最少寄存器数以及将数据分配给这些寄存器的方法，以及将这些技术用于设计寄存器数较少的折叠架构 DSP 系统。下面将采用寿命分析来计算寄存器的最小数量。

8.4.1　寿命分析

寿命分析是用硬件实现 DSP 算法所需的最少寄存器数的技术。一个样值(变量)从产生时刻到被使用时刻的中间时刻是处于激活状态的。注意，变量的产生时刻不占用寄存器，变量被使用后就消亡了。变量在激活的每个单位时间里都要占据一个寄存器。在寿命分析中，算出每个单位时间里的激活变量数，就可确定任意单位时间里的最大激活变量数，也就找到了实现 DSP 程序所需的最小寄存器数。

例如，考察一个生成三个变量 a、b 和 c 的 DSP 程序。变量 a 在 $n \in \{1,2,3,4\}$ 单位时间里激活，变量 b 在 $n \in \{2,3,4,5,6,7\}$ 单位时间里激活，变量 c 在 $n \in \{5,6,7\}$ 单位时间里激活。假设程序迭代的变量寿命不与变量 a、b 或 c 的寿命交叉，那么在单位时间 1、2、3、4、5、6、7 里的激活变量数分别是 1、2、2、2、2、2、2。实现 DSP 程序所需的最小寄存器数，即任意时刻的最大激活变量数为{1,2,2,2,2,2,2}=2。本节将讨论寿命分析的图形化设计技术。

用图形化方式表示线性模式(相对应的是循环模式)下的每个变量的寿命，称为线性寿命图。图 8.24(a)就是一个线性寿命图的例子。水平线表示时钟周期(或单位时间)，垂直线表示变量的寿命。需要注意的是，线性寿命图中的变量，在它所产生的时钟周期是非激活的，在应用的时钟周期里是激活的。例如，变量 a 在周期 0 产生，在周期 4 被应用，则该变量在周期 1、2、3、4 里是激活的。寿命图右侧为每个周期里的激活变量数。图 8.24(a)中任意时刻的最大激活变量数是 2，所以实现给定 DSP 程序的最小寄存器数是 2。

DSP 程序通常是周期性的。给定 DSP 程序的一次迭代的变量 a、b 和 c 的寿命有可能会与其他次迭代中的同名变量的寿命重叠。例如，令迭代周期 N=6。a_i、b_i、c_i 表示 DSP 程序的 i 次迭代的变量 a、b、c。图 8.24(b)给出了 DSP 程序的三次连续迭代寿命图。a_1 的寿命与 b_0 和 c_0 的寿命重叠，考虑到 DSP 程序的周期性，该 DSP 程序的实现需要三个寄存器。在图 8.24(a)中没有考虑 DSP 程序的周期性时只需要两个寄存器。因此，DSP 程序的周期性在寿命分析时必须考虑。在考虑周期性时，无须画出几次迭代的寿命，但可以画出 0 次迭代的变量寿命。令 $n \geqslant N$ 时刻的激活变量数为 0 次迭代在周期 $n-kN$ 时的激活变量数之和，其中 k 为大于等于 0 的所有整数。如图 8.24(c)所示，周期 7 的激活变量数为 0 次迭代在周期 7 和周期 1 的激活变量数之和，即 2+1=3。

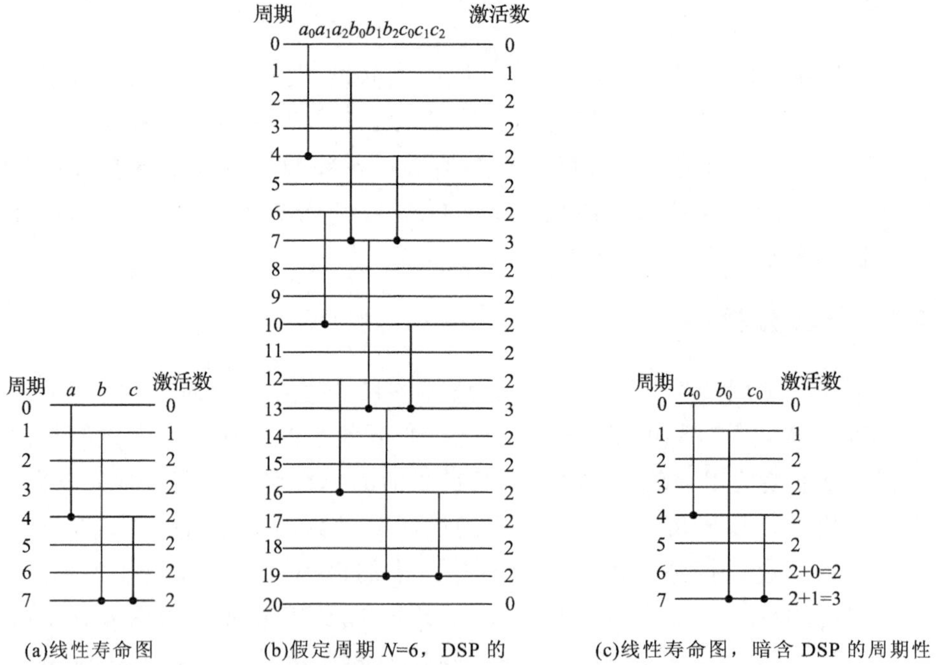

(a)线性寿命图　(b)假定周期 N=6，DSP 的三次连续迭代寿命图　(c)线性寿命图，暗含 DSP 的周期性

图 8.24　线性寿命图及暗含 DSP 的周期性

通常，寿命分析由建立寿命表开始。如表 8.1 所示，该表表示3×3矩阵的转置运算，如

$$\begin{bmatrix} a & b & c \\ d & e & f \\ g & h & i \end{bmatrix}$$

矩阵由行排序转为列排序。表 8.1 中的每个变量都有一个输入时间 T_{input}；一个 0 延时输出时间 T_{zlout}，即忽略系统延时的变量的输出时间。0 延时系统的每个变量在 $T_{\text{diff}} = T_{\text{zlout}} - T_{\text{input}}$ 个时钟周期里是激活的；然而，如果寿命期是负的，就违反了因果性。例如，变量 d 在 $T_{\text{input}} = 3$ 时输入，在 $T_{\text{zlout}} = 1$ 时输出，则它在 1−3=−2 个单位时间里是激活的，但这是不可能的。为使系统满足因果性，需要给系统添加延时。延时 T_{lat} 是 T_{diff} 最大负值的幅度，在表 8.1 中 $T_{\text{lat}} = -(-4) = 4$。变量的实际输出时间是 $T_{\text{output}} = T_{\text{zlout}} + T_{\text{lat}}$，变量的寿命期是 $T_{\text{input}} \to T_{\text{output}}$。表 8.1 的线性寿命图如图 8.25 所示。DSP 的周期为 N=9。

表 8.1　3×3 矩阵转置运算的寿命表

变量	T_{input}	T_{zlout}	T_{diff}	T_{output}	寿命
a	0	0	0	4	$0\to4$
b	1	3	2	7	$1\to7$
c	2	6	4	10	$2\to10$
d	3	1	−2	5	$3\to5$
e	4	4	0	8	$4\to8$
f	5	7	2	11	$5\to11$
g	6	2	−4	6	$6\to6$
h	7	5	−2	9	$7\to9$
i	8	8	0	12	$8\to12$

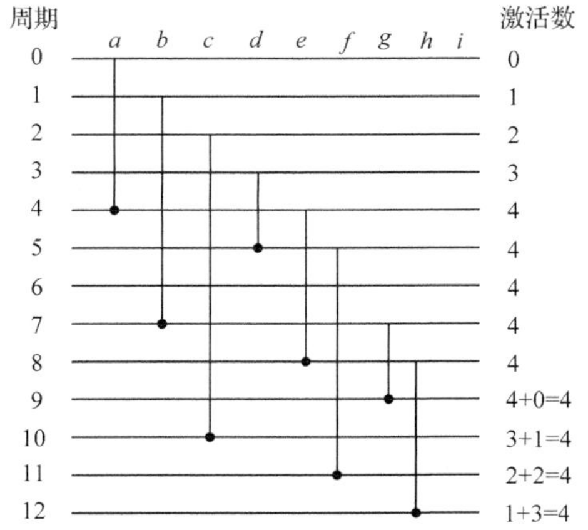

图 8.25　3×3 矩阵转置运算的周期为 N=9 的线性寿命图

8.4.2 数据分配技术

确定了实现 DSP 系统所需寄存器的最小数量，接下来就需要将数据分配给这些寄存器。前向-后向寄存器分配技术是将数据分配给最小寄存器数的分配方案。本节描述前向-后向寄存器分配技术，并就其产生的最小寄存器架构进行分析。这种分配技术给出了变量是如何指派给分配表中的寄存器的。进行前向-后向寄存器分配过程和步骤如下。

步骤 1：通过寿命分析确定 DSP 所需的最小寄存器数。

步骤 2：在寿命期开始所对应的时间步输入每个变量。如果给定周期中有多个变量输入，这些变量就分配给多个寄存器，使得寿命最长的变量分配给初始寄存器，其他变量按寿命递减逐个分配给寄存器。

步骤 3：每个变量都以这种前向方式进行分配，直至变量消亡或者到达末尾寄存器。在前向分配中，如果寄存器 i 在当前周期里保存某个变量，则寄存器 $i+1$ 在下一个周期存有相同的变量。如果寄存器 $i+1$ 不可用，则变量分配给第一个可用的前向寄存器。

步骤 4：因为分配是周期性的，当前迭代的分配在接下来的迭代中还会重复。因此，如果 R_j 在周期 l 被某个变量占据，那么 R_j 会在周期 $l+N$ 占有相应的变量。N 表示分配的周期。因此，对任意 j 和 l，R_j 在单位时间 $l+N$ 时发生重叠。

步骤 5：对已经到达末尾寄存器却还没有消亡的变量，首先计算出它的剩余寿命，然后基于先到先得的原则，将这些变量以后向传播的方式分给其他的寄存器。如果后向分配中有多个寄存器可用，那么尝试选择在末尾寄存器和该寄存器之间已进行过后向分配的寄存器。如果有不止一个寄存器符合后向分配，在所有的候选寄存器中，选择有最少但足够的前向寄存器来完成变量分配。一个变量经过后向分配后,再进行前向分配，直至消亡或再次到达末尾寄存器。

步骤 6：按要求重复步骤 4 和步骤 5 直至分配完成。

如图 8.26 所示，图 8.26(a)给出了前向-后向寄存器分配的步骤 1～步骤 4 之后的分配表，图 8.26(b)给出了分配完成之后的分配表。

表 8.1 为 3×3 矩阵转置运算的寿命表。图 8.27 给出了其前向-后向分配表，步骤 1 在前面已进行了描述，先确定 3×3 矩阵转置需要四个寄存器。步骤 2、步骤 3、步骤 4 如图 8.27(a)所示。步骤 2 中每个变量都在它寿命开始所对应的周期里输入。图 8.27 中没有一个周期超过一个输入变量。步骤 3 中变量都用前向方式分配。步骤 4 中的重叠避免了和后向分配的冲突。例如，寄存器 R_2 在周期 11 混叠，因为该寄存器在周期 11−9=2 时被变量 a 占有。步骤 5 如图 8.27(b)所示。步骤 5 中，变量进行后向分配。例如，变量 b 被后向分配给 R_3，因为这是唯一可用于后向分配的寄存器。在变量 b、c、f 被后向分配后，再进行前向分配直至它们的消亡，至此分配完成。

周期	输入	R_1	R_2	R_3	输出
0	a				
1	b	a			
2		b	a		
3			b	a	
4	c			b	
5		c			
6			c		
7				ⓒ	c

(a)图 8.24 中的数据经过步骤 1~步骤 4 后得到的分配图

周期	输入	R_1	R_2	R_3	输出
0	a				
1	b	a			
2		b	a		
3			b	a	
4	c	b	ⓐ	b	a
5		c	b		
6			c	b	
7			ⓑ	ⓒ	b, c

(b)经过步骤 5 和步骤 6 得到的分配图

图 8.26　数据分配图的示例图

周期	输入	R_1	R_2	R_3	R_4	输出
0	a					
1	b	a				
2	c	b	a			
3	d	c	b	a		
4	e	d	c	b	ⓐ	a
5	f	e	ⓓ	c	b	d
6	ⓖ	f	e	b	c	g
7	h		f	e	ⓑ	b
8	i	h		f	ⓔ	e
9		i	ⓗ		f	h
10			i	f		
11				i		
12					ⓘ	i

(a) 3×3 矩阵转置经过步骤 2～步骤 4 寄存器分配后得到的分配表

周期	输入	R_1	R_2	R_3	R_4	输出
0	a					
1	b	a				
2	c	b	a			
3	d	c	b	a		
4	e	d	c	b	ⓐ	a
5	f	e	ⓓ	c	b	d
6	ⓖ	f	e	b	c	g
7	h	c	f	e	ⓑ	b
8	i	h	c	f	ⓔ	e
9		i	ⓗ	c	f	h
10			i	f	ⓒ	c
11				i	ⓕ	f
12					ⓘ	i

(b)经过步骤 5 和步骤 6 寄存器分配后得到的分配表

图 8.27　3×3 转置矩阵的前向-后向分配图

通过分配表可以总结出存储器单元架构。3×3矩阵转置架构如图 8.28 所示。这个架构完全由图 8.27 中的分配表而来。例如，图 8.27(b) 中的变量 b 在周期 5 时从 R_4 到 R_3 后向分配，在图 8.28 中 $9l+5$ 时刻是闭合的，通过 R_4 输出到 R_3 输入的反馈路径来实现。该架构中变量 f 的反馈路径的闭合时刻为 $9l+0$，因为该反馈发生在图 8.27(b) 中的周期 9，所以反馈路径的闭合时刻都有 $9l+m$ 的形式，其中 $0\leqslant m\leqslant 8$。

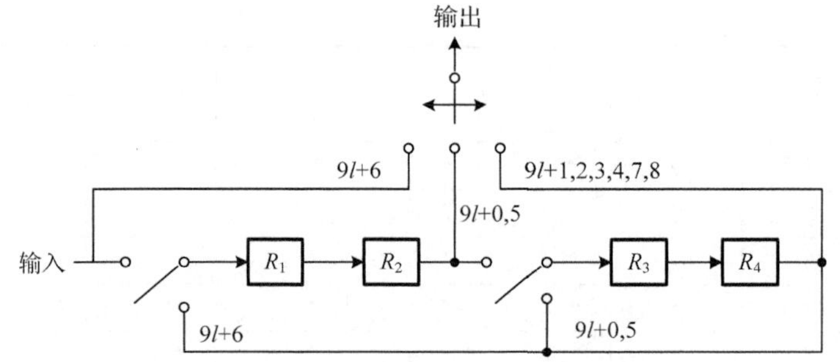

图 8.28　与图 8.27 分配表对应的 3×3 矩阵转置架构

另外一个例子是图 8.29 给出的与图 8.26(b) 中的分配表相对应的架构。

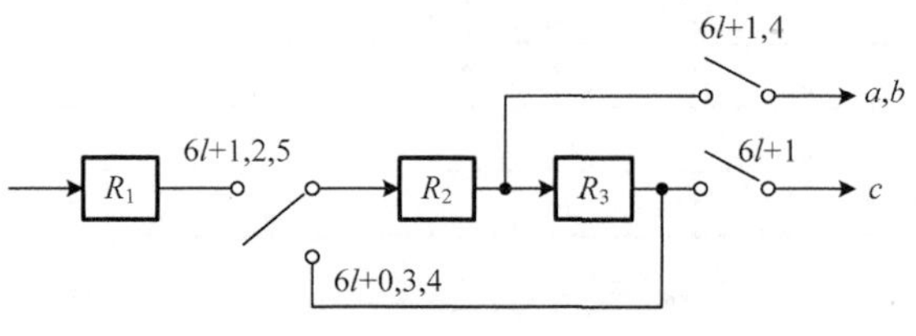

图 8.29　与图 8.26(b) 中的分配表相对应的架构

8.5　寄存器数量最小化技术

寄存器数量最小化技术可用于折叠架构中的控制电路的优化设计，使得电路中所需寄存器尽可能少。基本算法过程如下。

(1)进行折叠的重定时。

(2)写出折叠方程。

(3)用折叠方程构造寿命表。

(4)画出寿命图并确定所需寄存器数。

(5)进行前向-后向寄存器分配。

(6)画出最小寄存器数的折叠架构。

下面用两个例子来说明该算法过程。先考虑一个双二次节滤波器的例子。图 8.21 给出了一个滤波器的 DFG，以该 DFG 为基础构造一个寄存器数量最少的系统架构。经过重定时和折叠之后的 DFG 如图 8.19 所示，该 DFG 的折叠方程由式(8.15)给出。未经过寄存器最小化的折叠架构如图 8.20 所示，该系统架构用了六个寄存器。

由折叠方程(8.15)构建寿命表，如表 8.2 所示。寿命表对 DFG 的每一个节点的寿命($T_{\text{input}} \to T_{\text{output}}$)都有相应说明。节点 U 的 T_{input} 为 $u+P_U$，其中 u 是 U 的折叠阶数，P_U 是执行 U 的功能单元的流水线级数。T_{input} 是硬件为 DSP 程序的 0 次迭代产生数据的时间。例如，节点 1 的 T_{input} 为 3+1=4。节点 U 的 T_{output} 为 $u+P_U+\max_V\{D_F(U\to V)\}$，$\{D_F(U\to V)\}$ 表示所有由节点 U 开始的边中最长的折叠路径延迟。T_{output} 的值为该节点 0 次迭代之值被使用的最迟时间。例如，节点 1 的 T_{output} 为 3+1+max{1,0,2,3,5}=3+1+5=9。需要注意的是，该寿命表中没有必要给输出时间增加延迟，因为在进行折叠的重定时的过程中，已经保证了系统的因果性。

表 8.2　图 8.19 所示的重定时双二次节滤波器的寿命

节点	$T_{\text{input}} \to T_{\text{output}}$
1	$4\to9$
2	—
3	$3\to3$
4	$1\to1$
5	$2\to2$
6	$4\to4$
7	$5\to6$
8	$3\to4$

图 8.30 是与表 8.2 中的寿命表相对应的线性寿命图。N=4 表示运算周期。由寿命图可知，折叠结构需要两个寄存器。接下来进行前向-后向寄存器分配。折叠后的滤波器分配表如图 8.31 所示。图 8.31 中只给出了三个变量：1、7 和 8。因为只有这些变

量的寿命不为 0。表 8.2 中显示变量 1 在周期 9 输出。请注意，该变量也在周期为 4、5、6、8 时输出。为表述清楚，表 8.2 中只给出了每个变量的最迟输出时间。

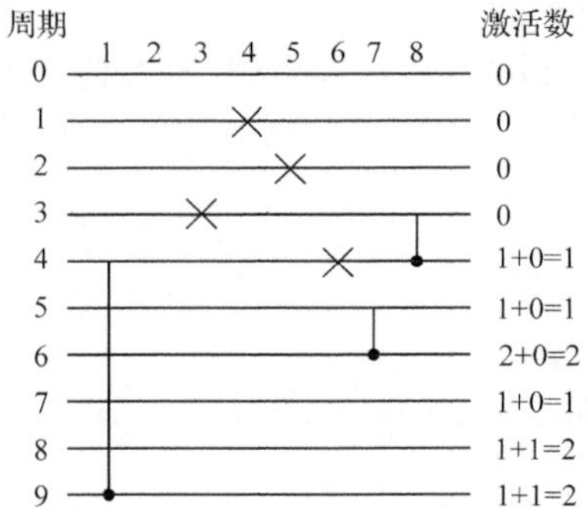

图 8.30　与表 8.2 中的寿命表相对应的线性寿命图

周期	输入	R_1	R_2	输出
0				
1				
2				
3	8			
4	1	⑧		8
5	7	1		
6		⑦	1	7
7			1	
8			1	
9				1

图 8.31　折叠后的滤波器分配表

通过图 8.31 的分配表和式(8.15)所示的折叠方程，可以得出图 8.32 中的系统架构。折叠架构中的边$1\to2$有$D_F(1\to2)=1$延迟。该边始于节点 1，经过一个延迟后，变量 1 位于图 8.31 中的寄存器R_1，因此存在一条从R_1到折叠架构中的加法器的边。因为节点 2 的折叠阶数为 1，该边在 $4l+1$ 时刻与加法器导通。另一个例子是边$1\to7$有$D_F(1\to7)=3$延迟，变量 1 在 2 个延迟后位于R_2，因此存在一条从R_2到折叠架构中的乘法器的边。因为节点 7 的折叠阶数为 3，该边在 $4l+4$ 时刻与乘法器导通。图 8.32 中折叠架构中的寄存器数从 6(图 8.19)减少为 2(图 8.31)。

下面再给出一个 IIR 滤波器设计的例子。IIR 滤波器的差分方程表达式为 $y(n)=ay(n-3)+by(n-5)+x(n)$。图 8.33(a)给出了该 IIR 滤波器的 DFG。逐一执行本节开头所描述的所有 6 个步骤，从而找出使用最小寄存器数的折叠架构。表 8.3 为图 8.33(a)中 DFG 的折叠方程和它的重定时，得到重定时的方案为 $r(1)=0,r(2)=0,r(3)=-2$ 和 $r(4)=-1$。图 8.33(b)给出了重定时后的 DFG。

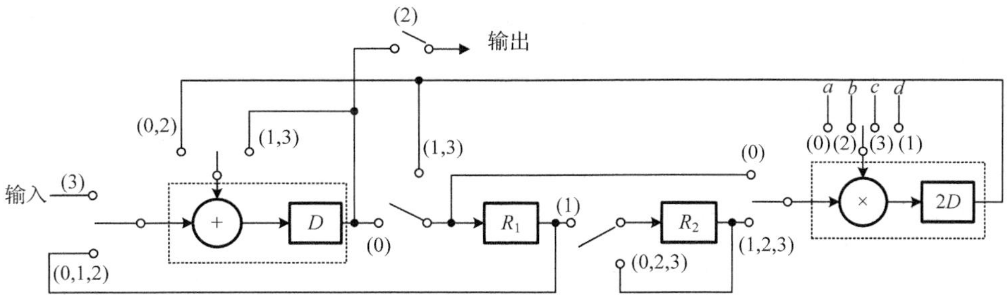

图 8.32　图 8.19 中 DFG 的折叠滤波器的最小寄存器实现

$\{p,q\}$表示$4l+p$和$4l+q$

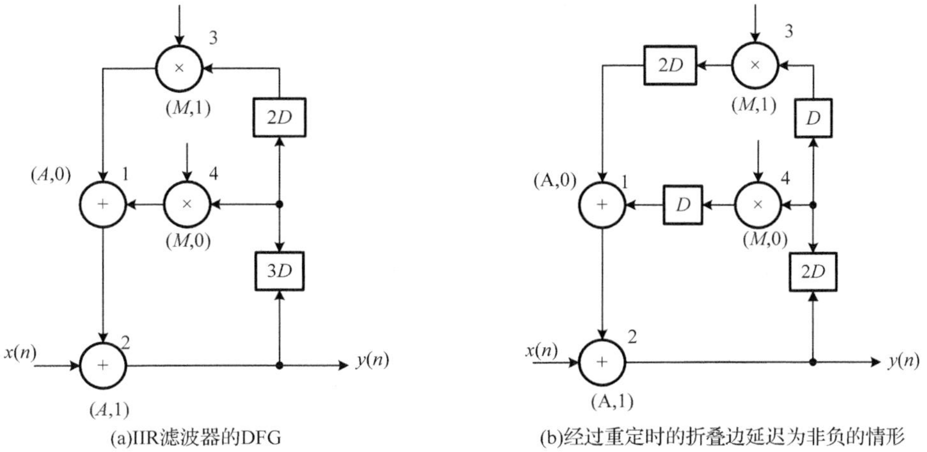

图 8.33　IIR 滤波器的折叠变换

表 8.3　图 8.33(a) 中 DFG 的折叠方程和它的重定时

边	折叠方程	折叠方程的重定时
1→2	$D_F(1\to2)=0$	$r(1)-r(2)\leqslant 0$
2→3	$D_F(2\to3)=9$	$r(2)-r(3)\leqslant 4$
2→4	$D_F(2\to4)=4$	$r(2)-r(4)\leqslant 2$
3→1	$D_F(3\to1)=-3$	$r(3)-r(1)\leqslant -2$
4→1	$D_F(4\to1)=-2$	$r(4)-r(1)\leqslant -1$

图 8.33(b) 中的重定时 DFG 的折叠方程为

$$\begin{cases} D_F(1\to2)=2(0)-1+1-0=0 \\ D_F(2\to3)=2(3)-1+1-1=5 \\ D_F(2\to4)=2(2)-1+0-1=2 \\ D_F(3\to1)=2(2)-2+0-1=1 \\ D_F(4\to1)=2(1)-2+0-0=0 \end{cases} \tag{8.16}$$

表 8.4 为式(8.16)中方程的寿命表。图 8.34 为与表 8.4 相对应的寿命图。图 8.35

为 IIR 滤波器的数据分配表。由分配表和式(8.16)中的折叠方程，可以得出图 8.36 中的架构。与不经过寄存器最少化的简单实现需要六个寄存器相比，该架构只需要三个寄存器(不包括流水线寄存器)。

表 8.4　式(8.16)中方程的寿命表

节点	$T_{\text{input}} \to T_{\text{output}}$
1	$1 \to 1$
2	$2 \to 7$
3	$3 \to 4$
4	$2 \to 2$

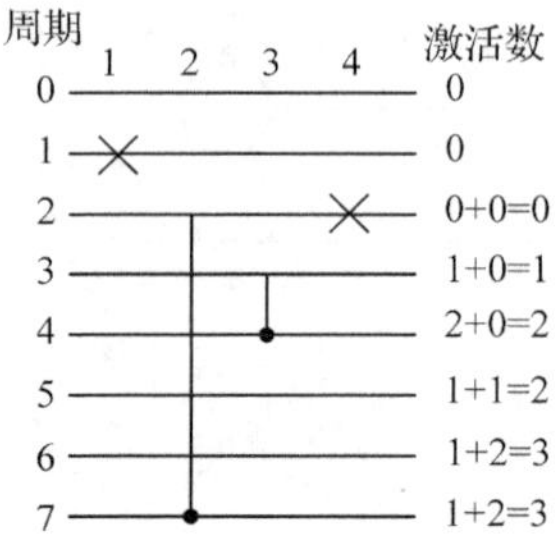

图 8.34　与表 8.4 相对应的寿命图

周期	输入	R_1	R_2	R_3	输出
0					
1					
2	2				
3	3	2			
4		③	2		3
5				2	
6				2	
7			②		2

图 8.35　IIR 滤波器的数据分配表

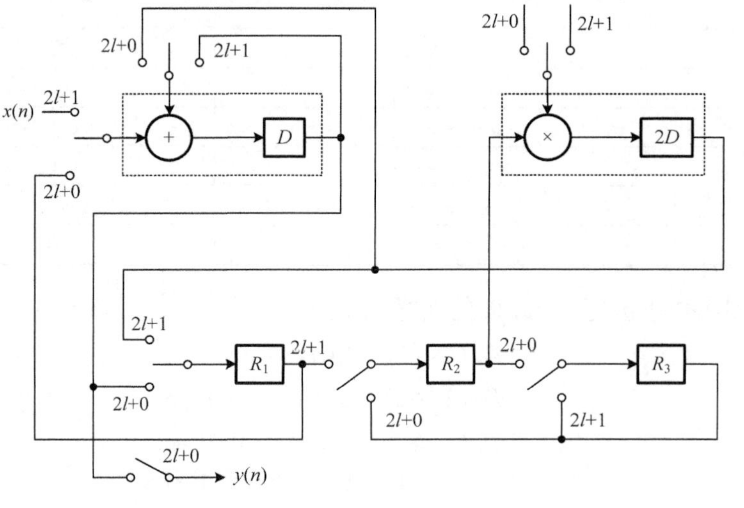

图 8.36　IIR 滤波器系统架构中的寄存器最小化

8.6 本章小结

展开和折叠是DSP系统架构设计中两种非常重要的电路变换技术。其中，展开变换可以揭示隐藏在用DFG描述的数字信号处理系统中的并发性。因此，展开技术可以用来缩短DSP算法的迭代周期。展开可以用来生成高速低功耗应用中的字并行架构。在DSP系统设计中，展开技术可以用于减少计算一个输出样值所需的时钟周期数。

展开增加了设计的面积，而不影响吞吐量。较慢的时钟确实会影响功耗，但会增加设计的面积。如果展开的目的是降低功率，那么必须仔细研究区域功率权衡。如果原始DFG中有更多的寄存器可以有效地重新定时，那么展开变换是非常有效的。将设计映射到具有嵌入式计算单元的FPGA上，这一点尤其正确。这些单元具有固定数量的寄存器，可以在展开设计中有效地映射这些寄存器。同样，对于反馈设计，可以通过先添加和重设管道寄存器的定时，然后应用展开变换对具有复制功能单元的寄存器进行均匀分布，从而提高设计的定时性能。需要指出的是，在许多设计实例中，数据通道和重定时通常是一般的选项，相比于展开设计，所需的芯片面积更小。

展开技术可应用于高速和低功耗VLSI的架构设计。展开算法可以发现系统中的并发特性，能在一个更小的迭代周期中完成算法的运算，从而提高该系统架构的数据吞吐率。此外，展开技术可用在字级或位级设计并行架构中。在字级，展开技术可用于把字串行架构设计为字并行架构，从而增加该架构的吞吐率或减小功耗。在位级，展开技术可用于将位串行架构设计为位并行的数字串行架构，同样达到和字级展开一样的目的。

折叠技术是设计时分复用架构的系统变换技术。折叠技术通过减少计算单元(加法器、乘法器等)的数量来减少电路所占用的芯片面积。折叠技术通常是以牺牲系统速度为代价的，但也可通过对功能单元做细粒图流水线，以提高系统的运行速度。对于折叠因子较小的系统，这不会引起抽样率的净损失。折叠集可通过任何调度和分配技术设计。寿命分析可用来减少折叠电路的存储单元数目。

参 考 文 献

BAHER H, 2012. Signal processing and integrated circuits[J]. Hoboken: John Wiley & Sons.

BASIRI M, MAHAMMAD N, 2015. Configurable folded IIR filter design[J]. IEEE transactions on circuits and systems II express briefs, 62(12): 1144-1148.

BHAVNAGARWALA A J, AUSTING B L, BOWMAN K A, et al., 2000. A minimum total power methodology for projecting limits on CMOS GSI[J]. IEEE transactions on VLSI systems, 8(3): 235-251.

CHANDRAKASAN A P, BRODERSEN R W, 1995. Low power digital CMOS design[M]. Dordrecht: Kluwer Academic Publishers.

CHENG C, PARHI K K, 2004. Hardware efficient fast parallel FIR filter structures based on iterated short convolution[J]. IEEE transactions on circuits and systems I regular papers, 51(8): 1492-1500.

CHENG C, PARHI K K, 2007. Low-cost parallel FIR filter structures with 2-stage parallelism[J]. IEEE transactions on circuits and systems I regular papers, 54(2): 280-290.

CORMEN T H, LEISERSON C E, RIVEST R L, et al.,2005. Introduction to algorithms[M]. Boston: The MIT Press.

GARRIDO M, KÄLLSTRÖM P, KUMM M, et al., 2016. CORDIC II: A new improved CORDIC algorithm[J]. IEEE transactions on circuits and systems II express brief, 63(2):186-190.

GONZALEZ R, GORDON B, HOROWITZ M, 1997. Supply and threshold voltage scaling for low power CMOS[J]. IEEE journal of solid-state circuits, 32(8): 1210-1216.

GUARNIERI M, 2016. The unreasonable accuracy of moore's law[J]. IEEE industrial electronics magazine, 10(1): 40-43.

HAMMES M, KRANZ C, SEIPPEL D, 2008. Deep submicron CMOS technology enables system-on-chip for wireless communications ICs[J]. IEEE communications magazine, 46(9):154-161.

HU Y, 1992. CORDIC-based VLSI architectures for digital signal processing[J]. IEEE signal processing magazine, 9(3): 16-35.

JAIME F J, SÁNCHEZ M A, HORMIGO J, et al., 2010. Enhanced scaling-free CORDIC[J]. IEEE transactions on circuits & systems I regular papers, 57(7): 1654-1662.

KHAN S A, 2011. Digital design of signal processing systems: a practical approach[M]. New Jersey: John Wiley & Sons.

KHELLA M M, ELMASRY M I, 1999. Power minimization of high-performance submicron CMOS circuits using a dual-vdd dual-vth (DVDV) approach[J]. International symposium on low-power electronics and design, 106-108.

KODEK D M, 2005. Performance limit of finite wordlength FIR digital filters[J]. IEEE transactions on signal processing, 53 (7) : 2462-2469.

KUNG S Y, 1988. VLSI array processors[M]. Englewood Cliffs: Prentice Hall.

LATHI B P, 2005. Linear systems and signal[M]s. 2nd ed. Oxford: Oxford University Press.

LEE C Y, HORNG J S, JOU I C, et al., 2005. Low-complexity bit-parallel systolic montgomery multipliers for special classes of GF (2m) [J]. IEEE transactions on computers, 54 (9) : 1061-1070.

LEISERSON C E, SAXE J B, 1991. Retiming synchronous circuitry[J]. Algorithmica, 6 (1-6) : 5-35.

LIM Y C, YU Y J, TEO K L, et a.l, 2007. FRM-based FIR filters with optimum finite word-length performance[J]. IEEE transactions on signal processing, 55 (6) : 2914-2924.

LIU Y, PARHI K K, 2016. Architectures for recursive digital filters using stochastic computing[J]. IEEE transactions on signal processing, 64 (14) : 3705-3718.

MEDDINS B, 2000. Introduction to digital signal processing[M]. Oxford: Newnes.

MEYER-BAESE U, 2007. Digital signal processing with field programmable gate arrays[M]. 3rd ed. Berlin: Springer Press Ltd.

NUNEZ-YANEZ J, 2015. Adaptive voltage scaling with in-situ detectors in commercial FPGAs[J]. IEEE transactions on computers, 64 (1) : 45-53.

OMONDI A R, 1994. Computer arithmetic systems[M]. New York: Prentice Hall.

PARHI K K, WANG C Y, 1995. High-level DSP synthesis using concurrent transformations, scheduling and allocation[J]. IEEE transactions on computer-aided design of integrated circuits and systems, 14 (3) : 274-295.

PARHI K K, 2003. Hierarchical folding and synthesis of iterative data flow graphs[J]. IEEE transactions on circuits and system II express briefs, 60 (9) : 597-601.

PARHI K K, 1999. VLSI digital signal processing systems: design and implementation[M]. New York: Wiley.

PARKER M, 2017. Digital Signal Processing: Everything You Need to Know to Get Started[M]. 2nd ed. Amsterdam: Elsevier Inc.

RADER C M, 1968. Discrete Fourier transforms when the number of data samples is prime[J]. Proceedings of the IEEE, 56 (6) : 1107-1108.

VAISHALI S, GASNESH J K, DANIEL V, et al., 2018. High-throughput and compact reconfigurable architectures for recursive filters[J]. IET communications, 12 (13) : 1616-1623.

SMITH L M, HENDERSON M E, 2000. Roundoff noise reduction in cascade realizations of FIR digital filters[J]. IEEE transactions on signal processing, 48 (4) : 1196-1200.

SODERSTRAND M A, SEMA A E D L, LOOMIS H H, 1995. New approach to clustered look-ahead pipelined IIR digital filters[J]. IEEE transactions on circuits and systems II analog and digital signal processing, 42 (4) : 269-274.

TAN L, JIANG J, 2013. Digital signal processing fundamentals and applications[M]. 2nd ed. Amsterdam:

Elsevier Inc.

TSAO Y C, CHOI K, 2012. Area-efficient parallel FIR digital filter structures for symmetric convolutions based on fast FIR algorithm[J]. IEEE transactions on very large scale integration (VLSI) systems, 20 (2): 366-371.

VOLDER J E, 1959. The CORDIC trigonometric computing technique[J]. IRE transactions on electronic computers, 330-334.

WANHAMMAR L, 1999. DSP integrated circuits[M]. San Diego: Academic Press.

WHITE S, 1989. Applications of distributed arithmetic to digital signal processing: a tutorial review[J]. IEEE transactions on acoustics, speech and signal processing magazine, 6 (3): 4-19.

WINOGRAD S, 1976. On computing the discrete Fourier transform[J]. Proceedings of the national academy of sciences of the united states of America, 73 (4): 1005-1006.

WINOGRAD S. Some bilinear forms whose multiplcative complexity depends on the field of constants[J]. Mathematical systems theory, 10 (1): 169-180.

WOODS R, LIGHTBODY J M G, YI Y, 2017. FPGA-based implementation of signal processing systems[M]. Hoboken: John Wiley & Sons.

WOODS R, MCALLISTER J, LIGHTBODY D G, et al, 2017. FPGA based implementation of signal processing systems. Hoboken: John Wiley & Sons.

XUN L, PAPAEFTHYMIOU C M, FRIEDMAN E G, 2006. Retiming and clock scheduling for digital circuit optimization[J]. IEEE transactions on computer-aided design of integrated circuits and systems, 21 (2): 184-203.

ZHUGE Q, XUE C, SHAO Z, et al., 2006. Design optimization and space minimization considering timing and code size via retiming and unfolding[J]. Microprocessors and microsystems, 30 (4):173-183.